中小企業診断士2次試験

ふぞろいな答案分析6

2020～2021年版

ふぞろいな合格答案プロジェクトチーム 編

同友館

はじめに

　『ふぞろいな答案分析６』は、中小企業診断士２次試験の合格を目指す受験生のために作成しています。令和２年度試験を分析した『ふぞろいな合格答案エピソード14』、令和元年度試験を分析した『ふぞろいな合格答案エピソード13』の２年分の本から「答案分析編」を再編集したものです。

　分析した再現答案は、ふぞろい14では316枚、ふぞろい13では290枚です。年々、分析内容が充実していくと同時に、多くの受験生のご協力で成り立っていることを実感いたします。本書に掲載されていた答案分析に加え受験勉強に役立つ情報を掲載しています。ぜひ受験勉強にお役立てください。

『ふぞろいな合格答案』の理念

１．受験生第一主義

　本書は、「受験生が求める、受験生に役立つ参考書づくりを通して、受験生に貢献していくこと」を目的としています。プロジェクトメンバーに２次試験受験生も交え、できる限り受験生の目線に合わせて、有益で質の高いコンテンツを目指しています。

２．「実際の合格答案」へのこだわり

　「実際に合格した答案には何が書かれていたのか」、「合格を勝ち取った人は、どのような方法で合格答案を作成したのか」など、受験生の疑問と悩みは尽きません。我々は実際に十人十色の合格答案を数多く分析することで、実態のつかみにくい２次試験の輪郭をリアルに追求していきます。

３．不完全さの認識

　採点方法や模範解答が公開されない中小企業診断士２次試験。しかし毎年1,000名前後の合格者は存在します。「合格者はどうやって２次試験を突破したのか？」、そんな疑問にプロジェクトメンバーが可能な限り収集したリソースの中で、大胆に仮説・検証を試みます。採点方法や模範解答を完璧に想定することは不可能である、という事実を謙虚に受け止め、認識したうえで、本書の編集制作に取り組みます。

４．「受験生の受験生による受験生のための」参考書

　『ふぞろいな合格答案』は、２次試験受験生からの再現答案やアンケートなどによって成り立っています。ご協力いただいた皆様に心から感謝し、お預かりしたデータを最良の形にして、我々の同胞である次の受験生の糧となる内容の作成を使命としています。

（一社）中小企業診断協会では、中小企業診断士試験にかかる個人情報の開示請求に基づき、申請者に対して得点の開示を行っています。『ふぞろいな合格答案』は、得点区分（合格、Ａ、Ｂ、Ｃ、Ｄ）によって重みづけを行い、受験生の多くが解答したキーワードを加点要素として分析・採点をしています。いただいた再現答案と試験場の答案との差異や本試験との採点基準の相違等により、ふぞろい流採点と得点開示請求による得点には差が生じる場合があります。ご了承ください。

目　次

本書の使い方

　本書では、令和２年度、令和元年度で全部で606名の２次試験受験生にご協力いただき、収集した再現答案をもとに解答ランキングを作成し、分析を行いました。

　合格者に限らず未合格者を含めた答案を、読者の皆様が分析しやすいように整理して、「解答ランキング」と「採点基準」を掲載しています。また、分析中に話題になった論点についての特別企画も併せて掲載しています。実際の本試験で書かれた合格＋Ａ答案がどのように点数を積み重ねているのかを確認し、あなたの再現答案採点に活用してください。

【解答ランキングとふぞろい流採点基準の見方】

・解答キーワードの加点基準を「点数」として記載しています。あなたの再現答案の中に、記述されている「解答」と同じ、または同等のキーワードについて点数分を加算してください。

・右上の数は、提出いただいた再現答案のうち分析データとして採用した人数です。

・グラフ内の数字は、解答ランキングのキーワードを記述していた人数です。

●解答ランキングとふぞろい流採点基準

凡例	合格	A	B	C	合計
人数	143人	50人	66人	30人	289人

描いていた経営ビジョン　（MAX10点）			
ランク	解答キーワード	点数	40　80　120　160　200　240　280(人)
1位	地域活性化や地元への貢献	4点	131　　44　　60　28
2位	（Ａ社の）成長を示唆する記述 （繁栄、事業規模拡大、売上向上など）	3点	85　26　34　11

【解答ランキングと採点基準の掲載ルール】

「解答ランキング」と「採点基準」は以下のルールに則って掲載しています。

（1）　再現答案から、合格＋Ａ答案の解答数が多かったキーワード順、また合格＋Ａ答案の数が同じ場合は全体の数に対して合格＋Ａ答案の割合が高いほうを優先して解答ランキングを決定しています。

（2）　原則、上記ランキングに基づいて解答の多い順に点数を付与します。

（3）　解答に記述すべき要素をカテゴリーに分け、それぞれ「MAX点」を設定しています。各カテゴリーのなかに含まれる解答キーワードが多く盛り込まれていても、採点上はMAX点が上限となります。

【注意点】

（1）　「採点基準」は本試験の採点基準とは異なります。また、論理性や読みやすさは含んでいません。

（2）　たとえ正解のキーワードであっても、合格＋Ａ答案で少数だったり、受験生全員が書けなかった場合は、低い点数になったり、掲載されない可能性があります。

（3）　題意に答えていないキーワードなど、妥当性が低いと判断される場合は採点を調整していることがあります。また、加点対象外でも参考に掲載する場合があります。

【再現答案】

・再現答案の**太字・下線**は、点数が付与されたキーワードです。

・答案の右上に記載された上付きの数字は点数を表しています。ただし、MAX 点を上限として採点しているため、数字を足しても「点」と一致しない場合があります。

・「区」：一般社団法人中小企業診断協会より発表された「得点区分」を意味します。

●再現答案

区	再現答案	点	文字数
合	①自身が経営する**飲食店、旅館業**と**シナジーを発揮**し、②**インバウンドブーム**に備え、魅力的な**老舗ブランド**による**地域活性化**を目指し、③孫の**Ａ社長を後継者**として**育成**し、**企業グループの**更なる**拡大**を描いていた。	20	98

【難易度】

「解答ランキング」の解答の傾向に応じて、「難易度」を設定し、それぞれ「みんなができた（★☆☆）」、「勝負の分かれ目（★★☆）」、「難しすぎる（★★★）」と分類しています。各設問の解答状況がイメージできます。

【活用例】

（1）　解答ランキングをみて自分の解答と比較する

　　合格答案やＡ答案がどのように得点しているのか、どのようなキーワードを含んでいるのかを確認し自分の答案と比較してみましょう。また内容やその他のキーワード、比率をみて自分なりに過去問を分析しましょう。

（2）　再現答案を見る

　　受験生の再現答案が合格答案から順に掲載されていますので、受験時に到達すべき答案のレベル感を確認しましょう。合格、Ａ答案、Ｂ答案、Ｃ答案の違いを理解し、他の人の書き方などを参考にしましょう。

（3）　マイベスト答案を作る

　　自分なりのベスト答案を作ってみましょう。他の人の文章構成や表現方法を参考に自分の書きやすいベスト答案を作ることで、編集力が高まりより実戦的な解答力を養うことができるでしょう。

　　活用は人それぞれです。自分なりに活用することで効果的な学習に役立ててください。

第1章

令和2年度試験 答案分析
（2021年版）

【登場人物紹介】

〈正陽寺 大成（しょうようじ たいせい）（37歳 男）〉（以下、先生）

　講師になってからたった数年で有名になったカリスマ講師。自分の考えを押し付けず、受験生の議論をもとに説明してくれるため、受験生目線のわかりやすい解法であるのが特徴。

〈和風 不和子（わふう ふわこ）（27歳 女）〉（以下、和風）

　自由奔放で適当なことばかり言っているが、与件文に素直に的確な解答をする、ほぼタメ語のストレート受験生。知識は少ないが、たまに鋭い視点で要点をつくため、周りも一目置いている。

〈外海 崇（そとうみ たかし）（35歳 男）〉（以下、外海）

　聞きたがりで、知識欲旺盛な多年度生。知識やノウハウを豊富に持っているが、無理に知識を使おうとしすぎて空回りしてしまいがち。試験中は頭のなかの相方のおかんと議論しているとか、いないとか。

第1節　ふぞろいな答案分析

▶事例Ⅰ（組織・人事）◀

令和2年度　中小企業の診断及び助言に関する実務の事例Ⅰ（組織・人事）

> **【注意事項】**
> 新型コロナウイルス感染症（COVID-19）とその影響は考慮する必要はない。

　A社は、わが国を代表する観光地として知られる温泉地にある老舗の蔵元である。資本金は2,000万円、売上は約5億円で、中小の同業他社と比べて売上が大きい。A社の軒下には杉玉がぶら下がり壁際に酒樽などが並んではいるものの、店の中に入るとさまざまな土産物が所狭しと並んでいる。中庭のやや燻した感じの石造りの酒蔵（さかぐら）だけが、今でも蔵元であることを示している。

　A社の売上のうち約2億円は昔ながらの酒造事業によるものであるが、残りの3億円はレストランと土産物店の売上である。現在、この老舗の当主は、40代前半の若いA社長である。A社の4名の役員は全て親族であるが、その中で直接A社のビジネスに関わっているのはA社長一人だけである。A社長、従業員40名（正規社員20名、非正規社員20名）、それにA社の社員ではない杜氏を加えて、実質42名体制である。

　実は、江戸時代から続く造り酒屋のA社は、現在のA社長と全く血縁関係のない旧家によって営まれていた。戦後の最盛期には酒造事業で年間2億円以上を売り上げていた。しかし、2000年代になって日本酒の国内消費量が大幅に減少し、A社の売上高も半分近くに落ち込んでしまった。そこで、旧家の当主には後継者がいなかったこともあって廃業を考えるようになっていた。とはいえ、屋号を絶やすことへの無念さに加えて、長年にわたって勤めてきた10名の従業員に対する雇用責任から廃業を逡巡していた。近隣の金融機関や取引先、組合関係者にも相談した結果、地元の有力者の協力を仰ぐことを決めた。

　最終的に友好的買収を決断したこの有力者は、飲食業を皮切りに事業をスタートさせ次々と店舗開拓に成功しただけでなく、30年ほど前には地元の旅館を買収して娘を女将にすると、全国でも有名な高級旅館へと発展させた実業家である。蔵元として老舗の経営権を獲得した際、前の経営者と経営顧問契約を結んだだけでなく、そこで働いていたベテラン従業員10名も従来どおりの条件で引き継いだ。

　インバウンドブームの前兆期ともいえる当時、日本の文化や伝統に憧れる来訪者にとっ

ても、200年の年月に裏打ちされた老舗ブランドは魅力的であるし、それが地域の活性化につながっていくといった確信が買収を後押ししたのである。そして、当時首都圏の金融機関に勤めていた孫のＡ社長を地元に呼び戻すと、老舗酒造店の立て直しに取り組ませた。

　幼少時から祖父の跡を継ぐことを運命づけられ、自らも違和感なく育ってきたＡ社長は金融機関を退職し帰郷した。経営実務の師となる祖父の下で、３年近くに及ぶ修行がスタートした。酒造りは、経営顧問と杜氏、そしてベテランの蔵人たちから学んだ。

　修行の合間を見ながら、敷地全体のリニューアルにも取り組んだ。以前、製品の保管や居住スペースであった建物を土産物店に改装し、また中庭には古民家風の建物を新たに建て地元の高級食材を提供するレストランとした。１階フロアは個人客向け、２階の大広間は団体観光客向けである。また、社員の休憩所なども整備した。さらに、リニューアルの数年後には、酒蔵の横の一部を改装して、造りたての日本酒を堪能できる日本酒バーも開店している。

　こうした新規事業開発の一方で、各部門の責任者と共に酒造、レストラン、土産物販売といった異なる事業を統括する体制づくりにも取り組んだ。酒造りは杜氏やベテランの蔵人たちが中心になり、複雑な事務作業や取引先との商売を誰よりも掌握していたベテランの女性事務員が主に担当した。また、Ａ社長にとって経験のないレストラン経営や売店経営は、祖父に教えを請いながら徐々に仕事を覚えていった。

　他方、酒造以外の各部門の責任者となる30代から40代半ばまでの経験のある人材を正規社員として、またレストランと土産物店の現場スタッフには地元の学生や主婦を非正規社員として採用した。正規社員として採用した中からレストラン事業、土産物販売事業や総務部門の責任者を配置した。その間も、Ａ社長は酒造りを学びながら、一方でこれらの社員と共に現場で働き、全ての仕事の流れを確認していくと同時に、その能力を見極めることにも努めた。

　レストラン事業と土産物販売事業は責任者たちが手腕を発揮してくれたことに加えて、旅館などグループ企業からの営業支援もあって、インバウンドの追い風に乗って順調に売上を伸ばしていった。レストランのフロアでは、日本の大学を卒業後、この地域の魅力に引かれて長期滞在していたときに応募してきた外国人数名も忙しく働いている。

　そして、現在、Ａ社長の右腕として重要な役割を果たしているのは、酒の営業担当の責任者として敏腕を発揮してきた、若き執行役員である。ルートセールスを中心とした古い営業のやり方を抜本的に見直し、直販方式の導入によって本業の酒造事業の売上を伸長させた人材であり、杜氏や蔵人と新規事業との橋渡し役としての役割も果たしている。典型的なファミリービジネスの中にあって、血縁関係がないにもかかわらず、Ａ社長の頼りがいのある参謀として執行役員に抜擢されている。また、総務担当責任者も前任のベテラン女性事務員と２年ほど共に働いて知識や経験を受け継いだだけでなく、それを整理して情報システム化を進めたことで抜擢された若い女性社員である。

　Ａ社長は、この10年、老舗企業のブランドと事業を継いだだけでなく、新規事業を立

ち上げ経営の合理化を進めるとともに、優秀な人材を活用して地元経済の活性化にも大いに貢献してきたという自負がある。しかしながら、A社の人事管理は、伝統的な家族主義的経営や祖父の経験や勘をベースとした前近代的なものであることも否めない。社員の賃金を同業他社よりやや高めに設定しているとはいえ、年功序列型賃金が基本である。近い将来には、自身が総帥となる企業グループ全体のバランスを考えた人事制度の整備が必須であるとA社長は考えている。

第1問（配点40点）

　以下は、老舗蔵元A社を買収する段階で、企業グループを経営する地元の有力実業家であるA社長の祖父に関する設問である。各設問に答えよ。

（設問1）

　A社の経営権を獲得する際に、A社長の祖父は、どのような経営ビジョンを描いていたと考えられるか。100字以内で答えよ。

（設問2）

　A社長の祖父がA社の買収に当たって、前の経営者と経営顧問契約を結んだり、ベテラン従業員を引き受けたりした理由は何か。100字以内で答えよ。

第2問（配点20点）

　A社では、情報システム化を進めた若い女性社員を評価し責任者とした。ベテラン事務員の仕事を引き継いだ女性社員は、どのような手順を踏んで情報システム化を進めたと考えられるか。100字以内で答えよ。

第3問（配点20点）

　現在、A社長の右腕である執行役員は、従来のルートセールスに加えて直販方式を取り入れ売上伸長に貢献してきた。その時、部下の営業担当者に対して、どのような能力を伸ばすことを求めたか。100字以内で答えよ。

第4問（配点20点）

　将来、祖父の立ち上げた企業グループの総帥となるA社長が、グループ全体の人事制度を確立していくためには、どのような点に留意すべきか。中小企業診断士として100字以内で助言せよ。

第1問（配点40点）

　以下は、老舗蔵元A社を買収する段階で、企業グループを経営する地元の有力実業家であるA社長の祖父に関する設問である。各設問に答えよ。

（設問1）【難易度　★☆☆　みんなができた】

　A社の経営権を獲得する際に、A社長の祖父は、どのような経営ビジョンを描いていたと考えられるか。100字以内で答えよ。

●出題の趣旨

　老舗蔵元A社を買収する段階で、買収側企業グループのトップマネジメントが、どのようなビジョンを描いていたかについて、分析する能力を問う問題である。

●解答ランキングとふぞろい流採点基準

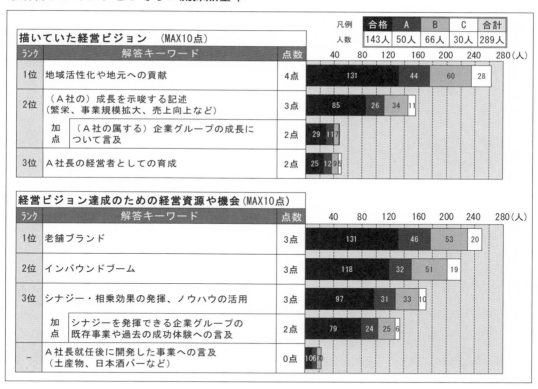

凡例	合格	A	B	C	合計
人数	143人	50人	66人	30人	289人

描いていた経営ビジョン　（MAX10点）

ランク	解答キーワード	点数	人数（40〜280人）
1位	地域活性化や地元への貢献	4点	131 / 44 / 60 / 28
2位	（A社の）成長を示唆する記述（繁栄、事業規模拡大、売上向上など）	3点	85 / 26 / 34 / 11
加点	（A社の属する）企業グループの成長について言及	2点	29 / 117
3位	A社長の経営者としての育成	2点	25 / 12 / 9 / 5

経営ビジョン達成のための経営資源や機会（MAX10点）

ランク	解答キーワード	点数	人数（40〜280人）
1位	老舗ブランド	3点	131 / 46 / 53 / 20
2位	インバウンドブーム	3点	118 / 32 / 51 / 19
3位	シナジー・相乗効果の発揮、ノウハウの活用	3点	97 / 31 / 33 / 10
加点	シナジーを発揮できる企業グループの既存事業や過去の成功体験への言及	2点	79 / 24 / 25 / 6
－	A社長就任後に開発した事業への言及（土産物、日本酒バーなど）	0点	106 / 20

　人生で起こる出来事は、「あるべき姿に対して課題と対応策」を考えると好転する。

●再現答案

区	再現答案	点	文字数
合	①自身が経営する<u>飲食店</u>²、<u>旅館業</u>²と<u>シナジーを発揮</u>³し、②<u>インバウンドブーム</u>³に備え、魅力的な<u>老舗ブランド</u>⁴による<u>地域活性化</u>⁴を目指し、③孫の<u>A社長を後継者として育成</u>²し、<u>企業グループの</u>²更なる<u>拡大</u>³を描いていた。	20	98
合	日本酒の需要が減少する中で<u>インバウンド</u>³の追い風を、200年の年月に裏打ちされた<u>老舗ブランド</u>³を活かす事と、<u>旅館などのグループ企業からの支援</u>²で<u>シナジーを発揮</u>³する事で、<u>地域活性化</u>⁴と<u>A社の事業拡大</u>³を描いていた。	17	100
A	経営ビジョンは①<u>インバウンドブーム</u>³の日本文化好きの来訪者をとらえる為<u>老舗ブランド</u>³を活用し<u>地域活性化</u>⁴する②祖父の<u>飲食や経営能力</u>²で<u>シナジー発揮</u>³③<u>A社長を修行させる場</u>³として活用し企業グループの<u>後継者育成</u>²する。	16	100
A	①200年の年月に裏付けされた<u>老舗ブランド</u>³を活かして<u>地域の活性化</u>⁴につなげること、②孫を社長として経営を学ばせ、経験を通じて<u>次期総帥として育成</u>²すること、③多角化による<u>企業グループの事業規模を拡大</u>³すること。	13	100
B	経営ビジョンは、地域の魅力を発信して<u>インバウンドの追い風</u>³に乗り、<u>地域を活性化</u>⁴することである。酒造、レストラン、土産物店など、グループ間の<u>シナジーを発揮</u>³することで経営を立て直し、国内外からの誘客を図った。	10	100
C	経営ビジョンは、200年の年月に裏打ちされた<u>老舗ブランド</u>³の屋号を絶やさないことと、新規事業を立ち上げ経営の合理化を進め、優秀な人材を活用して、<u>地元経済の活性化</u>⁴に大いに貢献することである。	7	93

●解答のポイント

> 　企業グループを経営するA社長の祖父のビジョンと、ビジョン達成のためにA社の経営権を獲得することで得られる経営上のメリットや経営資源を多面的に解答することがポイントだった。

【「経営ビジョン」をどのように答えるか】

先生：さあ、1問目だ！　張り切っていこう！　この設問では「経営ビジョン」を問われているぞ！　あまり馴染みのない問われ方だったと思うが、「経営ビジョン」に2人はどう対応したのかな？

和風：でもさ～、「経営ビジョン」ってなんかわかりにくくね？　「経営ビジョン」を聞か

れたことなかったから、いまいちピンと来なかったんだよね〜。

外海：「経営ビジョン」いうたら、「企業が事業を通じて将来的に成し遂げたいことや状態」で決まりなのよ。

先生：確かに「経営ビジョン」という問われ方は過去にはなかった。そんななか、外海は「経営ビジョン」という言葉をどう解答に落とし込んだのかな？

外海：そうですねぇ、最初は「目標」みたいなもんかなと思ったんですけどね、ちょっと具体的すぎる気がしたんですよ〜。「ほな、目標と違うか〜」と思いながら、第5段落を読んでいたら「地域の活性化につながっていくといった確信が買収を後押しした」という文章を見つけたんで、「地域の活性化」としたんですよ〜。2次試験では重要な視点ですからね〜。

和風：あたしもそこ選んだよ。なんだ〜、いろいろ考えて結局一緒じゃーん！

先生：確かに、受験生の9割以上が「地域の活性化」を解答していた。重要な解答要素の1つだっただろう！　結果的に2人とも同じことを書いているが、外海の思考プロセスはいいぞ！　1次試験で学習した理論や知識をもとに、設問で問われていることをしっかり考えることは重要だ！　和風ちゃんも外海のようにビジョンといった戦略論に関連する1次試験の知識を復習しておくように！

和風：は〜い♪

【「A社長の祖父」がどのような経営ビジョンを描いていたか？】

先生：さて、「地域の活性化」というビジョンが挙がったが、それ以外にないかな？

和風：そんなあれもこれもやったら大変じゃ〜ん。1個でよくない？

外海：いや、そんなことないんちゃう？　ビジョンなんてなんぼあってもいいですからね。

先生：いくらでもというのは言いすぎだけど、2次試験では多面的に解答することが重要になってくる！　「地域の活性化」以外のビジョンを考えてみよう。ヒントは、「誰の」ビジョンかだ。

和風：そんなの、「A社長の祖父」でしょ！　企業グループを経営してるんだったら、そりゃ〜ビッグになりたいに決まってんじゃんね！　おじいちゃん野心家！

外海：ビッグて……。先生、もうちょっと詳しく教えてもらえます？

先生：和風ちゃんの着眼点は悪くないだろう！　広い視座を持って事例を眺めることは重要だ！　今回は「A社長の祖父」が描いていた経営ビジョンということで、買収したA社の成長だけではなく、A社長の祖父の経営する企業グループの成長というのもビジョンに入っていると考えられる。ただし、企業グループの成長に触れていた解答は全体の2割弱で、A社の成長のみに触れた解答でも一定の加点はされたと思われる。

外海：出題の趣旨にも「買収側企業グループのトップマネジメントが」と書いてますし、グループの視点は必要だったかもしれないですね〜。新しい着眼点を学びました〜。

〜診断士試験を受験してよかったこと〜
　1次試験や2次試験の勉強を行って、勉強前よりは社会や企業経営についての視野が広がったこと。

先生：また、解答数は少なかったが、やがてグループの総帥となるA社長の「育成」も
　　　グループのトップとして考えていたと推測でき、加点されていた可能性があるぞ！

【経営ビジョン実現のために必要なもの】

和風：ビジョンはたくさん出てきたけど、それだけ解答すればいいのかな？　本当にビ
　　　ジョンを実現できるのかわかんなくな〜い？

外海：そうやなぁ、確かにビジョンを並べただけじゃ説得力がないのよ。ビジョンの達成
　　　のためには経営資源や機会などを活用した戦略の実行が必要なのよ。

先生：よい視点だ、2人とも！　では、今回の事例で活用できそうな経営資源や機会とし
　　　てどんなものが挙げられるだろうか？

和風：第5段落に「インバウンドブームの前兆期」ってあるし、A社の「老舗ブランド」
　　　は外国人にとってマジでサイコーだと思うんだけど。

先生：和風ちゃんは与件文を素直に読み解けているな！　外海、どうだ？

外海：さっき「グループの視点」という話があったので、経営資源もグループ全体で考え
　　　るべきと違いますか〜？　企業グループでは飲食業や旅館業をやっていたから、A
　　　社で造った日本酒を提供するっていうのがいいんちゃいますか？

和風：それって関連多角化って戦略だよね〜。「シナジー効果」が重要なやつでしょ！

先生：外海は「企業グループ」という着眼点をうまく活用できている！　和風ちゃんは1
　　　次試験の知識を引き出すことができたな！　いいぞ、2人とも！

外海：思いついたのはええんやけど、実際に解答するときはどう書いたらええんやろ？

先生：「シナジー効果」に関しては全体の約半数が解答していたが、特に合格＋A答案で
　　　書いている人が多く、差がつくポイントだったと考えられるぞ！　そしてシナジー
　　　効果を創出するためには買収側企業にノウハウや設備といった共同利用できる経営
　　　資源などを保有していることが条件になる。そのためシナジー効果が創出できるこ
　　　とを裏打ちするための、グループ企業の飲食業や旅館、過去の旅館買収での成功体
　　　験など、が合格＋A答案の約半数に書かれていた！

外海：確かに、どうやってシナジー効果を創出するかを具体的に書いたほうが説得力あり
　　　ますよね。知識だけじゃあかんのよね。知識だったらなんぼでも持っとるんですけ
　　　どねぇ。

和風：与件文のキーワードをただ書いとけばいいわけじゃないのか〜。あたしも説得力の
　　　ある文章書けるように練習しよ〜。

先生：2人ともそれぞれ気づきを得られたようだな！　では、次の問題に時を進めよう！

（設問2）【難易度　★★☆　勝負の分かれ目】
　A社長の祖父がA社の買収に当たって、前の経営者と経営顧問契約を結んだり、ベテラン従業員を引き受けたりした理由は何か。100字以内で答えよ。

●出題の趣旨

　買収側企業の被買収側企業に対する条件提示の意図について、理解して分析する能力を問う問題である。

●解答ランキングとふぞろい流採点基準

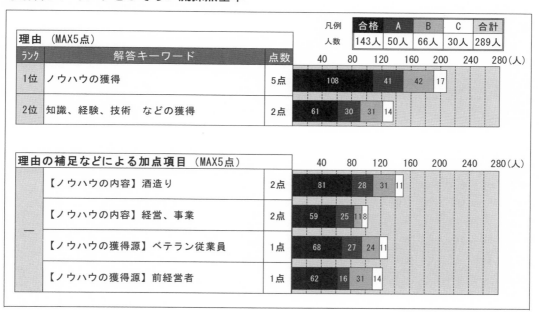

凡例	合格	A	B	C	合計
人数	143人	50人	66人	30人	289人

理由　（MAX5点）

ランク	解答キーワード	点数	グラフ
1位	ノウハウの獲得	5点	108／41／42／17
2位	知識、経験、技術　などの獲得	2点	61／30／31／14

理由の補足などによる加点項目　（MAX5点）

	解答キーワード	点数	グラフ
―	【ノウハウの内容】酒造り	2点	81／28／31／11
	【ノウハウの内容】経営、事業	2点	59／25／11／8
	【ノウハウの獲得源】ベテラン従業員	1点	68／27／24／11
	【ノウハウの獲得源】前経営者	1点	62／16／31／14

Column

モチベーション維持は辛いよ〜

　予備校に通っていたため、模試やプチテストなどを受ける機会が多く、勉強しているのに順位が常に真ん中〜下に位置しているのがわかり、辛かったです。試験結果がでると「私の頭じゃやっていても意味ないんじゃないか」という無力感に襲われることが多々ありました。そのたびに「なぜこの試験に合格したいのか」「この先どのようなことをやりたいのか」「合格できなかったらどうなるのか」を自問自答し、結局「やっぱり今頑張ってやるしかない」と思い直しモチベーション維持につなげました。

　資格を取った後のビジョンを試験前にしっかりと持って臨み、辛くなったらそこに立ち返るというのが自分には大事な時間でした。

（Nana）

効果 （MAX10点）				
ランク	解答キーワード		点数	
1位	承継・継承（買収）を成功させる		5点	97 / 35 / 40 / 12
	加点	スムーズ・迅速（に承継を行う）	2点	51 / 13 / 15 / 5
		友好的（に承継を行う）	1点	20 / 10
2位	雇用を維持し責任を果たす		2点	61 / 23 / 26 / 12
	加点	（上記に伴う）モラール・士気向上	1点	35 / 15 / 14 / 8
3位	取引先との関係維持		1点	48 / 19 / 15 / 3

（横軸目盛：40 80 120 160 200 240 280(人)）

●再現答案

区	再現答案	点	文字数
合	理由は、①酒造りや取引先との商売方法等酒造事業のノウハウを承継し、老舗ブランドを維持するため、②前経営者の雇用責任に対する意識を尊重し、前の経営者との友好関係を維持して、ノウハウの承継を円滑にするため。	19	100
A	A社長祖父には酒造事業の経営経験が無かった。そこで、老舗であるA社の前経営者の経営経験の提供を受け、かつ、ベテラン従業員が持つ酒造のノウハウを承継し、A社の買収を円滑かつ効果的に成功させるため。	17	97
B	理由は、酒造業は長年の経験が必要でベテランの杜氏・蔵人の力が欠かせず、取引先との関係を維持しスムーズな事業継承をするためにはベテラン従業員・元社長の力が必要となるため。また、地元の雇用を確保するため。	12	100
C	前の経営者やベテラン社員が保有するノウハウを活用しようとしたから。これまでの飲食業や旅館などのサービス業は製造業である酒造業とは事業構造が異なるため、自社に不足する資源を外部資源で補完しようとした。	7	99

●解答のポイント

> 買収後のA社にとって、前の経営者やベテラン従業員が必要だった理由や、雇用（契約）の継続による効果などを多面的に書けたかがポイントだった。

【設問の解釈】

先生：（設問２）では、前の経営者と経営顧問契約を結んだり、ベテラン従業員を引き受けたりした「理由」について問われている。2人はこの設問をどのように解釈して、解答したかな？

和風：あたし、設問文を読んでも何を言っているかわからないから、自分流に言い換えることにしているんだよね！

外海：もうちょっと詳しく教えてくれる？

和風：えーっ、なになに？　そんなにあたしのやり方が気になるの？　仕方ないから教えてあげるよ。たとえば、理由⇒メリットに言い換えたの。そしたら、「前の経営者と経営顧問契約を結んだり、ベテラン従業員を引き受けたりしたメリットは何か」になって、書くことが連想しやすくない？　あれ、あたしって、マジ天才じゃね？

先生：自画自賛も悪くないだろう。そう、事例Ⅰは設問文で何を問われているのか、わかりにくいことが多いんだ。

和風：ほかには、「前の経営者やベテラン従業員をどう活用するか」という切り口でも考えられると思ったんだよね。

外海：ほな、前の経営者やベテラン従業員がどのような存在だったかを与件文から探せばええわけやね。

先生：2人とも、悪くないだろう！　「A社の買収に当たって」⇒「買収後のA社にとって必要なものは何か」と補足することもできるんじゃないか？

外海：まとめると、「買収後のA社にとって必要なものは何か」、そのうえで、「前の経営者と顧問契約を結ぶことや、ベテラン従業員を継続雇用することのメリットは何か」っていうことですよねぇ？

和風：そこまでわかれば、ノウハウの獲得ってキーワードが思いつくわ！

【過去問の重要性】

和風：ところで、過去問が大事ってよく聞くけど、実際どうなの〜？

先生：よい質問だ。これを見てくれ！　シュッ！

> **平成22年度　事例Ⅰ　第2問（設問2）**
> 　A社は友好的買収を進める際に、従来の従業員を継続して雇用することにしている。そのメリットとデメリットについて100字以内で説明せよ。

和風：ちょっと！　令和2年度の問題と激似じゃん。過去問解いてた人、有利じゃね？

先生：間違いない！　2次試験では、過去問と似た問題が出ることも多いんだ！　過去問を解くことは、合格への近道だ！　みんなで時を戻そう。そして過去問を解こう！

〜診断士試験を受験してよかったこと〜
　物事に対しての視座がこれまでよりも高くなった。

第2問（配点20点）【難易度 ★★☆ 勝負の分かれ目】
　A社では、情報システム化を進めた若い女性社員を評価し責任者とした。ベテラン事務員の仕事を引き継いだ女性社員は、どのような手順を踏んで情報システム化を進めたと考えられるか。100字以内で答えよ。

●出題の趣旨
　買収された後のA社が、買収以前の事務処理を情報システム化する際に、どのような手順を踏んだのかについて、理解して説明する能力を問う問題である。

●解答ランキングとふぞろい流採点基準

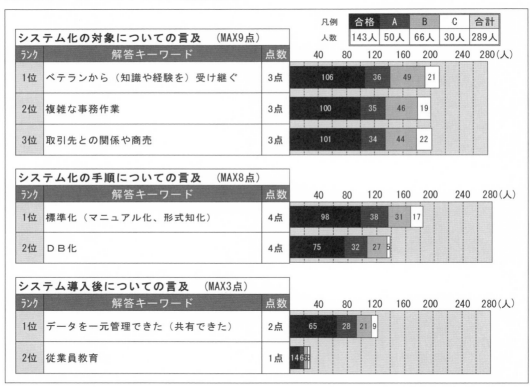

●再現答案

区	再現答案	点	文字数
合	手順は①ベテラン事務員³の複雑な事務作業³を標準化・マニュアル化⁴し、②取引先との商売³に関する情報をデータベース化⁴し、③社員への共有²、ＯＪＴなどの育成強化によりノウハウ継承の効率化、営業力強化につなげた。	20	99
A	情報システム化の推進手順は、①ベテラン社員³と共に現場で働き複雑な事務作業³や取引先との商売³の仕方を確認、②仕事の流れや秘訣を文書化・標準化⁴しＤＢ⁴で一元管理、③社員と共有²するため情報システム教育¹を実施。	20	99
A	異なる事業を統括するため、ベテラン女性事務員³からＯＪＴで複雑な事務作業³や取引先との商売³に関する知識や経験を受け継ぎ、それを標準化、マニュアル化⁴して、ＤＢ化⁴し、社員が誰でも容易に把握できるようにした。	17	99
B	ベテラン事務員³から知識や経験を受け継ぎ整理した後、暗黙知であった情報を形式知化⁴するナレッジマネジメントを実施することで、標準化された方法をデータベース化⁴し、情報システム化を進めた。	11	90
B	手順は、最初に複雑な事務作業³の内容及び取引先への対応³の整備を行い、次に整備した事項の標準化⁴を行って、最後に公式化により処理内容の統一を図るというもので情報システム化を進めたと考えられる。	10	93
C	手順は、①前任のベテラン女性従業員³からのＯＪＴ等による知識や経験を蓄積し、②それら無形ノウハウを形式知化⁴して有形のノウハウにして整理し、それに基づき情報ステム化の要件を定義した。	7	89
D	手順は、ベテラン従業員³から学んだＡ社の業務プロセスと前職で経験した他社の業務プロセスと比較した上で、Ａ社にとって最適な業務プロセスを情報システム化したと考えられる。	3	82

●解答のポイント

> 　Ａ社の業務背景を踏まえたうえで、システム導入後の施策を含めて、具体的なシステム化の手順について言及することがポイントだった。

【与件文から読み取れるシステム化の対象について】

和風：今回の設問って関係ある段落がわかりやすかったから、与件文からいっぱい抜き出しちゃった。「複雑な事務作業や取引先との商売を誰よりも掌握していたベテランの女性事務員」とか絶対使うじゃんね！　与件文サイコー！

外海：現場へのヒアリング、フロー図による整理やマニュアル作成などの標準化、現場や経営者への理解を求めること、システム開発後の社内教育……、システム化の手順で書くことなんてなんぼでもあるからね。そんなことまで書いてられないのよ。

和風：でもさー、A社の業務背景を踏まえずに施策だけを列挙するとシステム化の一般論になっちゃわない？　外海は中小企業診断士になったらどの企業でも同じアドバイスをするの？

先生：2人とも、悪くない議論だっただろう！　確かに与件文のとおり書くことで、文字数を使ってしまうことから「システム化対象」などの短い言葉で言い換えたような解答もいくつか見られた。しかし、合格＋A答案では7割以上が与件文に沿って「複雑な事務作業」や「取引先との商売」と書いていた！　これらはA社の業務背景を表した記述であり配点が高かったと考えられるだろう！

外海：中小企業診断士としてその企業に助言をするつもりで記述することが大事なのか〜。

【本設問に対する考え方について】

和風：1次試験で勉強したなかで使えそうな知識があったのに、忘れちゃったんだよね。なんかぐるぐるする図が出てきた気がする〜。

外海：野中郁次郎先生のSECIモデルやないかい！　平成29年度に出てきた大事なモデルなのよ。こんな大事なモデルを忘れてもうて、どうなってんねん！

先生：ピュ〜イ！　素晴らしいじゃないか！　和風ちゃんもこの図を見て学べばいい！シュッ！

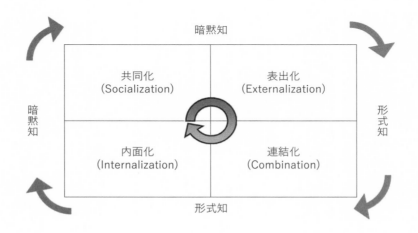

先生：経験の共有化によって「暗黙知」を、

　　　「共同化」：人から人に共有する、

　　　「表出化」：暗黙知を言語化してメンバーに共有する、

　　　「連結化」：言語化された知識を連結して新しい知識を創造する、

　　　「内面化」：表出化や連結化された知識をノウハウとして体得し、暗黙知化する。

　　　このプロセスを経ることで個々人の「暗黙知」が集団の「形式知」になるんだ！

外海：この問題で考えると……、

　　　「共同化」はベテラン事務員から暗黙知を引き継ぐこと、

　　　「表出化」はマニュアル作成などの標準化、「連結化」はDB化による共有、

　　　「内面化」は従業員教育を通して形式知化されたものを体得させる……。

　　　めちゃめちゃきれいに当てはまるやないかい！

和風：こんなのみんな考えて書いてるのかな〜。あたしこれ思い出さなくてもけっこー書けたよ！

外海：ほな、和風ちゃんがどんな風に答案を書いたんか、ちょっと教えてみてよ〜。

和風：まず、A社の問題点は「複雑な事務作業や取引先との商売をベテラン事務員だけが知っている現状」かなと思ったの。それを解決するためには、みんながその情報を知ることができる「マニュアル化やDB化」が効果的でしょ！　で、最後にせっかく作ったんだから他の従業員に教えてあげよーって思ったの！

先生：それもまた悪くないだろう！　知識が思い出せないことやきれいに当てはまるものがないこともある！　そんなときは課題に対する施策について因果を意識して書くことで大きくは外さない答案を導けるだろう！

和風：因果をちゃんと考えられるとか、あたしってマジ天才じゃね！

【システム化した効果について】

和風：あたしさー、「システム化して属人化からの脱却を図った」って効果まで言及したんだけど、書かないほうがよかったのかな。

外海：システム化の手順について聞かれてる質問で、効果の記述は必要ないんちゃう？

和風：ほな、違うかー。なんつって！

先生：確かに、出題の趣旨を見ても「情報システム化する際に、どのような手順を踏んだのかについて、理解して説明する能力を問う問題」となっているため、効果についての言及は必須ではなかったといえるだろう。しかし、効果まで言及している答案は因果を意識したものが多く、合格＋A答案に多い傾向にあったんだ！

和風：ただ施策を列挙しただけのような答案じゃ、だめってことだねー。

~知識以外に自分に身についたこと~

　　整っていない与件を整理し、課題を抽出する力。

第3問 （配点20点）【難易度 ★★☆ 勝負の分かれ目】

現在、A社長の右腕である執行役員は、従来のルートセールスに加えて直販方式を取り入れ売上伸長に貢献してきた。その時、部下の営業担当者に対して、どのような能力を伸ばすことを求めたか。100字以内で答えよ。

●出題の趣旨

主たる販売方法がルートセールス方式から直販方式に変更される際に、営業担当に求められる能力が、どのように変化するのかについて、分析する能力を問う問題である。

●解答ランキングとふぞろい流採点基準

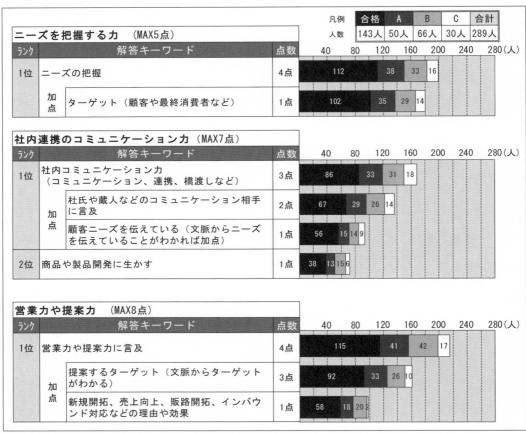

●再現答案

区	再現答案	点	文字数
合	①ルートセールスを見直し直接**顧客ニーズを収集**[4]し**顧客**[3]毎に合わせた**提案営業**[4]により**新規開拓**[3]を行っていく能力②**杜氏や蔵人**[2]と**連携**[3]し顧客ニーズに合わせた**新商品を開発**[4]していく能力。プロセスを重視し能力を伸ばしていく。	20	100
合	伸ばす能力は①**納入先の顧客**[1]と相互にやりとりしながら、顧客**ニーズを把握**[4]して、**蔵人**[2]とも**連携**[3]し、製品・サービスに**反映**[3]させる能力②潜在顧客のニーズを見極め**新規顧客**[3]を**開拓する能力**[4]、により**売上向上**[1]を図る。	20	96
合	必要な能力は①**最終消費者**[1]の**ニーズをくみ取る**[4]コミュニケーション力②**ニーズ**[4]を満たす**新商品**[3]を産み出す企画力③新商品企画を開発につなげる**杜氏やベテラン蔵人**[2]への**調整力**[1]④**最終消費者**[1]への新商品の**提案販売力**[4]。	19	96
A	求めたことは①**顧客ニーズを把握**[4]するためのコミュニケーション能力の向上、②杜氏や蔵人から酒造りの知識を習得する知識力向上、③知識を活かして、**顧客へ**[3]の適切な**提案営業**[4]ができる能力向上である。	12	92
B	能力は、①取引先や、**杜氏、蔵人**[2]との**コミュニケーション力**[3]、②ルートセールスを見直し直販方式とすることによる、**販路**[1]の新規開拓力、③酒造事業についての知識を蓄積し、新規事業を提案する、**営業提案力**[4]。	10	95
C	国内消費量が大幅に減少する中で、インバウンド需要を機会ととらえ、自社の強みを活かした提案型**営業ができる能力**[4]。具体的には、**団体観光客**[3]を日本酒バーで外国人従業員も交え接遇できる能力。	7	89

●解答のポイント

> 　ルートセールスから直販方式に変更するにあたり、①顧客ニーズの確認、②杜氏や蔵人とコミュニケーションをとってニーズを伝え商品開発などに生かすこと、③新しいターゲットに対する営業力強化、の3点がバランスよく解答できたかがポイントだった。

【ルートセールスから直販方式へ】

和風：営業担当者って与件文のどこにも書いてない！　こんなのわかるわけなくね〜!!

外海：「直販方式を取り入れた」と書いてあるやん。だから、1次試験で学習した直販のメリットの知識を使えばいいのよ。直販のメリットは、①顧客ニーズを聞けること、②自社ブランドの訴求ができること、③顧客の囲い込みができること、④収益率が

〜知識以外に自分に身についたこと〜
　取引先の社長と対峙したときの度胸。

良くなることやったやん。

先生：その考え、悪くないだろう！　確かに直販のメリットに注目するのはよい考えだ。さらに、Ａ社の状況を踏まえて考えることが大切だろう！　Ａ社の営業に関する情報は与件文や設問文でどのように記載されていたかな？

和風：与件文の第11段落に執行役員が「古い営業のやり方を抜本的に見直して直販方式を導入した」こと、設問文には「ルートセールスに加えて」と書いているよね。

外海：ということは、ターゲットが変わるってことやから、ニーズの把握が大切やね。

和風：じゃあさ、顧客ニーズとターゲットもあったほうがいいよね〜。

先生：ピュ〜イ！　その気づき、悪くないだろう！　顧客ニーズの把握については受験生の60％、合格＋Ａ答案では78％が書けていた。さらに、ターゲットについても言及していたのが、合格＋Ａ答案では70％以上だったが、Ｂ答案以下では40％程度だった。変化したターゲットの記載が加点になったと考えられるだろう。

【求められる能力を多面的に考える】

先生：ここで2人に質問だが、営業に求められる能力は顧客ニーズの把握だけでいいかな？

和風：そうだね〜。ニーズを把握して販売する営業力や提案力は必要だよね〜。

外海：あと、社内に対して顧客ニーズを伝えることも必要とちゃうかな？

和風：そういえば、第11段落に執行役員が「杜氏や蔵人と新規事業の橋渡し役」を果たしたってあったね〜！

外海：そうやなぁ。杜氏や蔵人に顧客ニーズを伝えて製品やサービスに反映させるためのコミュニケーション能力が求められるってことやね。

先生：その考え、悪くないだろう！　コミュニケーション能力については、合格＋Ａ答案の60％以上が言及していた。さらに、顧客ニーズを伝えるという点まで触れているか否かで分析すると、合格＋Ａ答案とそれ以外とでは解答率に14％ほどの差があったんだ。杜氏や蔵人という明確なコミュニケーション相手や商品開発に生かすことの言及が加点になったと考えられるだろう。

和風：あたしそれ書いた〜。あたしって、マジ天才じゃね！

外海：あと俺は、新規顧客への営業力や提案力にも言及することが大事やと睨んでるのよ〜。

先生：そのとおり！　ちなみに、営業力や提案力については、受験生の75％以上が言及していた。営業のターゲットや新規開拓という目的まで丁寧に言及できたかという点が加点になったと考えられるだろう。

外海：つまり、多面的かつ丁寧にＡ社に寄り添った答案作成が大切なんですね！

〜知識以外に自分に身についたこと〜

論理的思考力と、端的な文章に表現する力。忘れないようにしたい。

第4問（配点20点）【難易度　★☆☆　みんなができた】

　将来、祖父の立ち上げた企業グループの総帥となるA社長が、グループ全体の人事制度を確立していくためには、どのような点に留意すべきか。中小企業診断士として100字以内で助言せよ。

●出題の趣旨

　企業グループのトップマネジメントとして、グループ全体の人事制度確立の方法について、助言する能力を問う問題である。

●解答ランキングとふぞろい流採点基準

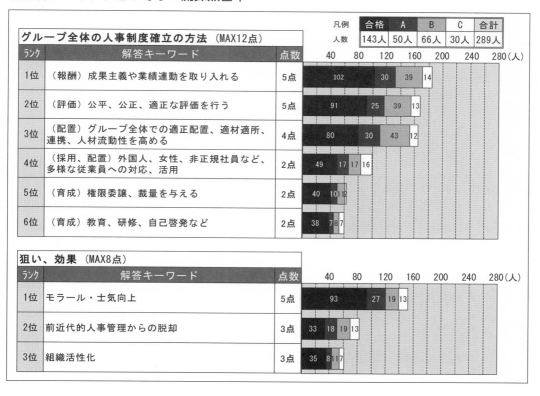

凡例	合格	A	B	C	合計
人数	143人	50人	66人	30人	289人

グループ全体の人事制度確立の方法（MAX12点）

ランク	解答キーワード	点数
1位	（報酬）成果主義や業績連動を取り入れる	5点
2位	（評価）公平、公正、適正な評価を行う	5点
3位	（配置）グループ全体での適正配置、適材適所、連携、人材流動性を高める	4点
4位	（採用、配置）外国人、女性、非正規社員など、多様な従業員への対応、活用	2点
5位	（育成）権限委譲、裁量を与える	2点
6位	（育成）教育、研修、自己啓発など	2点

狙い、効果（MAX8点）

ランク	解答キーワード	点数
1位	モラール・士気向上	5点
2位	前近代的人事管理からの脱却	3点
3位	組織活性化	3点

〜知識以外に自分に身についたこと〜
　自分の身の回りで起きたことを客観視、多角的視点で見られるようになった。

●再現答案

区	再現答案	点	文字数
合	グループ全体の持続的成長と一体感醸成の為①グループ内人事交流活性化②非親族の優秀者の役員登用と権限移譲③公平な成果給導入と評価項目明示④研修充実化で、社員の士気と能力を高め、組織活性化する事に留意する。	20	100
合	助言は①公平性の確保によるグループの一体感・モラールの維持、②更なる若手の登用、権限委譲により若手社員の士気向上、③グループ横断での適切な人材配置によってA社長の参謀役を担える人材を増やしていくこと。	16	100
A	家族主義的経営や祖父の経験や勘に頼った前近代的な人事管理から脱却するため、公正な評価制度を導入し、業績に応じて成果が反映される仕組みや、表彰制度などを整備し、従業員のモラール向上を図る。	18	93
B	留意点は、①実績やデータをベースとした一部成果主義要素を含むものとし、②事業間のバランスや非正規社員の正社員登用等企業グループ全体のバランスを考えた人事制度とする。	11	82
C	留意点は、新しい人事制度を導入するための理由や背景を全従業員に説明して納得感を与え、①長期視点で公平な評価制度とする、②個人主義や短期志向を回避し、段階的に導入する等で組織の活性化を図ること。	8	96
D	留意点は、①組織形態を事業部制とし、各事業部長には裁量を与える一方、明確な利益責任を負わせ、成果主義の給与体系で応える。②一般社員は年功給部分を残し、従来の貢献に応える。③同族役員は順次退任させる。	7	99

●解答のポイント

> 企業グループのトップマネジメントとして確立すべき人事制度の具体的施策、留意点、効果などを多面的に解答することがポイントだった。

【人事施策を多面的に解答できたか】

和風：A社長って企業グループの総帥になるんだよ！　すごいすごいすご〜い！　ヤバイ、あたしも総帥になりたいの！

先生：そんな簡単に君が総帥になったっていい！

和風：グループの総帥になるってことはA社だけ考えてたらダメじゃん、どうすんの？

外海：和風ちゃん、わかれへんの〜？　ほな俺がね、企業グループ全体の人事制度をどうしたらよいか一緒に考えてあげるから、どんな施策があるか言ってみてよ〜。

〜診断士の魅力〜

診断士の知識はどのような企業でもどこかで役立つ知識なので、生き方の選択肢が増えること。

和風：人事施策といえば「茶化」じゃん。

外海：もうちょっと詳しく教えてくれる？

和風：あたし、楽しく覚えるの好きだから〜、「茶」と「化」の文字のなかにあるカタカ
　　　ナから取って、「サ」＝「採用」、「ハ」＝「配置」、「ホ」＝報酬、「イ」＝育成、「ヒ」
　　　＝「評価」、が人事施策のフレームって覚えてる！

先生：その多面的な考え方、お茶目な覚え方、悪くないだろう！

外海：人事施策なんてなんぼあってもいいですからね、ありがたいですよ、ほんまにね。

和風：でもさ〜外海、あたし、100字以内でそんなにたくさん書き切れないし〜、何を優
　　　先すんの？

外海：俺はね、与件文の「経験や勘をベースにした」という記述から「公平性の確保」を、
　　　「年功序列型賃金が基本である」という記述から「成果主義的賃金の導入」を連想
　　　して、この2つを優先したのよ〜。

先生：与件文や設問から判断して優先順位をつける考え方も悪くないだろう！　実際、合
　　　格＋A答案で多かったキーワードは、①「評価」の視点での「公平性」、②「報酬」
　　　の視点での「成果主義や業績連動の導入」、などだった。

和風：あたしは「企業グループ全体のバランスを考えた人事制度の整備が必須」っていう
　　　与件文に注目したよ！

先生：ピュ〜イ！　設問文にも「グループ全体の人事制度を確立していくためには」と記
　　　載があり、グループ全体での適正配置などを連想した受験生も多かったようだ！

【助言として、狙いや効果も伝えたい】

外海：人事制度なんてすぐわかったやん、こんなん。

和風：でもさ〜外海、「助言せよ」って書いてあるよ。施策を並べるだけじゃ中小企業診
　　　断士としての助言じゃないじゃん。

外海：ほな施策列挙だけと違うか〜。

先生：和風ちゃん、その考え方、中小企業診断士として悪くないだろう！

和風：で、外海、ほかに何か書かないの？

外海：そういうときは「効果」の記載で決まりやないかい。「狙い」や「効果」を説明す
　　　ることで決まりなのよ〜。

先生：ピュ〜イ！　確かに、合格＋A答案では「モラール、士気向上」、「組織活性化」、
　　　などの狙いや効果まで記載している解答が多かった！

和風：そうだよ〜、アゲアゲになる施策じゃないと意味ないし！　あたしも総帥としてグ
　　　ループ全体を超ナイスなアゲアゲ施策で盛り上げるって決めた！

〜診断士の魅力〜

試験に合格した後、自分の働き方を大きく変えられる可能性を持っていること。

▶事例Ⅰ特別企画

ふぞろい流　事例Ⅰの歩き方

和風：１次試験はなんとかなりそうなんだけどさー、２次試験ってよくわかんないんだよねー。特に事例Ⅰわかんなくね？

外海：俺も最初は何をどう勉強したらいいか、わからんかったのよね～。今解いてても、なんかうまくいかないというか。

先生：２次試験の問題は、初めはどうやって解いたらいいかわからないこともあるだろう！　特に事例Ⅰは全ての事例の基本とも取れる部分も多く、また１科目目であるため試験本番の出来が悪いと他の科目にもメンタル的に影響してしまいがちだ。ぜひ対策をしておきたい。今回は初学者をはじめ、事例Ⅰに苦手意識を持つ人に向けて、まず最初に押さえておきたいポイントを確認しよう。

【設問文を正確に読もう】

先生：そもそもだが、与件文を最初に全部読むようなことはおすすめしない。第１段落と最終段落を先に読んで、事例企業の業種や社長の思い、大きな課題などのイメージをつかんだうえで設問文を「正確に」読むことが入り口なんだ。限られた時間で問われたことを意識しながら効率的に進められるコツだといえる。

和風：へー、与件文を先に全部読んじゃうと思ってた！　でも正確にってどういうこと？

先生：たとえば２次試験あるあるだが、２人とも「課題」ってどういうことかわかるかな？

和風：え、「やっててダメなこと」ってことでしょ？

外海：すぐわかったやん、こんなん。和風ちゃんが言うダメなことってのは「問題点」。「課題」は今はダメだけど、これからどうしていくべきかってことですよねぇ？

先生：そのとおりだ。言葉の意味も意識せず設問で要求されていること（設問要求）が曖昧なまま解いていくと、合格＋Ａ答案で見られる解答とは方向が違ってしまう。これを見てくれ！　設問要求に応えていない例をいくつか挙げよう！　シュッ！

> 設問要求に答えられていない例：
> ・「課題」に対して、「問題点」を解答
> ・「理由」に対して、「効果」を解答
> ・「留意点」に対して、「効果」がなく「施策」のみを解答
> ・「○○、△△」（２つの設問要求）に対して、「○○」（１つ）のみ解答
> ・「○○」を踏まえて、と要求があるのに「○○」の解答がない

和風：確かに全然意識してなかったかもー。自撮りしとこー（パシャッ）。

外海：顔のほうがでかく映ってんで！　まぁ、最初は意外とわかんないもんですよねぇ。

いかに日頃からいい加減に日本語を使っていたか……。ダメさ加減がわかりますね。

先生：ダメだ、とも言い切れない！　今から正確に意味を捉えればいい！　続いて制約条件だ。以下にあるような制約条件を守れない解答は、さすがにダメだ。

> 制約条件：〇〇以外の、〇〇の観点で、〇〇的な△△、etc.

和風：これはなんとなくわかるー。

外海：せっかくだから、もうちょっと詳しく教えてもらえます〜？

先生：欲張りな奴だ！　が、それも悪くないだろう。ほかにもたとえば、次の枠内のような記載で時制を制約しているものもある。だが、これを考えずにズレた時制の解答をする受験生も多いだろう！

> 制約条件：〇代目社長、先代社長、Ａ社長の就任前、創業当時、近年、etc.

先生：このようなヒントをもとに設問文を正確に捉えて、次は与件文を読んでみよう！

【与件文の読み方】

和風：うーん、なんか事例 I の与件文ってヒント少なくね？　それにさっき設問でやった時制がごっちゃごちゃよね。わかりにくーい！

先生：そうとも言い切れない！　読み方次第だ！　令和２年度の事例を整理しよう。

> 【Ａ社の時系列】
> 　第 1 段落　現在
> 　第 3 段落　江戸時代、戦後、2000年代
> 　第 4 段落　2000年代から更に30年ほど前の1970年代
> 　　　　　　　（引き継いだ、からは2000年代）
> 　第 6 段落　Ａ社長の幼少時、2000年代買収後 3 年近く
> 　第 7 段落　2000年代後半（リニューアルの数年後、から）
> 　第10段落　2000年代〜現在（働いている、という表現から）
> 　第11段落　現在
> 　第12段落　この10年、と近い将来

外海：やっぱりごちゃごちゃしてるわ〜。ときどき（　）で書かれてるのは何ですか〜？

先生：これは直接的な表現はないけれど時代がわかる部分だ。第 4 段落は、途中から経営権の獲得、つまり2000年代になっていることがわかるだろう。また第 7 段落はリニューアル（＝ Ａ社長修行中）から数年後、第10段落は「外国人数名も忙しく働いている」と、文末が「いる」であるため現在の話になっていることが読み取れる。

和風：こんなの普通に読んでたら気づかないし、忘れちゃうよー！

外海：そんなん意識して読んで、余白にでもメモしていったらいいのよー。メモなんてな

んぽあっても困りませんからね～。

先生：そのとおり。何度も時を戻されるので、ついていけるよう意識して読む練習やメモ
　　　は大事だ。しかも設問要求には時制を意識しなければいけないものも多い。では続
　　　いて、これはどうだろう？

> 地域、活性化、前の経営者、ベテラン従業員、ブランド、インバウンド、
> 執行役員、情報システム化、蔵人、杜氏、レストラン、グループ、総帥

和風：あ、何回も出てきている言葉だよね。これはすぐわかったよー（笑）。

外海：それは俺のセリフ！　俺もすぐわかったよ～！　与件文や設問文で繰り返すってこ
　　　とはやっぱりそれだけ大事だってことですよね～？

先生：そのとおり！　これらの言葉自体やその周辺の言葉がふぞろい的にも高得点なキー
　　　ワードになっていることも多いんだ。設問文と同じ言葉がある与件文の周辺の内容
　　　がヒントになることも多く、結びつけて考えたい！

和風：んじゃ、繰り返される言葉は、解答にも使われるかもしれないし、ヒントにもなる
　　　から要注意ってことだね。

先生：飲み込みが早いな！　では、これはどうだ？

> 同時に（第9段落）、そして（第11段落）、しかしながら（第12段落）

和風：なにこれ？　ただの接続詞じゃん！

外海：ちょいちょい出てくるやつやん。これも何かのヒントになるんですか？

先生：そのとおりだ。それぞれの直後の文は、「能力を見極めた」、「敏腕を発揮してきた」、
　　　「人事管理は、伝統的な家族主義的経営や祖父の経験や勘……」といった第4問の
　　　ヒントになっている。ほかの接続詞も同様に設問のヒントになっているものが多い。

外海：そういう見方もあるんやなぁ。今まで解いてて気づかへんかったわ～。

【知識をどう使うか】

和風：なんだか事例Ⅰ、もう解けそうじゃーん。

先生：いや、まだ重要なことが抜けている。

外海：それってやっぱり知識ですよね⁉　俺は知識だけは自信があるんですよ！

先生：2次試験も言うまでもなく国家試験だ。もし設問文と与件文をきちんと理解できた
　　　としても自分勝手な解答では合格にはならない。たとえば、令和2年度の第4問に
　　　も多く受験生が解答した「成果主義的人事制度」について見てみよう！　こうやっ
　　　てまとめている人も多い！

~診断士の勉強が仕事に生かせた瞬間~
　私が技術系であることもあり、技術課題と事業的な課題を踏まえた開発テーマの提案を行ったこと。

【成果主義的人事制度】

メリット	若手のモチベーションアップ
	賃金の適正化
デメリット	短期的な成果への偏重
	研究職などには不向き
留意点	公正な評価基準、賃金体系の設定

和風：成果主義的人事制度って１次試験でやったよねー。なんでこんな風にまとめるの？

先生：本番ですぐに使えるように整理しておく必要があるからだ！　こうした知識を因果関係がわかりやすいように解答に盛り込むことが重要なんだ！　たとえば……。

---

①若手のモチベーションを上げるために、成果主義的人事制度を導入する。

---

②短期的な成果への偏重を回避するために、成果主義的人事制度を導入しない。

---

③成果主義的人事制度を導入する際の留意点は、従業員のモチベーション向上に繋げるために、公正な評価基準を設定することである。

和風：上の③は、まさに令和２年度の第４問だね。こんな風に知識って使うんだー。でもこういうのをたくさん覚えるのってマジしんどーい。

外海：過去問を解いていくなかで、俺も出会ったキーワードを同じように覚えていったけど、１次試験のときに内容自体は覚えているから意外と大変じゃないのよ。主に問われているものなんかはそんなに多くないからね〜。

先生：そんなまとめ方も悪くないだろう。知識については本書の137ページでも合格者が最低限頭に入れておくべきことを解説しているぞ！　過去問は単に数をこなすことよりも、知識の蓄積や自分の解法プロセスの構築など、しっかりと活用しつくすことが大切なんだ！

外海：じゃあ、ここで見てきた、設問文と与件文と知識の整理で決まりやないですか〜。

先生：そうとも言い切れない！　ここで書いたことは、あくまで初歩の初歩だ。これらをきっかけにしっかり過去問を解いていき、自分なりに解法プロセスも知識もどんどんレベルアップしていく必要がある。

外海：ほな、違うか〜。やっぱり事例を解くのって一朝一夕ではできないんですね！

〜診断士の勉強が仕事に生かせた瞬間〜

顧客との会話の深さが変わり、初対面の顧客とも深い話がしやすくなった。

ふぞろい流ベスト答案 ──────────── 事例Ⅰ

第1問（配点40点）

（設問1） 99字 【得点】20点

描	い	た	ビ	ジ	ョ	ン	は	、	①	老	舗	ブ	ラ	ン	ド³	と	グ	ル	ー
プ	の	飲	食	業	・	旅	館	業²	と	の	シ	ナ	ジ	ー	効	果³	を	発	揮
し	、	イ	ン	バ	ウ	ン	ド	ブ	ー	ム³	を	取	り	込	み	、	②	孫	で
あ	る	Ａ	社	長	を	後	継	者	と	し	て	育	成²	し	、	企	業	グ	ル
ー	プ	の²	成	長³	と	地	域	活	性	化⁴	を	実	現	す	る	こ	と	。	

（設問2） 99字 【得点】20点

理	由	は	、	ベ	テ	ラ	ン	従	業	員¹	や	前	の	経	営	者¹	か	ら	、
酒	造	り²	や	経	営²	の	ノ	ウ	ハ	ウ	を	獲	得⁵	す	る	た	め	。	ま
た	、	雇	用	責	任	を	果	た	し²	従	業	員	の	士	気	向	上¹	を	図
り	、	取	引	先	と	の	関	係	を	維	持¹	す	る	こ	と	で	、	友	好
的¹	か	つ	円	滑²	に	事	業	承	継	を	成	功⁵	さ	せ	る	た	め	。	

第2問（配点20点） 99字 【得点】20点

手	順	は	、	①	ベ	テ	ラ	ン	事	務	員³	か	ら	Ｏ	Ｊ	Ｔ	に	よ	り
複	雑	な	事	務	作	業³	と	取	引	先	に	関	す	る	情	報³	を	受	け
継	ぎ	、	②	そ	れ	ら	を	標	準	化⁴	、	Ｄ	Ｂ	化⁴	し	、	③	社	員
教	育¹	を	行	う	こ	と	で	全	社	的	に	情	報	を	共	有²	し	、	業
務	の	効	率	化	と	属	人	化	か	ら	の	脱	却	を	図	っ	た	。	

第3問（配点20点） 95字 【得点】20点

求	め	た	能	力	は	、	①	直	販	に	よ	る	新	し	い	顧	客¹	の	ニ
ー	ズ	を	把	握⁴	す	る	力	、	②	把	握	し	た	ニ	ー	ズ¹	を	杜	氏
や	蔵	人²	に	伝	え	商	品	開	発¹	に	活	か	す	コ	ミ	ュ	ニ	ケ	ー
シ	ョ	ン	力³	、	③	顧	客³	に	自	社	商	品	の	魅	力	を	伝	え	売
上	伸	長¹	す	る	た	め	の	営	業	力⁴	で	あ	る	。					

第4問（配点20点） 99字 【得点】20点

留	意	点	は	、	①	公	平	な	評	価	制	度⁵	の	確	立	、	②	成	果
主	義⁵	導	入	の	検	討	、	③	多	様	な	従	業	員²	の	適	正	配	置⁴
④	社	員	教	育²	や	権	限	委	譲	に	よ	る	育	成	、	等	に	よ	り
前	近	代	的	人	事	管	理	か	ら	脱	却³	し	、	グ	ル	ー	プ	全	体
の	士	気	向	上⁵	と	組	織	活	性	化³	を	図	る	事	で	あ	る	。	

ふぞろい流採点基準による採点

100点

第1問（設問1）：ビジョンを多面的に捉えるとともに、A社と祖父の企業グループが
　　　　　　　持つ経営資源や機会の活用等、ビジョンを実現するための根拠を記
　　　　　　　述しました。
第1問（設問2）：買収時に前の経営者やベテラン従業員が必要だった理由や、雇用継
　　　　　　　続の狙いなどを多面的に記述しました。
第2問：情報システム化する手順について、A社の業務背景を踏まえながら、1次知識
　　　　を活用して記述しました。
第3問：ルートセールスから直販方式へ販売方式を変更したことで営業担当者が新たに
　　　　求められる能力を多面的に記述しました。
第4問：企業グループのトップとして確立すべき人事制度の具体的施策、狙い、効果に
　　　　ついて、与件文や設問文からの根拠と1次知識を紐づけて多面的に記述しました。

Column

ポジティブな諦め思考のススメ

　診断士の勉強を始めたのは実は5年前。残業も多い職場で忙しく働いていたときでした。
予備校の通学講座に申し込んだものの、土日の講座に出ても疲労で集中できず、眠くなる
有様で、1次試験受験に至りませんでした。

　3年後、妊娠を機に退職し再度の挑戦を志した際、「仕事がなければ1年で大丈夫。楽
しんでいこう！」と楽観的に捉えていました。しかし、それも束の間、体調は悪くなる一方、
早産傾向で寝たきり生活、産後は身も心もボロボロで勉強どころではない生活が続きまし
た。子どもが5か月になった頃から勉強を再開しましたが、1年目は1次試験であっさり
敗退。その後も転居が重なり、子どもの夜泣きは延々と続き、何年も体調が悪く、思うよ
うに勉強できないストレス、社会との断絶、家庭とのバランスに悩み「この挑戦は正しかっ
たのか？」と自問自答し、家族とも何度も話し合いました。受験勉強中、同様に思い悩む
方は多いのかなと思います。

　悩んだときに思い返したのは、ノートに書き連ねていた診断士になることを志した理由、
やりたいこと、夢の数々。そして、思うように勉強できないときに至った境地は「なんと
もならないときは諦める」というポジティブな諦め思考。ただし、後悔だけはしないよう、
最大限の努力をすることだけ考えるという自分なりの着地点でした。この考え方は自分の
心を落ち着かせ、試験当日の「力を出し切ることだけを考える」という姿勢につながり、
最後に運を呼び寄せたのかなと感じています。
　　　　　　　　　　　　　　　　　　　　　　　　　　　　　　　　　（どみー）

▶事例Ⅱ（マーケティング・流通）◀

令和2年度　中小企業の診断及び助言に関する実務の事例Ⅱ（マーケティング・流通）

【注意事項】
新型コロナウイルス感染症（COVID-19）とその影響は考慮する必要はない。

　B社は、資本金450万円、社長をはじめ従業者10名（パート・アルバイト含む）の農業生産法人（現・農地所有適格法人）である。ハーブの無農薬栽培、ハーブ乾燥粉末の一次加工・出荷を行っている。

　B社は、本州から海を隔てたX島にある。島は車で2時間もあれば一周できる広さで、島内各所には海と空、緑が鮮やかな絶景スポットがある。比較的温暖な気候で、マリンスポーツや釣りが1年の長い期間楽しめ、夜は満天の星空が広がる。島の主力産業は、農業と観光業である。ただし島では、若年層の人口流出や雇用機会不足、人口の高齢化による耕作放棄地の問題、農家所得の減少などが深刻化し、地域の活力が低下して久しい。

　B社の設立は10年ほど前にさかのぼる。この島で生まれ育ち、代々農業を営む一家に生まれたB社社長が、こうした島の窮状を打開したいと考えたことがきっかけである。B社設立までの経緯は以下のとおりである。

　社長は、セリ科のハーブY（以下「ハーブ」と称する）に目を付けた。このハーブはもともと島に自生していた植物で、全国的な知名度はないが、島内では古くから健康・長寿の効能があると言い伝えられてきた。現在でも祝いの膳や島のイベント時に必ず食べる風習が残り、とくに高齢者は普段からおひたしや酢みそあえにして食べる。社長はこのハーブの本格的な栽培に取り組み、島の新たな産業として発展させようと考えた。

　まず社長が取り組んだのは、ハーブの栽培手法の確立であった。このハーブは自生植物であるため、栽培ノウハウは存在しなかった。しかし、社長は農業試験場の支援を得て実験を繰り返し、無農薬で高品質のハーブが同じ耕作地で年に4〜5回収穫できる効率的な栽培方法を開発した。一面に広がるハーブ畑は、生命力あふれる緑の葉が海から吹く風に揺れ、青い空と美しいコントラストを生み出している。

　一般的にハーブの用途は広く、お茶や調味料、健康食品などのほか、アロマオイルや香水などの原材料にもなる。社長は次に、このハーブを乾麺や焼き菓子に練りこんだ試作品をOEM企業に生産委託し、大都市で開催される離島フェアなどに出展して販売を行った。しかし、その売上げは芳しくなかった。社長は、このハーブと島の知名度が大消費地では著しく低いことを痛感し、ハーブを使った自社による製品開発をいったん諦めた。社長はハーブの販売先を求めて、試行錯誤を続けた。

〜資格を取ってやりたかったこと〜

　1次試験の「中小企業経営・中小企業政策」を勉強して、起業や事業承継のお手伝いをしたいと思うようになった。

　B社設立の直接的な契機となったのは、社長が大手製薬メーカーZ社と出合ったことである。消費者の健康志向を背景にますます拡大基調にあるヘルスケア市場では、メーカー間の競争も激しい。Z社は当時、希少性と効能を兼ね備えた差別的要素の強いヘルスケア製品の開発可能性を探っており、美しい島で栽培された伝統あるハーブが有するアンチエイジングの効能と社長の高品質かつ安全性を追求する姿勢、島への思い入れを高く評価した。社長もZ社もすぐに取引を開始したかったが、軽い割にかさばるハーブを島から島外の工場へ輸送するとなるとコストがかかることがネックとなった。

　そこで社長自ら島内に工場を建設し、栽培したハーブを新鮮なうちに乾燥粉末にするところまで行い、輸送コスト削減を図ろうと考えた。Z社もそれに同意した。その結果、B社はハーブの栽培・粉末加工・出荷を行うための事業会社として、10年ほど前に設立された。

　Z社は予定どおり、B社製造のハーブの乾燥粉末を原材料として仕入れ、これをさらに本州の工場で加工し、ドリンクやサプリメントとして全国販売した。これらの製品は、島の大自然とハーブからもたらされる美を意識させるパッケージで店頭に並び、主として30〜40歳代の女性層の支持を獲得した。この島の空港や港の待合室にも広告看板が設置され、島とハーブの名前が大きく明示されている。そのため、とくにヘルスケアに関心の高い人たちから、このハーブが島の顔として認知されるようになってきた。こうした経緯もあって、島民は昨今B社の存在を誇りに感じ始めている。

　ただし、Z社のこの製品も発売から約10年の歳月を経て、売れ行きが鈍ってきた。このところ、B社とZ社とのハーブの取引量は徐々に減少している。Z社担当者からは先日、ブランド刷新のため、あと2〜3年でこの製品を製造中止する可能性が高いことを告げられた。

　現在のB社は、このハーブ以外に、6〜7種類の別のハーブの栽培・乾燥粉末加工を行うようになっている。最近ではこのうち、安眠効果があるとされるハーブ（Yとは異なるハーブ）が注目を集めている。Z社との取引実績が安心材料となり、複数のヘルスケアメーカーなどから安眠系サプリメントなどの原材料として使いたいと引き合いが来るようになった。しかし、取引が成立しても、Z社との取引に比べるとまだ少量であり、B社の事業がZ社との取引に依存している現状は変わらない。

　最近になって、社長は自社ブランド製品の販売に再びチャレンジしたいという思いや、島の活性化への思いがさらに強くなってきた。試しに、安眠効果のあるハーブを原材料とした「眠る前に飲むハーブティー」というコンセプトの製品をOEM企業に生産委託し、自社オンラインサイトで販売してみたところ、20歳代後半〜50歳代の大都市圏在住の女性層から注文が来るようになった。

　島の数少ない事業家としての責任もあるため、社長は早期に事業の見直しを行うべきだと考え、中小企業診断士に相談することにした。

〜資格を取ってやりたかったこと〜

　副業。本業以外で収入の柱をもう一本つくることを目指しています。

第1問（配点20点）

現在のB社の状況について、SWOT分析をせよ。各要素について、①～④の解答欄にそれぞれ40字以内で説明すること。

第2問（配点30点）

Z社との取引縮小を受け、B社はハーブYの乾燥粉末の新たな取引先企業を探している。今後はZ社の製品とは異なるターゲット層を獲得したいと考えているが、B社の今後の望ましい取引先構成についての方向性を、100字以内で助言せよ。

第3問（配点30点）

B社社長は最近、「眠る前に飲むハーブティー」の自社オンラインサイトでの販売を手がけたところ、ある程度満足のいく売上げがあった。

（設問1）

上記の事象について、アンゾフの「製品・市場マトリックス」の考え方を使って50字以内で説明せよ。

（設問2）

B社社長は自社オンラインサイトでの販売を今後も継続していくつもりであるが、顧客を製品づくりに巻き込みたいと考えている。顧客の関与を高めるため、B社は今後、自社オンラインサイト上でどのようなコミュニケーション施策を行っていくべきか。100字以内で助言せよ。

第4問（配点20点）

B社社長は、自社オンラインサイトのユーザーに対して、X島宿泊訪問ツアーを企画することにした。社長は、ツアー参加者には訪問を機にB社とX島のファンになってほしいと願っている。

絶景スポットや星空観賞などの観光以外で、どのようなプログラムを立案すべきか。100字以内で助言せよ。

第1問（配点20点）【難易度　★☆☆　みんなができた】

　現在のB社の状況について、SWOT分析をせよ。各要素について、①～④の解答欄にそれぞれ40字以内で説明すること。

●出題の趣旨

B社内外の経営環境を分析する能力を問う問題である。

●解答ランキングとふぞろい流採点基準

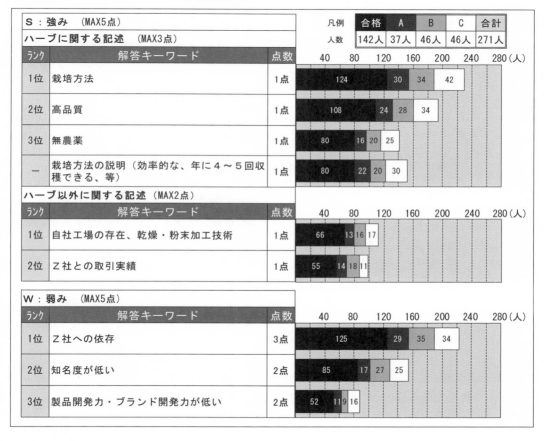

凡例	合格	A	B	C	合計
人数	142人	37人	46人	46人	271人

S：強み（MAX5点）

ハーブに関する記述（MAX3点）

ランク	解答キーワード	点数	合格	A	B	C
1位	栽培方法	1点	124	30	34	42
2位	高品質	1点	108	24	28	34
3位	無農薬	1点	80	16	20	25
―	栽培方法の説明（効率的な、年に4～5回収穫できる、等）	1点	80	22	20	30

ハーブ以外に関する記述（MAX2点）

ランク	解答キーワード	点数	合格	A	B	C
1位	自社工場の存在、乾燥・粉末加工技術	1点	66	13	16	17
2位	Z社との取引実績	1点	55	14	18	11

W：弱み（MAX5点）

ランク	解答キーワード	点数	合格	A	B	C
1位	Z社への依存	3点	125	29	35	34
2位	知名度が低い	2点	85	17	27	25
3位	製品開発力・ブランド開発力が低い	2点	52	11	9	16

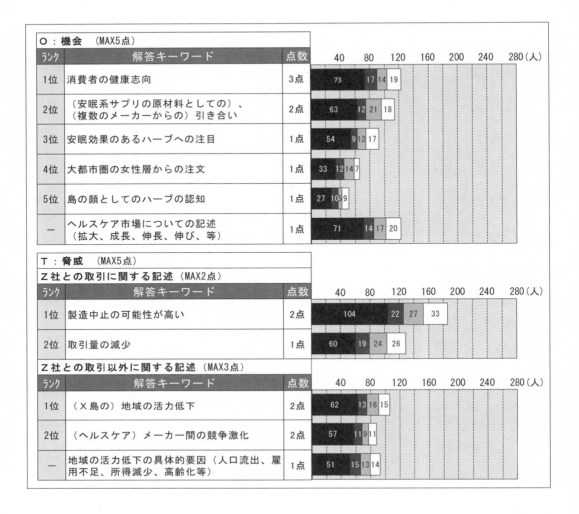

●再現答案

S：強み

区	再現答案	点	文字数
合	①無農薬で高品質なハーブの効率的な栽培方法②島内の出荷工場③Z社との取引実績。	5	39
A	希少で無農薬・高品質なハーブの栽培・乾燥ノウハウ、Z社との取引実績による安心感。	5	40
B	無農薬で高品質のハーブを効率的な栽培方法の開発、ハーブ製品が女性の支持を獲得。	3	39
C	強みは、効率的な栽培方法で年に複数回の収穫を可能とするハーブの生産体制である。	2	39

W：弱み

区	再現答案	点	文字数
合	ハーブと島の<u>知名度が大消費地では低く</u>、<u>自社ブランド製品が少なく</u>、<u>Z社依存が強い</u>。	5	40
B	X島という本州から海を隔てた立地で輸送が不便なこと、<u>Z社への依存度が高い</u>こと。	3	39
C	ハーブの輸送コストが割高で、ハーブと島の<u>知名度が大消費地で著しく低い</u>認知不足。	2	39

O：機会

区	再現答案	点	文字数
合	<u>健康志向</u>を背景に<u>市場拡大</u>基調。<u>安眠効果のあるハーブが注目</u>を集め<u>引き合い</u>がある。	5	40
A	①<u>消費者の高い健康志向</u>による<u>ヘルスケア市場の拡大</u>、②複数メーカーからの<u>引き合い</u>。	5	40
B	①<u>安眠効果があるハーブに注目</u>②複数のヘルスケアメーカーから<u>引き合い</u>、である。	3	38
C	ヘルスケアに関心の高い人から、ハーブが島の顔として<u>認知</u>され、空港に広告看板がある。	1	40

T：脅威

区	再現答案	点	文字数
合	①メーカーの<u>競争が激しく</u>Z社の<u>製品が中止</u>になる可能性がある。②<u>地域活力の低下</u>。	5	39
B	島の<u>農家所得の減少</u>、若年層の人口流出、雇用機会不足、人口高齢化で<u>地域活力が低下</u>。	3	40
C	ブランド刷新のため、2～3年後に<u>製造中止</u>となる可能性が高いこと。	2	32

●解答のポイント

> 与件文から強み・弱み・機会・脅威に関する記述をピックアップし、限られた文字数のなかで、要点を過不足なく盛り込めるかがポイントだった。

【S：強み】

先生：さぁ、続いて事例Ⅱを見ていくことにしよう。第1問は前年と同様「SWOT分析」だ。まず「強み」についてはどう対応したか、俺に教えてほしい。

外海：強みはなんぼあってもいいですからね〜。

和風：あたしはね〜、与件文にあった「ハーブの栽培方法」と「Z社との取引実績」を書いたよ〜！　2つも記載できたあたしって、マジ天才じゃね？

外海：それはもう「高品質なハーブの効率的な栽培方法」と「Z社との取引実績」で決まりなのよ〜。

先生：「栽培方法」はB社の事業のベースとなるものだし、「Z社との取引実績」については、複数のヘルスケアメーカーなどの安心材料となっている。2人とも、この2つを重要キーワードとした判断、悪くないだろう！

和風：でもさ〜、自社工場なんかも強みなんじゃね？

先生：工場があれば、乾燥粉末にして輸送コストを削減可能だ。実際に、「粉末加工技術」や「自社工場」を記載した合格＋A答案の割合は多い！　強みについては、これまで話したことを制限字数内にいかに収められるかが重要だった！　そのためには、「栽培方法」の修飾語を入れ過ぎないことに注意だ！

【W：弱み】

先生：「弱み」についてはどうかな？

外海：それはもう「知名度の低さ」で決まりなのよ〜。

和風：え〜、そうかなぁ？　設問文に「現在の」ってあるし、与件文には「島の顔として認知」とか「大都市圏在住の女性層から注文が来るようになった」とかあるから、「知名度の低さ」は違うんじゃね？

外海：ほな、知名度の低さと違うか〜。

先生：2人とも、悪くないだろう！　「知名度」については、「現在」もまだ低いとする考え方もあれば、「現在」は高いとする考え方もある。時制の捉え方は受験生で判断が分かれたといえるだろう。実際に、合格＋A答案でも「知名度の低さ」について触れられたものも多い。ただ、合格＋A答案の割合については、「知名度の低さ」よりも「Z社への依存」といった、第2問で問われている「取引先の方向性」に関係する要素や、「自社製品開発力の低さ」といった第3問（設問2）で克服していく要素など、他の設問につながる要素を取り入れたものが多かったんだ。

〜2次試験とは○○である〜

インプットとアウトプットの掛け算。

外海：他の設問との関連性を考慮して解答要素を記載していくことも大事なんですねぇ。

【O：機会】

先生：続いて「機会」についてだが、2人は何を解答要素にした？

外海：それはもう「消費者の健康志向」、「ヘルスケア市場が拡大している」ことで決まりなのよ～。

和風：あたしもそれは書いたけど、「複数のヘルスケアメーカーからの引き合い」についても書いたよ～。40字にまとめるのが大変だったけどね～。

先生：2人とも、悪くないだろう！　この3つは合格＋A答案の割合も高かった。そのほかには、「安眠効果のあるハーブへの注目」、「大都市圏からの注文」といった答案も見受けられた。その一方で、B答案以下には「絶景スポット、満点の星空」や「ハーブの用途の多さ」といったX島の観光資源やハーブの用途などの以前からある要素が見られた。変化する外部環境をしっかり捉え、「健康志向」、「市場の拡大」、「複数メーカーからの引き合い」などの解答要素を記載できたかが勝負の分かれ目だったといえるだろう。

【T：脅威】

先生：最後の「脅威」についてはどうかな？

外海：それはもう「取引量の減少」と「製造中止の可能性が高いこと」で決まりなのよ～。

和風：それって、単に原因と結果の関係なだけで、同じことじゃね？

外海：ほな、取引量の減少と違うか～。

和風：あたしはね～、与件文にある「メーカー間の競争が激しい」を書いたよ～。

先生：2人とも、悪くない議論だろう。確かに、和風ちゃんが言うように「取引量の減少」と「製造中止の可能性が高いこと」は原因と結果の関係にあり、同じことを指していると考えられることから、それぞれに加点された可能性は低い。そのほかには「地域の活力低下」についても合格＋A答案の数は多かった。外部環境をしっかりと分析して40字以内に多面的に要素を盛り込めるかがポイントだったといえるだろう。

Column

時々「不合格になった理由」を考えてみる

　多年度生向けになるかもしれませんが、どうしても長年勉強してきたことにより勉強方法の改善がしにくくなることってないですか？　そのようなときに、「今、2次試験を受けて不合格になったとしたら、何が原因になりそうか？」と考えてみました。そうすると不思議なことに、これではまずい！　と自然と気づきます。人は最悪の場合を考えると、事前に対策をするものなのだなと感じました。でも時々というのがポイントです。あまりやりすぎると、今度はやる気をなくしますよ（笑）。　　　　　　　　　　　　（みっこ）

　正解があるのかないのか……結局よくわからない試験。

第2問（配点30点）【難易度　★★☆　勝負の分かれ目】

Z社との取引縮小を受け、B社はハーブYの乾燥粉末の新たな取引先企業を探している。今後はZ社の製品とは異なるターゲット層を獲得したいと考えているが、B社の今後の望ましい取引先構成についての方向性を、100字以内で助言せよ。

●**出題の趣旨**

B社の現状を踏まえて、既存製品の新たな販売先を提言する能力を問う問題である。

●**解答ランキングとふぞろい流採点基準**

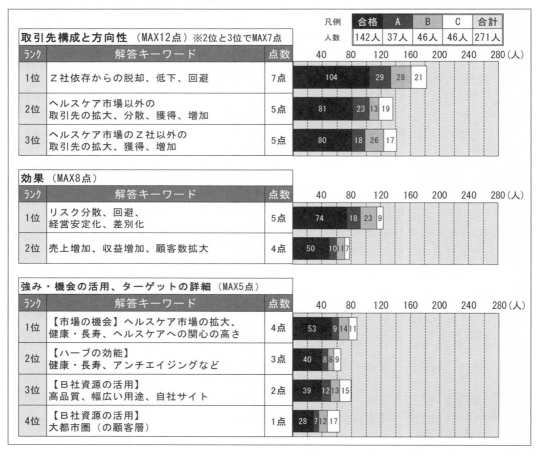

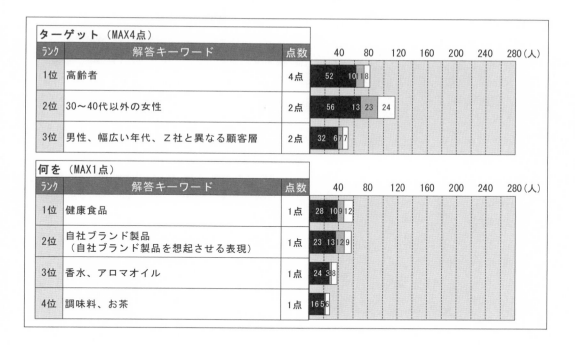

ターゲット（MAX4点）										
ランク	解答キーワード	点数	40	80	120	160	200	240	280（人）	
1位	高齢者	4点	52　10　11　8							
2位	30〜40代以外の女性	2点	56　　13　23　24							
3位	男性、幅広い年代、Z社と異なる顧客層	2点	32　6　7　7							

何を（MAX1点）										
ランク	解答キーワード	点数	40	80	120	160	200	240	280（人）	
1位	健康食品	1点	28　10　9　12							
2位	自社ブランド製品 （自社ブランド製品を想起させる表現）	1点	23　13　12　9							
3位	香水、アロマオイル	1点	24　3　8							
4位	調味料、お茶	1点	16　5　6							

●再現答案

区	再現答案	点	文字数
合	大都市に住む、健康・長寿に興味を持つ高齢者をターゲットに健康食品メーカーと協業し、ハーブYを使用した島伝統の酢みそあえなどの食品を販売し、売り上げ向上とZ社依存度低下による、経営リスクの分散を図る。	30	99
A	方向性は複数のヘルスケアメーカーとの取引を拡大し、Z社依存度を低下させること。高齢者をターゲットに、ハーブの島内外での知名度と、無農薬で高品質のハーブの効率的な栽培方法を活用し、新規顧客獲得を図る。	22	99
B	B社は今後主要取引先との取引量減少のリスクに備えるため、①既存市場とは異なる市場で活動する取引先や②既存製品とは異なるニーズを持つ取引先等の構成比を高めていくことで依存度低下をさせていくことが望ましい。	17	100
C	構成は、①Z社とは既存原料を供給し取引を続け、②安眠やいやしを求める20代〜50代の首都圏の女性をターゲットとするアロマや香水のメーカーに対し無農薬で高品質で安眠効果のあるハーブ原料を供給する。	11	97

●解答のポイント

> 「取引先構成についての方向性」という設問要求を的確に捉え、それによって得られる効果、活用できるB社の強みや機会を加えて具体的かつ整合性がとれた助言ができたかがポイントだった。

【取引先構成についての方向性】

先生：さぁ、第2問は最も配点の高い問題だ。2人はどうだったかな？

和風：あたし〜、ここは「誰に、何を、どのように、効果」で考える「ダナドコ」のフレームで答えたから完璧っしょ！

外海：俺は、フレームワークは使わなかったのよ。新しい取引先を探しているのはなんでだろうと考えた。そして、B社の目指したい姿を課題として捉えてみたのよ。

先生：2人とも悪くないだろう！　まず「取引先構成についての方向性」はどう考えた？

和風：あたし、「食品メーカー」を提案したよ！　あたしってマジ天才じゃね？

外海：それはただの「取引先」やと思うのよね。「取引先構成についての方向性」とわざわざ言ってるんやから、もう少し踏み込んで……。

先生：外海、いいところに気がついた！　では、わかりやすくするために「取引先構成についての方向性」を「取引先構成」と「方向性」の2つに分けて考えてみよう。まず、「方向性」についてはどう思う？

外海：それは課題を解決する方向性で決まりなのよ〜。ですよねぇ、先生？

先生：外海、その視点、悪くないだろう！　では、B社が解決するべき課題は何だと思う？

和風：与件文から見つけたよ。課題は「Z社依存の脱却」で決まりじゃんね。

外海：そうか〜。ほな、取引縮小の可能性を受けて、「取引量の確保」はどうですかね〜？

先生：2人とも、いい調子だ！　合格＋A答案でも、「Z社依存の脱却」と「取引量の確保」に分かれていたよ。設問文で「今後の望ましい……取引先構成についての方向性」と聞かれているから、あまり良くないB社の状況から課題を設定すればいいだろう。

和風：なるほど！　だから、外海の捉え方もあるんだ。勉強になったわ！

先生：「方向性」の次は「取引先構成」だ。先ほどの「方向性」を満たす「取引先構成」は何だと思う？

外海：ここ、迷ったんですよ。設問文に「新たな取引先」とか「Z社の製品とは異なるターゲット層」ってあるけど、これが、ヘルスケア市場のZ社以外の取引先なのか……、ヘルスケア市場以外の取引先なのか……。

和風：そんなの、ヘルスケア市場の競争が激化してるんだから、ヘルスケア市場以外の取引先で決まりじゃん！

外海：ほな、ヘルスケア市場のZ社以外の取引先と違うか〜。

先生：いや、それも悪くないだろう。ヘルスケア市場のZ社以外の取引先としても、ヘ

ルスケア市場以外の取引先としても、Ｚ社の製品と競合しない複数の取引先であれば問題なかったと考えられる。実際、合格＋Ａ答案には両方見られた。

和風：なるほど！　「Ｚ社の製品とは異なる」という設問要求に沿うことが大切なんだね。

先生：いよいよ「取引先構成についての方向性」だが、これは今までに考えた２つを合わせればいいだろう。実際に、合格＋Ａ答案には、Ｂ社の現状の課題を解決するという「方向性」と、そのための「取引先」の両方を明示した答案が多かった。さらに、合格＋Ａ答案には、「方向性」の選択理由として、「リスク回避」や「売上増加」といった効果を記載し、「取引先構成」の選択理由として、「健康志向の高まり」など、第１問の「強み」や「機会」の活用を記載できているものも多かったんだ。

【Ｚ社の製品とは異なるターゲット層】

先生：残りの設問要求は「Ｚ社の製品とは異なるターゲット層」だ。２人はどのようなことを解答に盛り込んだ？

和風：あたし、「ダナドコ」のフレームワークの「誰に」は「Ｚ社と異なるターゲット層」、「何を」は「Ｚ社の製品とは異なる製品」って感じで、分けて考えた。それで、「誰に」を高齢者、「何を」を健康食品にして解答に盛り込んだよ。

外海：俺、Ｚ社と異なるターゲット層については「30〜40代以外の女性」って書いたけど、具体的な製品については書かなかったんよ〜。

先生：ピュ〜イ、２人ともいいよ！　たとえば、ヘルスケア市場のＺ社以外の取引先とした場合、Ｚ社と異なる具体的な製品は与件文に見当たらない。「香水」、「アロマオイル」がヘルスケア市場の製品なのか判断がつかない人も多かったようだ。そのため、外海のように具体的な製品を記載していなかったり、ターゲット層について「幅広い年代」、「Ｚ社のターゲット以外」と濁している合格＋Ａ答案が多かった。

和風：へぇ〜、無理にフレームワークを使わなくてもいいんだね。

先生：そうだね。設問要求にしっかりと答えることのほうが大切だね。ただ、外海が記載した「30〜40代以外の女性」と書かれた答案は多かったけれど、Ｂ答案以下の割合が高いから、「高齢者」よりも配点は低かっただろう。

外海：う……、残念やなぁ。

〜試験に持って行ってよかったもの〜　
使い捨てカイロ（緊張で手先が冷えたが、暖めることで緊張もほぐれた。北海道は寒かった）。

第3問 （配点30点）

B社社長は最近、「眠る前に飲むハーブティー」の自社オンラインサイトでの販売を手がけたところ、ある程度満足のいく売上げがあった。

（設問1）【難易度　★★★　難しすぎる】

上記の事象について、アンゾフの「製品・市場マトリックス」の考え方を使って50字以内で説明せよ。

●出題の趣旨

B社の新規事業について、既存事業との関係性を分析する能力を問う問題である。

●解答ランキングとふぞろい流採点基準

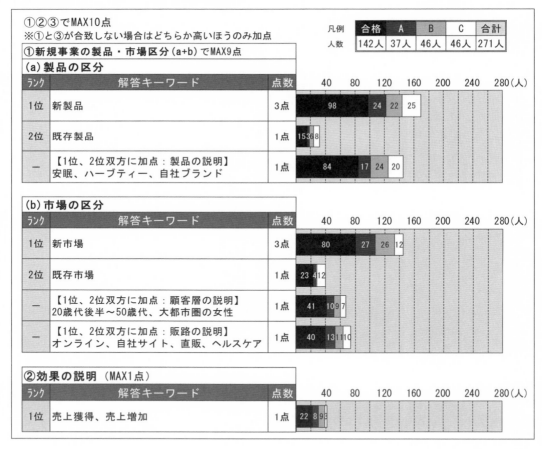

①②③でMAX10点
※①と③が合致しない場合はどちらか高いほうのみ加点

凡例	合格	A	B	C	合計
人数	142人	37人	46人	46人	271人

①新規事業の製品・市場区分（a+b）でMAX9点

（a）製品の区分

ランク	解答キーワード	点数	
1位	新製品	3点	98　24　22　25
2位	既存製品	1点	153 6 8
―	【1位、2位双方に加点：製品の説明】安眠、ハーブティー、自社ブランド	1点	84　17　24　20

（b）市場の区分

ランク	解答キーワード	点数	
1位	新市場	3点	80　27　26　12
2位	既存市場	1点	23 4 12
―	【1位、2位双方に加点：顧客層の説明】20歳代後半～50歳代、大都市圏の女性	1点	41　10 9 7
―	【1位、2位双方に加点：販路の説明】オンライン、自社サイト、直販、ヘルスケア	1点	40　13 11 10

②効果の説明（MAX1点）

ランク	解答キーワード	点数	
1位	売上獲得、売上増加	1点	22 8 9 3

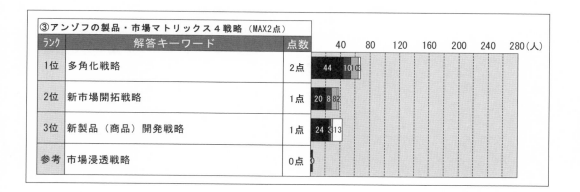

事例Ⅱ

●再現答案

区	再現答案	点	文字数
合	新ハーブ原料の<u>自社ブランド新商品</u>[1][3]で、<u>通販</u>による<u>大都市圏女性層</u>[1]の<u>新市場</u>[3]を標的とした関連<u>多角化戦略</u>[3]である。	10	50
A	<u>自社オンラインサイト</u>[1]という<u>新市場</u>[3]に、<u>ハーブティー</u>[1]という<u>新製品</u>[3]を投入したことで顧客開拓・<u>売上拡大</u>[1]した。	9	50
B	Ｚ社の販売チャネルを維持しつつ、<u>自社オンラインサイト</u>[1]販売追加による<u>新市場開拓戦略</u>[3]で<u>売上拡大</u>を図った。	6	50
C	<u>新しい商品</u>[3]を、<u>ヘルスケアに関心のある既存の市場</u>[1]に提供する、マルチブランド戦略。	5	39

●解答のポイント

> 　新規事業が「製品・市場マトリックス」のいずれに該当するかを、製品・市場それぞれの区分[2]と、根拠となる具体的な説明を加えて解答できたかがポイントだった。

【戦略の選定】

和風：１次試験の勉強でこれ覚えたのに、忘れちゃったんだよね。マジ残念なんだケド。

外海：すぐわかったやん、こんなん。オリジナルハーブティーのオンライン販売やないかい。だからそれはもう新製品、新市場だから多角化戦略で決まりなのよ〜。いや、ひょっとして同じハーブ製品だから新市場開拓？　ほな、多角化と違うか〜。

先生：どちらも間違いとは言い切れない。多角化戦略を選択した受験生が最も多かったが、新市場開拓戦略と新製品開発戦略を解答した答案も多く、大きく割れていたんだ。

外海：難しいな〜。先生、ほな、もうちょっと詳しく教えてもらえます？

先生：全答案のうち、合格＋Ａ答案の割合が最も高かったのは多角化戦略で、４戦略の

〜試験に持って行ってよかったもの〜
　ブドウ糖入りのラムネとチョコ。

うち最も高く配点された可能性がある。新市場開拓戦略と新製品開発戦略は多角化戦略に比べ、B答案以下の割合が高かった。また、既存事業と関連性が高く、リスクも低くて成功しやすいといわれる関連多角化を記載した答案も見られた。

和風：中小企業でも多角化は有用な戦略ってことね！

アンゾフの製品・市場マトリックス

	既存製品	新製品
既存市場	市場浸透戦略	新製品（新商品）開発戦略
新市場	新市場開拓戦略	多角化戦略

【市場と製品の区分を分析できたか】

和風：戦略名なしで「新製品を既存のヘルスケア市場で販売した」って書いた。全然ダメ？

先生：諦めるのはまだ早い！　全然ダメとも言い切れない！　戦略名の記述がなく、市場と製品の区分のみ答えていた解答も多かった。市場、製品が新規のものか既存のものかについて分析できていたかがもう1つのポイントだったといえそうだ。

外海：戦略名だけでは設問で求められた「説明」にならへんからね。ただし、今回は新規か既存かの判断が難しかったと睨んでるのよ〜。

先生：ピュ〜イ！　難しいということは説明のしがいがあるだろう！　まず、「眠る前に飲むハーブティー」は新しいOEM生産の自社ブランド製品であり、B社が初めて手掛けた最終製品でもある。だから、合格＋A答案では新製品であると判断したものが多かった。これは配点が高かったと考えられるだろう。一方、「ハーブ製品」「ハーブを活用した飲料」という点から既存製品であると判断した解答も一定数見られた。こちらも配点されていた可能性はあるといえる。

外海：市場については、新規と既存の基準はどこにあるんですかね〜？

先生：B社にとって初めてのオンライン直販について、新市場であるととらえた解答が多数派であった。一方、「20歳代後半〜50歳代の大都市圏在住の女性層」という顧客層はZ社商品の顧客層である「30〜40歳代の女性層」と年齢の幅が近く、ニーズである安眠志向は同じヘルスケアに分類されるとも考えられることから、「既存市場」と説明した解答もあった。判断が難しい問題だからこそ、50字という制約のなかで根拠となる説明を入れて、具体的に記述する必要があったと考えられる。

和風：戦略名が書けなくても内容をきちんと答えれば、「悪くないだろう」ってことね！

先生：対応方法は人それぞれだ。事例Ⅰ第2問でも触れたが、知識が思い出せないときは、設問の意図を読み取り、丁寧に解答することで、得点を積み上げられるだろう！

~試験に持って行ってよかったもの~

予備の電卓（当日、鞄のなかで参考書に潰されて液晶が真っ黒になっていた。焦った……）。

（設問2）【難易度　★★☆　勝負の分かれ目】
　B社社長は自社オンラインサイトでの販売を今後も継続していくつもりであるが、顧客を製品づくりに巻き込みたいと考えている。顧客の関与を高めるため、B社は今後、自社オンラインサイト上でどのようなコミュニケーション施策を行っていくべきか。100字以内で助言せよ。

●出題の趣旨

　B社の新規事業について、顧客志向の価値創造を可能にする施策を提言する能力を問う問題である。

●解答ランキングとふぞろい流採点基準

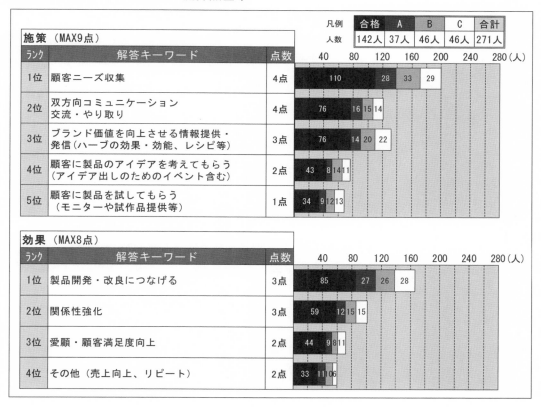

凡例	合格	A	B	C	合計
人数	142人	37人	46人	46人	271人

施策（MAX9点）

ランク	解答キーワード	点数
1位	顧客ニーズ収集	4点
2位	双方向コミュニケーション 交流・やり取り	4点
3位	ブランド価値を向上させる情報提供・発信（ハーブの効果・効能、レシピ等）	3点
4位	顧客に製品のアイデアを考えてもらう（アイデア出しのためのイベント含む）	2点
5位	顧客に製品を試してもらう（モニターや試作品提供等）	1点

効果（MAX8点）

ランク	解答キーワード	点数
1位	製品開発・改良につなげる	3点
2位	関係性強化	3点
3位	愛顧・顧客満足度向上	2点
4位	その他（売上向上、リピート）	2点

~試験に持って行ってよかったもの~

　電波腕時計。試験監督もそれに合わせているようで、終了時間がピッタリわかるのは精神的に良い。

ツール（MAX3点）			40	80	120	160	200	240	280（人）
ランク	解答キーワード	点数							
1位	掲示板・ＢＢＳ	3点	81　18 16 13						
2位	ＳＮＳ	2点	32 9 9 6						
3位	その他（アンケート・ブログ・問い合わせフォーム）	1点	47　11 15 21						

●再現答案

区	再現答案	点	文字数
合	施策は、掲示板等の双方向コミュニケーションで顧客ニーズを収集し、自社製品の開発に反映。試作モニターを募集し製品づくりへの顧客の関与を高め、顧客満足度向上と関係性強化で固定客化につなげる。	20	93
A	B社は、①ＨＰやメルマガにて新製品情報やお買得情報を発信し、②掲示板やＳＮＳにて顧客からの要望や苦情等を受信し、双方向のコミュニケーションにより絆を深め、顧客志向の新商品開発を行い、売上の拡大を図る。	20	100
B	施策は、１．自社栽培のハーブを使った料理のレシピを公開し、Ｙ以外のハーブの魅力を発信する、２．問い合わせコーナーを設置して新商品の要望やハーブを使用した顧客の声を収集し、新商品開発や既存商品改良を図る。	11	100
C	施策は、①ハーブの栽培やハーブ畑の風景、ハーブの効能の説明を動画でサイトに掲載し、関心を高める、②顧客の希望を収集し、ニーズに基づく試作品を作ることで、双方向コミュニケーションを図る。	9	92

●解答のポイント

> 顧客の関与を高めるための多面的な施策を盛り込むこと、施策がどのような効果につながるかという因果関係を明記することがポイントだった。

【施策について】

先生：では、第3問（設問2）だ！　ここでは、どのようなことを問われていると思う？

和風：顧客の関与を高めるため、オンラインサイトでの販売という成功体験を生かし、どのような施策を打っていけばいいかが問われているよ。キャハ！

先生：そのとおりだ。B社社長としては、顧客を製品づくりに巻き込みたいとの思いがあ

るようだね。ところで、2人はどんな施策を思いついた？

外海：こんなん、多年度生の俺から言わせるとね、平成28年度の第4問（設問2）と答えは一緒なのよ。双方向のコミュニケーションをとって、ポイント制度を導入して、定期的にメルマガを送っておけば高得点は間違いなし。これで決まりなのよ！

和風：でもそれだと顧客を製品づくりに巻き込めてなくね？　あたしは、双方向にコミュニケーションをとるのは一緒だけど、顧客ニーズを収集する方向で提案したよ。

先生：和風ちゃんの助言、悪くないだろう！　きちんと題意を捉えて解答を考える姿勢が大事だ。しかし、双方向コミュニケーションなのに、受信側だけでいいのかな？

和風：あと、ハーブの効果やレシピを発信することで、ブランド価値を向上させることも書いたよ。発信は得意だから！　あたしに任せてくれれば、再生回数頑張って稼ぐよ！

先生：悪くないだろう。情報発信をして自社製品をアピールすることで、顧客を呼び込む。そして、呼び込んだ顧客からニーズを収集するといったように、双方向を意識した解答が合格＋A答案に多かった！

外海：ほな、俺のは題意に沿った施策とは違うか〜。ちなみに、相方のおかんは、顧客に製品のアイデアを考えてもらうことや、試作品を顧客に試してもらうことを書いていたみたいやけど、それは施策としてどうなんですか？

先生：それらの施策が記載された合格＋A答案も相当数あったので悪くないだろう。参考までにB答案以下には、「メルマガの定期配信」や「顧客同士の交流」、「悩み相談に応じる」など、製品づくりに巻き込むことを意識できていない答案が多かった。

和風：悩み相談は、ニーズ収集ともいえないのかな？　悩み＝ニーズの種ともいえるし。

先生：そういう見方もあるが、実際には、はっきりと収集について触れられていない解答はB答案以下に多かった。曖昧な解答には点数がつかないとも考えられる。題意を意識できていない答案も悪くないだろう……、とはならなかったようだ。

【効果について】

先生：ところで施策もいいが、効果はしっかりと書くことはできたかな？

和風：あたしは、施策に字数を使いすぎて、効果は1つしか書けなかったよ。

外海：それは少ないやろ〜。しっかり効果まで助言してあげて初めて1つの施策やで。俺は3つ施策を書いたんやけど、1つの施策に対して、1つずつ効果を助言してあげてるからね！　効果なんてなんぼあってもいいですからね！

和風：ちょっと多すぎじゃね？　なんでも書けばいいってもんじゃないでしょ。

先生：なんでも書けばいいわけじゃないのは確かだが、効果が2つ以上書かれているものが合格＋A答案には多かった。施策をただ羅列するのではなく、施策に対応してどのような効果があるかまできちんと書けているかどうかで差がついたと考えられる。

〜ファイナルペーパーに書いた一言〜

事例Ⅳ「チェックしろ！」（ミスしないように、設問文などの条件を赤サインペンで）。

和風：あたしは、製品開発につなげるって書いたよ。収集したニーズはしっかりと製品開発に生かさないとでしょ。

外海：それって効果っていえるんかなぁ？　効果といえば、関係性強化とか顧客満足度向上とかやろ？　どっちかというと和風ちゃんの答えは、施策寄りのような気もするのよ〜。

先生：外海の言うこともももっともだ。確かにキーワードだけ見ると施策のようにも思えるが、効果として「製品開発につなげる」と記述している合格＋A答案は多かった。

和風：顧客を製品づくりに巻き込むっていう題意に沿っているかが大事ってことね！

先生：もちろん、外海の言う関係性強化や顧客満足度・愛顧向上を書いている答案も多かったし、売上向上、リピートにつなげると書いた答案も一定数あった！

【（設問1）とのつながりについて】

和風：先生！　今回（設問1）とのつながりは考える必要があったのかな？　あまりつながりは意識してなかったけど、そこんとこどうなんだろ。

外海：俺もね、全然意識してなかったんですけどね。80分という短い時間でそこまで意識するのは無理があるんじゃないですかね？

先生：確かに短い試験時間のなかで、（設問1）とのつながりを考えるのは難しいかもしれない。しかし、「情報発信をして自社製品をアピールする」施策は、新市場を切り開いた先の顧客を関与させるといった意味で、新市場開拓戦略といえる。一方、「ニーズを収集して製品開発につなげる」施策は新製品開発戦略といえる。そして、両方合わせると多角化戦略になる。（設問1）で選択した戦略との一貫性があったほうが、点数が高くなった可能性もあるかもしれない。

【ターゲットについて】

外海：迷った末に書かなかったんですが、ターゲットは書いたほうがよかったんですかね？

和風：それ、あたしも気になる！　あたしも書かなかったけど、施策問題は、「ダナドコ」（誰に・何を・どのように・効果）で解答を考えることが多いし、「誰に」を書かないのはちょっと気持ち悪かった！

先生：ターゲットを書いている答案は少数だったので、おそらく点数は入っていないと思われる。ターゲットを記載すると、「大都市圏在住で20〜50代の安眠に関心がある女性」のように、ターゲットだけで文字数が多くなってしまうので、施策や効果に文字数を割けなくて、点数が伸びなかった答案が散見された。

和風：へえ〜、何でも、「ダナドコ」全部を書けばいいってもんじゃないんだね。

〜ファイナルペーパーに書いた一言〜

80分間の目安のタイムスケジュール。

第4問（配点20点）【難易度　★★☆　勝負の分かれ目】

　B社社長は、自社オンラインサイトのユーザーに対して、X島宿泊訪問ツアーを企画することにした。社長は、ツアー参加者には訪問を機にB社とX島のファンになってほしいと願っている。

　絶景スポットや星空観賞などの観光以外で、どのようなプログラムを立案すべきか。100字以内で助言せよ。

●出題の趣旨

　B社の強みを生かし、新規事業で獲得した顧客のロイヤルティを高める施策を提言する能力を問う問題である。

●解答ランキングとふぞろい流採点基準

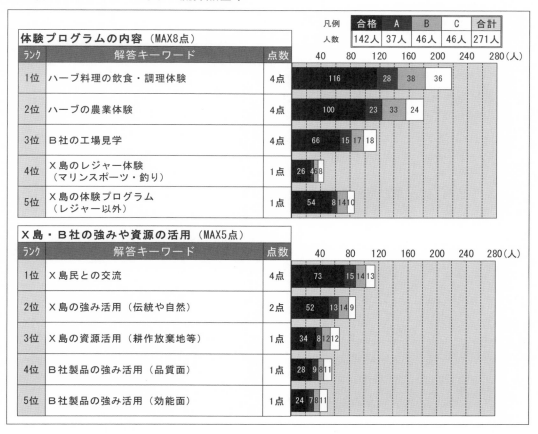

~ファイナルペーパーに書いた一言~
まず受験番号を書く。

ランク	解答キーワード	点数	B社やX島への効果（MAX7点）40 80 120 160 200 240 280（人）
1位	X島の地域活性化、知名度アップ	4点	66　14 17 15
2位	B社と顧客の関係性強化　顧客満足度向上	4点	50　14 11 9
3位	固定客化・リピート化・ファン化	2点	62　23　28　13
4位	B社への愛顧・顧客ロイヤルティ向上	2点	39　9 5 12

●再現答案

区	再現答案	点	文字数
合	①島の農家と連携し、年数回収穫できることを活かした無農薬ハーブの収穫体験、②自社工場の工場見学と新鮮な乾燥粉末を使った食品の試食会、等を立案、観光客との関係性を強化すると共に、地域活性化につなげる。	20	99
A	プログラムは、①ハーブ栽培や加工の体験ツアーの実施、②ハーブの試食体験、③X島の歴史や伝統を伝える学習体験、等によりB社に対するロイヤルティ向上、X島に対する愛着向上を狙い地域活性化を図る。	17	95
B	B社の工場見学ツアーや島内スタンプラリーを立案する。理由は、工場見学ツアーによりB社への愛着が高まり、島内スタンプラリーにより島民との触れ合い等で、X島への愛着が生まれるからである。	13	91
C	美しい島で古くから健康・長寿の効能があると言い伝えられてきたハーブをおひたしや酢みそあえにして実際に食べて体験してもらうプログラムを立案する。古き良き風習とハーブの魅力両方を伝える。	7	91

●解答のポイント

　①絶景スポットや星空観賞などの観光以外、という制約条件を満たしたプログラムを適切に提案し、②B社の強みとX島の資源を活かした、③顧客のロイヤルティ向上とX島の活性化につながる助言ができたか、以上の3点がポイントだった。

【ターゲット顧客の確認】

先生：第4問は、設問文に「自社オンラインサイトのユーザー」とターゲットが記載されている。いつものターゲット探しの手間はないが、改めて整理しておこう！　具体的には与件文にある「20歳代後半〜50歳代の大都市圏在住の女性層」で、既存顧客であることがわかる。出題者のさりげない優しさが滲み出ているように感じる俺はロマンチストかもしれない。

和風：優しさっていうか〜、出題者が解答の方向性を絞りたかったんじゃないの？　グラフや図からのターゲットの読み取りがなくて肩透かしだった〜。

外海：ほんま、ほんま。デモ・ジオ・サイコ！　って念仏のように唱えながら覚えたし、グラフの読み取りも自信あったんやけどね〜！

先生：答案を見てもターゲットに関しては記載せずにプログラム内容から入っていた答案が多かった！　記載せずともターゲット層を意識し、B社・X島の資源をうまく掛け合わせ、ロイヤルティ向上につながるプログラムを提案できたかが、ポイントといっても過言ではないだろう。

外海：一度B社製品を購入した既存顧客ですからね〜。既存顧客といえばロイヤルティ向上や関係性強化につながりますから！　なんぼイメージしても、多すぎることはないからね〜。間違って新規顧客の開拓とかの解答の方向性は避けたいからね〜。

和風：さすが多年度生、やるじゃん！

外海：その言い方、ストレート受験生だけにストレートすぎやろ〜！

【B社・X島の強みを生かしたプログラム内容を適切に選択できたか？】

先生：第4問の肝になるプログラム内容についてだが、まず考えるべきことは？

外海：そんなん、制約条件、で決まりやないですか〜。これ外すの危険ですよ、ほんまにね。

先生：そのとおり！　今回は「絶景スポット・星空観賞などの観光以外」だ！

和風：とーぜん、グリグリっと設問文に印をいれたよ！　外すと大事故だもんね〜。

外海：この「などの」の表現が微妙ですわ〜。与件文にある自然の美しさから観光に触れてしまいそうで。ほな、マリンスポーツや釣りはセーフと違うか〜。

先生：判断が微妙なところだけど、やはり制約を外すのを危惧してか、記載していない答案の割合が多かった。さて、2人は与件文から何を提案した？

和風：既存顧客にファンになってもらうために原材料であるハーブの魅力を知ってもらうのは外せないっしょ！　ってなると栽培や収穫とかの農業体験はここで必須じゃん？

外海：第1問のSWOT分析でも書いたB社の強みである工場の見学が、ズバーっと頭に浮かんできたわ〜。

先生：2人ともいい調子だ！　でも、それだけじゃないだろう⁉

〜ファイナルペーパーに書いた一言〜

　　事例ごとに聴く音楽のタイトル（事例ごとに違う音楽を流して頭を切り替えていた）。

和風：B社社長が願うX島の活性化を考えると、祝い膳でも食べるハーブとか、独自の食
　　　文化は知ってもらいたいよね〜。健康・長寿にいいみたいだし。島民の人にも協力
　　　してもらって、交流を深めたら一石二鳥じゃね？

先生：OK！　まとめると、①「X島独自の飲食文化の体験」、②「農業体験」、③「工場
　　　の見学体験」は、合格＋A答案が多く優先度が高かったと考えられる！

和風：あたし、全部書けた！　すごいっしょ。

外海：本番の試験では緊張のせいか、なぜかコーンフレークのことが頭をよぎったりして
　　　3つも思いつかんかったわ〜。なんでやろ？

【効果についてどう書けたか？】

先生：設問の問いである「B社とX島のファンになってもらうため」のプログラムについ
　　　て考えてきたが、2人は答案の最後はどんな風に締めくくった？

和風：設問文に「ファン」って書いてあったから書かなくてもいいかな〜とも思ったけど、
　　　やっぱりそこはお作法どおり効果として書いた〜。

外海：でもただのオウム返しじゃなくて、関係性を強化してロイヤルティを向上すること
　　　が大事かな〜と思いましたわ〜。

先生：素晴らしい！　2人とも勉強してきたことが生かせているじゃないか！　ファンと
　　　は具体的にどういう状態なのか、効果として診断士らしい表現で書きたいところ
　　　だ。単純にファン化と書いたものはD答案にもかなり多かったので、配点は低かっ
　　　たと考えられる！　あと何か忘れてないかい？

和風：与件文に書いてあった、社長の島の活性化に懸ける熱い思いは忘れるわけにいかな
　　　いよね！

外海：当然、気づきましたよ〜。

先生：そのとおりだ！　実は合格＋A答案の多くがこのX島の活性化に触れていて、B
　　　答案以下との大きな得点差につながっているといっても過言ではない！　社長の思
　　　いはテッパンだから、見落とさずに必ず解答に使うべきだ！

和風：あ〜、私も南の島辺りでレジャー観光したいな〜。マリンスポーツもいいかも〜。

外海：コラコラ、この流れやったら工場見学か農業体験、せめてハーブのおひたしでも食
　　　べなさいよ〜！　まあ、俺ならハーブクッキーにミルクかけてコーンフレークみた
　　　いにして食べてみたいね〜。青空のコントラストがきれいなハーブ畑見ながら。

和風：それ、マズそうじゃん！

外海：ほな、コーンフレークと違うか〜。

〜ファイナルペーパーに書いた一言〜
　　社長に寄り添い、社長の話を素直に聴き取る。

▶**事例Ⅱ特別企画** ─────────────────────◀

「中小企業のインターネット・マーケティング」
～キーワード・ストックで事例Ⅱを得意科目に～

【代表的なインターネット・マーケティングの手法】

和風：先生！　事例Ⅱの過去問を解いていたら、インターネットを使ったマーケティング
　　　施策の問題がよく出てくるんだよね～。

先生：よく気づいた！　比較的低コストで広範囲にサービスを展開できるインターネット
　　　は、もはや中小企業のマーケティング戦略の主役といっても過言ではないだろう。

外海：でも先生、インターネットの施策問題って、「提案せよ」とか「助言せよ」が多くて、
　　　苦手なんですよ。どう答えたらいいのかわからへんのですよ～。

先生：確かに、事例Ⅱは助言型の問題が多い。助言問題は、与件文から探してきたキーワー
　　　ドを取捨選択して整理して解答する、といった手法が通用しない。事例Ⅱが苦手だ
　　　という受験生の多くが、このことを苦手な理由に挙げているようだ。

和風：与件文にないんだったら、自分の言葉で答えればいいってことじゃん！

外海：和風ちゃん、そう簡単に言うけど、その「自分の言葉」が一番難しいのよ～。

先生：それには、あらかじめ自分のなかにキーワードをストックしておくことが有効だ。
　　　今回は過去の合格＋Ａ答案に多く使われていたインターネットのマーケティング
　　　施策を、期待される効果別に紹介しよう。そして、過去の出題を例にして、その具
　　　体的な使い方を学んでいこうじゃないか。

期待される効果		主なマーケティング施策
・顧客との関係性強化 ・顧客ロイヤルティ向上 ・愛顧向上	双方向コミュニケーション	【シェア拡大、口コミの誘発】 SNS、コンテスト開催（レシピなど） 【ニーズ・情報の収集】 掲示板、BBS、アンケートフォーム オンライン問い合わせ窓口 サンプル提供、モニター募集
・ブランド価値の向上 ・客数アップ ・商品（サービス）の 　認知度向上	情報の発信	HP上で商品の紹介（写真、動画） イベント情報発信 社長・社員・店主によるブログ メールマガジン（新商品情報など）
・リピーター獲得 ・購買回数アップ ・客単価アップ	定期的な接触	クーポン発行、ポイント付与 メールマガジン（キャンペーン情報など） 個別販促メール（誕生日、記念日など） 在庫情報、空室情報などの発信

~試験１週間前からの過ごし方~ ─────────────────
　ひたすら過去問演習を継続（５周目）。

【顧客を製品づくりに巻き込むためのマーケティング】

> **令和2年度　事例Ⅱ　第3問（設問2）**
> 　B社社長は自社オンラインサイトでの販売を今後も継続していくつもりであるが、顧客を製品づくりに巻き込みたいと考えている。顧客の関与を高めるため、B社は今後、自社オンラインサイト上でどのようなコミュニケーション施策を行っていくべきか。100字以内で助言せよ。

先生：みんなも記憶に新しいことだろう。この問題で最も期待されている効果は何だい？

和風：設問文に「顧客を製品づくりに巻き込みたい」と「顧客の関与を高める」と書いてあるから、期待される効果は「顧客との関係性強化」で決まりだね！

先生：そうだね。単に自社の製品をオンラインで紹介するだけでは、一方通行の情報となりコミュニケーション施策とはいいがたい。顧客を巻き込んで、製品開発にまでつなげるためには、インターネットの特徴の1つでもある「双方向性」が重要になるね。たとえば合格＋A答案には、こんな施策が多かった。

> **施　策　例**
> ・掲示板やアンケートを開設して顧客のニーズを収集し、製品開発に活用する。
> ・試作品をモニター提供して、使用した感想を製品改良に反映する。
> ・自社サイト上でレシピコンテストを開催して、新たな調理方法を提案してもらう。
> ・パッケージデザインを公募してHP上で投票を行い、顧客の製品への愛顧を高める。

外海：なるほど〜、数ある施策のなかから、まず「顧客との関係性を強化」する効果のある「双方向コミュニケーション」施策を選択して、「製品開発」につながるような助言をすればええ感じになるやないですか〜！

先生：その考え、悪くないだろう！　マーケティング施策と、その代表的な効果をセットでストックしておけば、本番でも与件文に沿って冷静に対処できるはずだ。

【リピーターを獲得するためのマーケティング】

> **平成28年度　事例Ⅱ　第4問（設問2）**
> 　B社のインターネット販売を利用する顧客にリピートしてもらうために、インターネット上でどのようなマーケティング・コミュニケーションを展開するべきか。80字以内で提案せよ。

外海：あぁ懐かしい、しょうゆメーカーさんの問題やないですか〜。

先生：まず、この問題を解いたことがない場合は、一度解いてからこの先を読むことをおすすめする！　さて、この場合、どんな効果を狙って、どんな施策を助言する？

和風：これも、狙う効果は設問文に書いてあるじゃん。「リピーター獲得」でしょ。

〜試験1週間前からの過ごし方〜
　特に変えていません（平日は1事例＋事例Ⅳから1問）。

先生：ピュ〜イ、そう、令和2年度の問題では「顧客との関係性強化」を重視して、そこから「製品開発」につながる助言を求められていた。しかし、平成28年度はB社を利用したことがある「顧客にリピートしてもらう」ための提案が必要だ。

外海：さっきと違うんか、ほな、双方向は違うか〜。

先生：そうとも言い切れない！　実際に、この年の合格＋A答案の施策例を見てみよう。

施　策　例
・データベース上の顧客に定期的にメルマガを配信してリピート購買を促進する。 ・クーポンやポイント制度などのインセンティブを付与して継続購買につなげる。 ・こだわりの製造方法を自社HP上で紹介して商品への愛顧を高める。 ・BBSを設置して、商品への意見や活用法募集を行い顧客との関係性を強化する。

和風：あれ、リピート購買について書いてないものもあるね。どうして？

先生：そう！　ひとくちに「リピーターを獲得する」という助言でも、メルマガやポイント制度などで直接的なリピート購買を促す施策だけでなく、双方向コミュニケーションで顧客満足度を高めるような、間接的にリピーター獲得につなげる施策も加えて、多面的に解答できているものが合格＋A答案には多かったんだ。

外海：リピーター獲得といわれると、55ページの表でそこばかり見てしまいそうですわ〜。

先生：当然、実際の施策と効果は必ずしも1対1の関係ではない。「情報の発信」でリピーターを獲得することもできるし、「定期的な接触」で愛顧を高めることもできる。ストックした施策をただそのまま出すのではなく、その時の状況に合わせて臨機応変に使い分けてこそ、本当の意味での「助言」といえるだろう。

【事例Ⅱを得意科目にしよう】

先生：どうだい、少しは自信がついたかな？

外海：今までは、解答に使うキーワードを与件文から探すことしか考えていなくて、見つからないとパニックになってたんですよ。そやけど、あらかじめ自分のなかにキーワードをストックしておけば、おかんも安心やということがわかりましたわ。

先生：確かに助言系の問題は、解答に直接使える要素が与件文には少ない。しかしそれは、逆にいうと「施策は1つではなく、数多く存在する」とも言えるんじゃないかな？

和風：そうか、「施策がたくさんある」って考えると、なんか気持ちが楽になるね！

外海：施策なんて、なんぼあってもいいですからね。

先生：今回はインターネット関連の施策を紹介したけれど、他のさまざまなマーケティング施策についても、同じことが言えるだろう。キーワード・ストックをどんどん増やして、事例Ⅱを得意科目にしよう！

～試験1週間前からの過ごし方～

　4日前までは結構ガツガツ解き、3日前からはファイナルペーパーを見るだけで頭を休めた。

ふぞろい流ベスト答案　　　　　　　　　　　　事例Ⅱ

第1問（配点20点）

① S　　　　　　　39字　　　　　　　　　　　　　　　　【得点】5点

①	無	農	薬¹	で	高	品	質¹	な	ハ	ー	ブ	の	効	率	的¹	な	栽	培	方
法¹	と	自	社	工	場¹	の	存	在	②	Ｚ	社	と	の	取	引	実	績¹	。	

② W　　　　　　　39字　　　　　　　　　　　　　　　　【得点】5点

①	ハ	ー	ブ	と	島	の	知	名	度	が	低	く²	②	自	社	製	品	開	発
力	が	低	く²	③	Ｚ	社	と	の	取	引	に	依	存³	し	て	い	る	。	

③ O　　　　　　　40字　　　　　　　　　　　　　　　　【得点】5点

①	健	康	志	向³	を	背	景	と	し	た	ヘ	ル	ス	ケ	ア	市	場	の	拡
大¹	②	安	眠	効	果	の	ハ	ー	ブ	へ	の	注	目¹	と	引	き	合	い²	。

④ T　　　　　　　40字　　　　　　　　　　　　　　　　【得点】5点

①	人	口	減	等¹	の	地	域	の	活	力	低	下²	②	ヘ	ル	ス	ケ	ア	市
場	の	競	争	激	化²	③	Ｚ	社	と	の	取	引	中	止	の	可	能	性²	。

第2問（配点30点）　　98字　　　　　　　　　　　　　　【得点】30点

健	康	・	長	寿	に	関	心	を	持	つ⁴	大	都	市	圏	の¹	高	齢	者⁴	を
対	象	と	し	て	、	Ｚ	社	以	外	の	複	数	の	取	引	先	を	獲	得⁵
す	る	。	高	品	質²	と	安	全	性	の	高	さ	を	訴	求	し	た	健	康
食	品¹	を	販	売	し	て	収	益	拡	大⁴	を	目	指	す	こ	と	で	Ｚ	社
へ	の	依	存	を	脱	却	し⁷	、	リ	ス	ク	分	散⁵	を	図	る	。		

第3問（配点30点）

（設問1）　　　　　49字　　　　　　　　　　　　　　　　【得点】10点

安	眠¹	を	訴	求	す	る	新	商	品³	を	20	～	50	歳	代	女	性¹	向	け
オ	ン	ラ	イ	ン¹	新	市	場³	へ	投	入	す	る	多	角	化	戦	略²	に	よ
り	売	上	が	増	加¹	し	た	。											

第3問（設問2）　100字　　　　　　　　　　　　　　【得点】20点

施	策	は	、	①	自	社	Ｈ	Ｐ	上	で	ハ	ー	ブ	製	品	の	効	果	・
効	能	を	訴	求³	②	試	作	品	の	モ	ニ	タ	ー	募	集¹	③	Ｂ	Ｂ	Ｓ³
に	よ	る	双	方	向	コ	ミ	ュ	ニ	ケ	ー	シ	ョ	ン⁴	で	、	顧	客	ニ
ー	ズ	を	収	集⁴	し	、	自	社	製	品	の	開	発	に	反	映³	す	る	事
で	、	顧	客	満	足	度	向	上²	と	関	係	性	強	化³	に	つ	な	げ	る。

第4問（配点20点）　100字　　　　　　　　　　　　　【得点】20点

プ	ロ	グ	ラ	ム	は	、	①	ハ	ー	ブ	収	穫	体	験⁴	や	粉	末	加	工
工	場	の	見	学⁴	②	島	民	と	の	交	流⁴	を	通	じ	た	健	康	・	長
寿¹	の	伝	統²	食	体	験⁴	、	で	あ	る	。	以	上	の	実	施	で	顧	客
関	係	性	を	強	化⁴	し	Ｂ	社	へ	の	ロ	イ	ヤ	ル	テ	ィ	向	上²	と、
Ｘ	島	へ	の	再	来	訪²	を	促	し	地	域	活	性	化⁴	を	図	る	。	

ふぞろい流採点基準による採点

100点

> 第1問：強み・弱み・機会・脅威について、第2問以降とのつながりを考慮しながら、重要度が高いと考えられる要素を多面的に取り入れることを意識して記述しました。
>
> 第2問：合格＋Ａ答案に多かった、ターゲットを高齢者とし、課題はＺ社への依存脱却にした解答を作成しました。また活用できるＢ社の強みと機会も、ターゲット・課題と整合性がとれるように意識して記述しました。
>
> 第3問（設問1）：市場と製品の新規性について、与件文から判断根拠となる具体的記述を限られた字数内で端的に明示し、戦略名とともに記述しました。
>
> 第3問（設問2）：発信側、受信側の両方の施策を盛り込み、双方向でのやり取りを意識した施策を講じることで、どのような効果を得ることができるかを、できるだけ多面的に取り入れることを意識して記述しました。
>
> 第4問：第1問との整合性とＢ社、Ｘ島の独自の強みを生かしたプログラム内容を提案し、島民を巻き込んだＢ社やＸ島のファン化につながる効果を記述しました。

▶事例Ⅲ（生産・技術）◀

令和2年度 中小企業の診断及び助言に関する実務の事例Ⅲ（生産・技術）

> 【注意事項】
> 新型コロナウイルス感染症（COVID-19）とその影響は考慮する必要はない。

【C社の概要】

C社は、1955年創業で、資本金4,000万円、デザインを伴うビル建築用金属製品やモニュメント製品などのステンレス製品を受注・製作・据付する企業で、従業員は、営業部5名、製造部23名、総務部2名の合計30名で構成される。

C社が受注しているビル建築用金属製品の主なものは、出入口の窓枠やサッシ、各種手摺（てすり）、室内照明ボックスなどで、特別仕様の装飾性を要求されるステンレス製品である。またモニュメント製品は、作家（デザイナー）のデザインに従って製作するステンレス製の立体的造形物である。どちらも個別受注製品であり、C社の工場建屋の制約から設置高さ7m以内の製品である。主な顧客は、ビル建築用金属製品については建築用金属製品メーカー、モニュメント製品についてはデザイナーである。

創業時は、サッシ、手摺など建築用金属製品の特注品製作から始め、特に鏡面仕上げなどステンレス製品の表面品質にこだわり、溶接技術や研磨技術を高めることに努力した。その後、ビル建築内装材の大型ステンレス加工、サイン（案内板）など装飾性の高い製品製作に拡大し、それに対応して設計技術者を確保し、設計から製作、据付工事までを受注する企業になった。

その後、3代目である現社長は、就任前から溶接技術や研磨技術を生かした製品市場を探していたが、ある建築プロジェクトで外装デザインを行うデザイナーから、モニュメントの製作依頼を受けたことを契機として、特殊加工と仕上げ品質が要求されるステンレス製モニュメント製品の受注活動を始めた。

モニュメント製品は受注量が減少したこともあったが、近年の都市型建築の増加に伴い製作依頼が増加している。受注量の変動が大きいものの、全売上高の40%を占め、ビル建築用金属製品と比較して付加価値が高いため、今後も受注の増加を狙っている。

【業務プロセス】

ビル建築用金属製品、モニュメント製品の受注から引き渡しまでの業務フローは、以下のとおりである。

受注、設計、据付工事施工管理は営業部が担当する。顧客から引き合いがあると、受注

製品ごとに受注から引き渡しに至る営業部担当者を決め、顧客から提供される設計図や仕様書などを基に、製作仕様と納期を確認して見積書を作成・提出し、契約締結後、製作図および施工図を作成して顧客承認を得る。通常、製作図および施工図の顧客承認段階では、仕様変更や図面変更などによって顧客とのやりとりが多く発生する。特にモニュメント製品では、造形物のイメージの摺合わせに時間を要する場合が多く、図面承認後の製作段階でも打ち合わせが必要な場合がある。設計には2次元CADを早くから使用している。

　その後、製作図を製造部に渡すことにより製作指示をする。製作終了後、据付工事があるものについては、営業部担当者が施工管理して据付工事を行い、検査後顧客に引き渡す。据付工事は社外の協力会社に依頼し、施工管理のみ社内営業部担当者が行っている。

　契約から製品引き渡しまでのリードタイムは、平均約2か月である。最終引き渡し日が設定されているが、契約、図面作成、顧客承認までの製作前プロセスに時間を要して製作期間を十分に確保できないことや、複雑な形状など高度な加工技術が必要な製品などの受注内容によって、製作期間が生産計画をオーバーするなど、納期の遅延が生じC社の大きな悩みとなっている。

　C社では、全社的な改善活動として「納期遅延の根絶」を掲げ、製作プロセスを含む業務プロセス全体の見直しを進めている。また、その対策の支援システムとしてIT化も検討している。

【生産の現状】

　製作工程は切断加工、曲げ加工、溶接・組立、研磨、最終検査の5工程である。切断加工工程と曲げ加工工程はNC加工機による加工であり、作業員2名が担当している。溶接・組立工程と研磨工程は溶接機や研磨機を用いた手作業であり、4班の作業チームが受注製品別に担当している。この作業チームは1班5名で編成され、熟練技術者が各班のリーダーとなって作業管理を行うが、各作業チームの技術力には差があり、高度な技術が必要な製作物の場合には任せられない作業チームもある。

　ビル建築用金属製品は切断加工、曲げ加工、溶接・組立までは比較的単純であるが、その後の研磨工程に技術を要する。また、モニュメント製品は立体的で複雑な曲線形状の製作が多く、全ての工程で製作図の理解力と高い加工技術が要求される。ビル建築用金属製品は製作完了後、製造部長と営業部の担当者が最終検査を行って、出荷する。モニュメント製品は、デザイナーの立ち会いの下、最終検査が行われ、この際デザイナーの指示によって製品に修整や手直しが生じる場合がある。

　生産計画は、製造部長が月次で作成している。月次生産計画は、営業部の受注情報、設計担当者の製品仕様情報によって、納期順にスケジューリングされるが、溶接・組立工程と研磨工程は加工の難易度などを考慮して各作業チームの振り分けを行いスケジューリングされる。C社の製品については基準となる工程順序や工数見積もりなどの標準化が確立しているとはいえない。

　工場は10年前に改築し、個別受注生産に適した設備や作業スペースのレイアウトに改善したが、最近の加工物の大型化によって狭隘な状態が進み、溶接・組立工程と研磨工程の作業スペースの確保が難しく、新たな製品の着手によって作業途中の加工物の移動などを強いられている。

　製造部長は、全社的改善活動のテーマである納期遅延の問題点を把握するため、作業時間中の作業者の稼働状態を調査した。それによると、不稼働の作業内容としては、「材料・工具運搬」と「歩行」のモノの移動に関連する作業が多く、その他作業者間の「打ち合わせ」、営業部担当者などとの打ち合わせのための「不在」が多く発生していた。

第1問（配点20点）
　C社の（a）強みと（b）弱みを、それぞれ40字以内で述べよ。

第2問（配点40点）
　C社の大きな悩みとなっている納期遅延について、以下の設問に答えよ。

（設問1）
　C社の営業部門で生じている（a）問題点と（b）その対応策について、それぞれ60字以内で述べよ。

（設問2）
　C社の製造部門で生じている（a）問題点と（b）その対応策について、それぞれ60字以内で述べよ。

第3問（配点20点）
　C社社長は、納期遅延対策として社内のIT化を考えている。C社のIT活用について、中小企業診断士としてどのように助言するか、120字以内で述べよ。

第4問（配点20点）
　C社社長は、付加価値の高いモニュメント製品事業の拡大を戦略に位置付けている。モニュメント製品事業の充実、拡大をどのように行うべきか、中小企業診断士として120字以内で助言せよ。

第1問（配点20点）【難易度　★★☆　勝負の分かれ目】

C社の（a）強みと（b）弱みを、それぞれ40字以内で述べよ。

●出題の趣旨

ステンレス加工業C社の事業内容を把握し、C社の強みと弱みを分析する能力を問う問題である。

●解答ランキングとふぞろい流採点基準基準

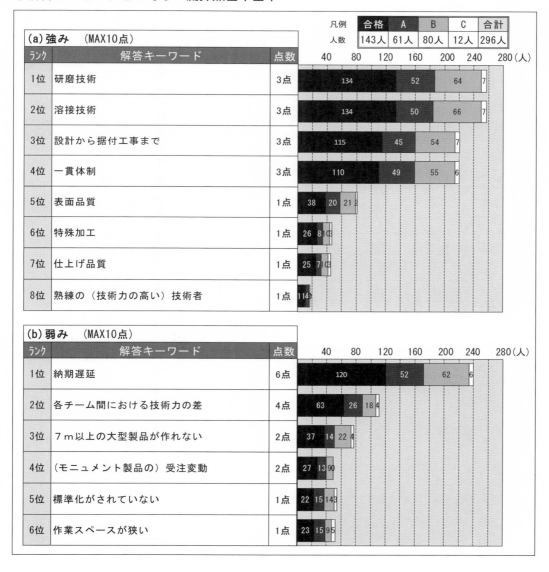

凡例	合格	A	B	C	合計
人数	143人	61人	80人	12人	296人

（a）強み　（MAX10点）

ランク	解答キーワード	点数	合格	A	B	C
1位	研磨技術	3点	134	52	64	7
2位	溶接技術	3点	134	50	66	7
3位	設計から据付工事まで	3点	115	45	54	7
4位	一貫体制	3点	110	49	55	6
5位	表面品質	1点	38	20	21	2
6位	特殊加工	1点	26	8	10	3
7位	仕上げ品質	1点	25	7	10	3
8位	熟練の（技術力の高い）技術者	1点	11	4		

（b）弱み　（MAX10点）

ランク	解答キーワード	点数	合格	A	B	C
1位	納期遅延	6点	120	52	62	6
2位	各チーム間における技術力の差	4点	63	26	18	4
3位	7m以上の大型製品が作れない	2点	37	14	22	4
4位	（モニュメント製品の）受注変動	2点	27	13	9	0
5位	標準化がされていない	1点	22	15	14	3
6位	作業スペースが狭い	1点	23	15	9	5

事例Ⅲ

睡眠時間の確保、これまでの覚えたことの復習、集中力を高めるための禁酒。

●再現答案

(a)

区	再現答案	点	文字数
合	①こだわりの<u>表面品質</u>②高い<u>溶接・研磨技術</u>③<u>設計から製作、据付工事まで</u>の<u>一貫体制</u>。	10	40
A	<u>特殊加工</u>と<u>仕上げ品質</u>に優れ、<u>設計から据付工事まで</u>を<u>一貫して対応できる体制</u>。	8	36
B	<u>溶接技術</u>や<u>研磨技術</u>、前工程における製作図の理解力、個別受注対応の設備レイアウト	6	39
C	強みは①デザインにも対応できる<u>特殊加工</u>技術と<u>仕上げ品質</u>②大きい製品加工可能な工場	2	40

(b)

区	再現答案	点	文字数
合	①<u>作業チームごとの技術力の差</u>、②<u>標準化されていない</u>生産工程、③<u>納期遅延</u>の発生	10	38
A	①モニュメント製品は<u>受注量の変動が大きい</u>②全社的に<u>納期遅延</u>の課題を抱えている。	8	39
B	弱みは①<u>作業員の技術力に差があること</u>②工程や工数が<u>標準化されていないこと</u>である	5	39
C	弱みは<u>標準化されていない</u>製品製作工程、作業者の不稼働時間が多い点、<u>狭い作業空間</u>。	2	40

●解答のポイント

　与件文にC社の強みや弱みとなりうるキーワードが多いなかで、その根幹となる要素を抽出し、端的にまとめることがポイントだった。

【強み】

先生：さあ後半戦の始まりだ！　C社の強みについて、どのように考えたのかな？

外海：強みっていうたら、「設計から据付工事までの一貫体制」で決まりやないですか〜。一貫（生産）体制は、去年も一昨年も出題されている頻出論点ですからね。

先生：確かに7割以上の受験生が「設計から据付工事まで」と「一貫体制」に言及していた。そして、合格＋A答案とB答案以下を比較すると、解答率に1割ほどの差があっ

〜試験前日の過ごし方〜

　カツカレーを作る。前日はソワソワして勉強にならない。

た。重要な解答要素の1つだっただろう！　和風ちゃんはどう考えたのかな？

和風：「研磨技術」とか「表面品質」とか「特殊加工」とか、強みといえそうなのがたくさんあって迷っちゃったよ。どうやって優先順位をつけたらよかったのかな？

外海：付加価値の高いモニュメント製品に必要な「特殊加工」と「仕上げ品質」で決まりなのよ～。

先生：その解答、悪くないだろう。各々1.5割程度の受験生が解答しているので、加点要素にはなっただろう。しかし、8割以上の受験生は「研磨技術」と「溶接技術」に言及していた。なぜだかわかるかな？

和風：あたし、わかった～！　「特殊加工」や「仕上げ品質」を実現するために必要な技術が「研磨技術」と「溶接技術」だからだね！　あたしってマジ天才じゃね！

先生：和風ちゃん、素晴らしい視点だ！　限られた文字数で解答するために、根本技術である「研磨技術」と「溶接技術」に言及した受験生が多かったと考えられる。合格＋A答案とB答案以下を比較すると、解答率に1割ほどの差があったので、加点が大きかった可能性が高い！

事例Ⅲ

【弱み】

先生：では、弱みはどうかな？

外海：弱みっていうたら、「納期の遅延」やないですか～。

和風：それはあたしも書いた！　第9段落に納期の遅延がC社の大きな悩みって書いてあるしね。でも、次に何を書くかで迷っちゃったよ～。

外海：困ったときは「多面的に」やないかい！　営業面で「受注変動が大きい」、製造面で「7m以上の大型製品が作れない」って書きましたよ～。

先生：その考え方、悪くないだろう！　多面的に書くことで、論点を外してしまった際のリスクヘッジにもなる！　和風ちゃんは、迷った結果として何を書いたのかな？

和風：あたしは結局、納期遅延の原因として「標準化がされていない」って書いたよ。決め手はね、よく見るキーワードだったから！

先生：その発想も悪くはない。約2割の受験生が解答しているので、加点要素にはなったと考えられる。しかし、納期遅延の原因としては「各チーム間における技術力の差」が、合格＋A答案に多かったようだ！

外海：作業員の技術力向上は一朝一夕では解決できないですからね。

先生：ピュ～イ！　文字数が限られているので、ボトルネックを見極めて記載するのが重要だっただろう！

―――**～試験前日の過ごし方～**―――――――――――――――――――――――――

ファイナルペーパーの作成（間に合わなかった）。

第2問（配点40点）

C社の大きな悩みとなっている納期遅延について、以下の設問に答えよ。

（設問1）【難易度　★☆☆　みんなができた】

C社の営業部門で生じている（a）問題点と（b）その対応策について、それぞれ60字以内で述べよ。

●**出題の趣旨**

納期遅延の発生に影響しているC社営業部門の問題点を整理し、その解決策を助言する能力を問う問題である。

●**解答ランキングとふぞろい流採点基準（a）**

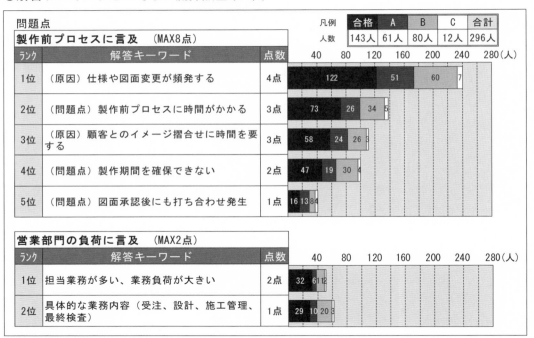

●**再現答案（a）**

区	再現答案	点	文字数
合	①製作前プロセスにおいて仕様変更等顧客とのやりとりや摺り合わせが多く製作期間を圧迫、②業務範囲が広く負担感が大きい。	10	58
A	仕様変更や図面変更、イメージ摺り合わせ等の製作前プロセスに時間がかかり、製作期間を十分に確保できないこと。	8	53

B	問題点は、①施工管理を営業担当者が行っている[1]こと、②仕様変更[4]などの顧客とのやりとりが増えている[3]こと、である。	8	54
C	問題点は①図面承認後も変更がある[1]こと、②営業が工事管理を行う[1]ことで、顧客との打ち合わせ時間が確保できず承認が遅れる点。	2	59

●解答ランキングとふぞろい流採点基準（b）

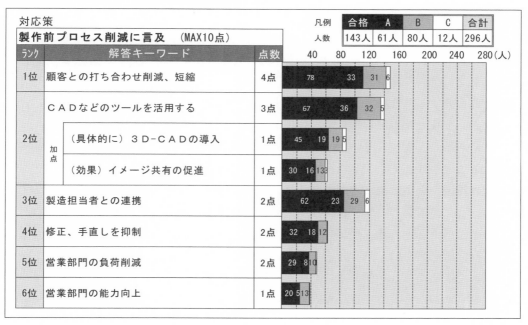

| 対応策 製作前プロセス削減に言及　（MAX10点） | | | | 凡例 | 合格 | A | B | C | 合計 |
| ランク | 解答キーワード | 点数 | | 人数 | 143人 | 61人 | 80人 | 12人 | 296人 |

ランク	解答キーワード	点数	合格	A	B	C
1位	顧客との打ち合わせ削減、短縮	4点	78	33	31	6
2位	CADなどのツールを活用する	3点	67	36	32	5
	加点 （具体的に）3D-CADの導入	1点	45	19	19	5
	（効果）イメージ共有の促進	1点	30	16	13	3
3位	製造担当者との連携	2点	62	23	29	6
4位	修正、手直しを抑制	2点	32	18	12	
5位	営業部門の負荷削減	2点	29	8	10	
6位	営業部門の能力向上	1点	20	5	13	

●再現答案（b）

区	再現答案	点	文字数
合	対応策は営業部門の情報共有や2次元CADを活用[3]し変更確認に要する時間を短縮[4]。施工管理を外注し余力を生み[2]、遅延を解消。	9	58
A	営業担当の作業負担を軽減[2]の為、製造部や協力会社にて一部を実施し、営業部増員し、デザイン理解力を向上[1]させ打合時間を減らす[4]。	9	60
B	CADデータ[3]を取引先と社内各部署で共有[1]し、顧客承認までの流れを同時進行化し、顧客とのやり取りを減らす[4]。	8	51
C	顧客都合による仕様変更や図面変更は納期を再調整してもらう。また、3次元[1]CADを導入[3]し設計効率や変更効率を上げる。	4	56

～試験前日の過ごし方～

　どうしたら時間内に解き終えることができるか、頭のなかで80分間のシミュレーションをしました。

●解答のポイント

> C社の営業部門が抱える納期遅延につながる問題点とその対応策を、多面的に指摘できたかがポイントだった。

【営業部門の問題点は？】

先生：次は第2問。まずは（設問1）営業部門の問題点からだ。

外海：製作期間を確保できていないことちゃいますか？

先生：では製作期間を確保できていない理由は何かな？

外海：製作期間が長いとか、顧客の要望が厳しいとかいろいろあるんとちゃいますか～？

和風：与件文に書いてあるじゃーん。契約、図面作成、顧客承認までの製作前プロセスに時間を要するらしいよ。モニュメント製品では図面承認後の製作段階でも打ち合わせが必要なこともあるみたい。与件文はちゃんと読まなきゃ。

先生：和風ちゃん、素晴らしい指摘だ！　外海の視点、悪くはないが、与件文に忠実に答えることが鉄則だ。文字数が限られるから内容も絞っていこう。

外海：図面作成や顧客承認に時間を要するのは仕様や図面変更が多く発生するからですよねぇ？　造形物のイメージの摺合わせにも時間がかかるって書いてあるからね。

先生：さすが外海、飲み込みが早い！　この時点でだいぶ問題点が見えてきたようだな。C社営業部門では、さまざまな要因によって製作前プロセスに時間がかかっているようだ。そのほか、問題点の見落としはないかな？

和風：問題点かわからなくて書かなかったけど、営業さんは仕事が多くて大変だねー。

先生：和風ちゃんのその視点、悪くないだろう！　与件文にはこれでもかというほど営業部門の業務内容が列挙されている。ここに触れない手はない！

外海：聞かれているのは納期遅延につながる問題点やろ？　営業部門の業務内容って関係あるんかね。直接の原因は製作前プロセスに時間がかかることと睨んでるのよ～。

先生：外海の疑問ももっともだ。しかしこう考えてみてくれ。いくら製作前プロセスが短くても、それをこなす営業部門がほかの業務に追われていたら？

和風：製作前プロセスにかかる時間の長さにかかわらず、担当者が忙しかったら仕事捌ききれないじゃんね。確かに納期遅延の原因かも！　でも難しすぎ！　これは書けるわけなくね？

先生：気を落とす必要はない！　これが書けなくても製作前プロセスの問題点を丁寧に指摘すれば合格点は取れる。しかし、それだと製作前プロセスの話しかせずに終わってしまう。常に多面的な指摘をすることを心掛けることで、いずれ書けるようになるだろう。それでは2人でまとめてみよう。

外海：仕様や図面の変更が多く発生し顧客承認に時間がかかる、モニュメント製品は図面承認後にも打合せが必要な場合がある、これらが原因で製作期間が確保できない！

~試験前日の過ごし方~
夜眠れるように、早く起き、日中に軽い運動をし、昼寝をしなかった。高級入浴剤でリラックスした。

和風：あとは営業部門の業務負荷じゃんね。忙しすぎるのが問題点ってこと。

先生：2人とも、よくまとめてくれた。それでは次に対応策を考えていこう。

【対応策はどこから考える？】

和風：先生、対応策って与件文には書いてないじゃんね？　どう考えればいいの？

先生：素晴らしい質問だ。対応策は問題点の原因をつぶせるものを考えていこう。たとえば、造形物のイメージの摺合わせに時間がかかるのはなぜだろう。

外海：造形物が複雑で顧客との摺合わせがうまくできていないからちゃいますか？

先生：ではそれを解決するにはどのような方法が考えられるか。

外海：3次元CADの採用。複雑な造形物は3次元CADを使うことで決まりなのよ。

和風：製造部門と連携して、打ち合わせに同席してもらえばいいじゃん。模型とか持ってきてもらって説明してもらおうよ！

先生：ピュ～イ！　どちらの解答も立派な対応策だ！　どちらも与件文には書かれていないが、しっかり答えられているぞ！

和風：そっか、こうやって考えればいいんだ。簡単じゃん。

先生：そう。思考が整理されていればどんな問題にも対応できるだろう。ではこの対応策で顧客との摺合わせがうまくいったらどうなるだろう？

外海：摺合わせがうまくいったら、顧客もハッピーで打ち合わせが減るやないですか～。

先生：ならば問題点を解消できるな。3次元CADの活用や製造部門との連携という対応策で顧客との打ち合わせ時間を削減し、製作期間の確保につなげるわけだ。

和風：すごい！　解答できちゃった！　じゃあ営業部門の業務過多も同じように考えればいいんだ。

外海：1つには営業部門の業務を他の部門に移すことや外注することが考えられるんちゃう？　据付工事の施工管理などは営業がやらなくていいかもしれんやろ？

和風：あとは営業担当者が業務を素早くこなせるように研修とかもあるよ。

外海：どっちも与件文には書かれてないやん。自分たちで考えられたということちゃう？

和風：あたしたちって天才じゃね！

先生：素晴らしい！　2人がやったように問題点と対応策はそれぞれつなげて考えるんだ。この考え方はほかの設問でもきっと役に立つだろう。ぜひ身につけてくれ。

~試験前日の過ごし方~

家族に感謝する。普通に過ごして心を整える。

（設問2）【難易度　★★☆　勝負の分かれ目】
　C社の製造部門で生じている（a）問題点と（b）その対応策について、それぞれ60字以内で述べよ。

●出題の趣旨
　納期遅延の発生に影響しているC社製造部門の問題点を整理し、その解決策を助言する能力を問う問題である。

●解答ランキングとふぞろい流採点基準（a）

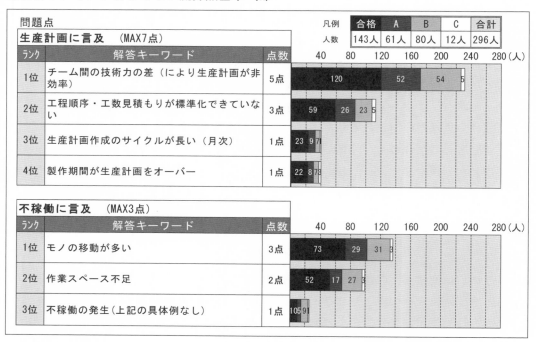

●再現答案（a）

区	再現答案	点	文字数
合	①生産計画が月次②チームごとの技術力に差がある③工程順序の標準化されず④移動関連の作業多く納期遅延が発生している。	10	57
A	問題点は、①各作業チームごとに技術力に差があり、②工場の作業スペースが狭く、製品の移動に支障が生じていること。	7	55

| B | 問題点は、**各作業チームの技術力には差があり**、高度な技術が必要な制作物の場合には任せられないチームがある。 | 5 | 52 |
| C | 生産計画を立案するにあたって基準となる**工程順序や工数見積もりなどの標準化が確立していない**こと。 | 3 | 47 |

●解答ランキングとふぞろい流採点基準 (b)

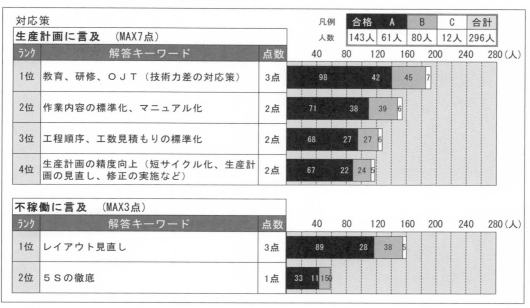

●再現答案 (b)

区	再現答案	点	文字数
合	①**工程順序・工数見積**及び**作業内容の標準化・マニュアル化**とその**教育を実施**すること②**ＳＬＰにより作業スペースを最適化**すること。	10	60
A	対応策は、①**作業の標準化**を進め、**教育**で技術の共有化を行い、②加工物の大型化に対して、**ＳＬＰでレイアウト設計を見直す**。	8	58
B	①研磨技術や製作図の理解高める為の**ＯＪＴ**を実施、②溶接・組立・研磨工程の**手作業を標準化**し、従業員に教育する。	5	54
C	**工程順序や工数見積もりなどを標準化**し、製作期間を正確に見積もれるようにする。また、技術者の能力を平準化する。	2	54

●解答のポイント

> 　C社の製造部門が抱える納期遅延につながる問題点とその対応策を、多面的に指摘できたかがポイントだった。

【製造部門の問題点は？】

先生：さて、（設問1）に続き（設問2）は製造部門が抱える納期遅延につながる問題点とその対応策だな。2人はどう考えた？

外海：そもそも製造部門の業務はどこからどこまでなんやろ？

和風：そんなの与件文から読み取れるよ〜！　第7段落に書いてあるとおり営業部門は受注、設計、据付工事施工管理でしょ？　残りの工程が製造部門ってわけ。

外海：そうやなぁ。第13段落には「生産計画は、製造部長が月次で作成している」と説明されているから、製造部門は主に生産計画作成と製作工程を担当しているんやな。

先生：2人ともさすが！　ズバリそのとおりの認識で問題ないだろう。では、肝心の問題点は何だろう？

外海：そら第11段落に記載があるとおり、「各作業チームの技術力に差があること」ですよねぇ？　高度な技術を要する製作物の場合、技術力の低いチームには作業を任せられず、特定のチームに作業を割り振ることが多くなってしまうと思うんですわ〜。これによって、生産計画が非効率になってしまうわけですからね。問題点はこれで決まりやないですか〜。

和風：ちょっと外海！　せっかちなんだから〜。与件文は最後まで読んでから解答するのが鉄則でしょ。製造部門の問題点は大きく分けて2つ。生産計画の面と、与件文の終盤に記載がある不稼働の面だね。あたしって天才じゃね？

外海：確かにそうやなぁ。不稼働の面では加工物の大型化によって「作業スペースが不足し、モノの移動が多いこと」が問題点として挙げられそうや。

先生：いいぞ2人とも！　その調子で未来へと進もう！

和風：未来とか超ウケる！　生産計画の面では第13段落にあるように「生産計画作成の基準になる工程順序や工数見積もりの標準化ができていないこと」も問題だよね。ほかにも「生産計画が月次で作成されているということ」も問題点だと思うよ。生産計画のサイクルが長いと、生産の進捗状況に合わせた臨機応変な計画修正がやりにくいんだよね。

先生：素晴らしい！　生産計画や不稼働について与件文から読み取れる問題点を確実に抽出して解答できたかがポイントだったといえるだろう。

外海：どの設問でもそうやけど、多面的な解答が高得点につながるんやなぁ。

【問題点の対応策を考えよう】

先生：次は、先ほど考えた問題点に対する対応策だ。2人は自信を持って解答できたかな？

外海：「各作業チームの技術力に差があること」と「工程順序や工数見積もりの標準化ができていないこと」に対しては、標準化やマニュアル作成、およびそれらを生かした教育、研修などの実施が黄金パターンですからね。これで決まりなのよ～。

和風：あとは生産計画を短サイクル化（週次化、日次化）したり、都度見直したりすることも納期遅延の対応策になるよね～！

先生：いいぞ！　では、不稼働についてはどのような対応策が考えられるかな？

和風：作業スペースが不足し、モノの移動が多いってことは、レイアウトの見直しが対応策として適切だよね！　そういえば、あたしも自分の部屋のレイアウトを見直ししないと寝る場所がないんだよね☆

外海：和風ちゃんの家はレイアウトを見直すだけでは解決しないんやないかと睨んでるのよ～。この前、家に遊びに行ったら足の踏み場もない状態やったやん。不要なものは捨てて、決まったモノを決まった位置に置くようにルール決めをすることがおすすめやで。5Sで決まりなのよ～。

和風：あんまり馬鹿にしないでよね～！　あ、でも作業スペース不足には5Sも対応策になるよね！

先生：ピュ～イ!!　2人とも絶好調としか思えない。この調子で第3問へともに行こう!!

和風：先生、超ウケる！

外海：ほな、次行きましょか～！

Column

怠け者の合格体験記

　ふぞろいには、さまざまな職種、年齢、経歴、性格のメンバーが集まっています。努力家が多い印象ですが、怠け者もいます。

　たとえば私。私は、社内の尊敬する先輩の取得率が高い資格、という興味本位で、社内研修制度を使って予備校に通いました。週末は1日予備校通学、もう1日は予習復習が理想ですが、怠け者で体力のない私は、予備校に行くだけで精一杯、復習まで至らず、もちろん平日に勉強なんてできませんでした。1次試験は合格しましたが、集中力が切れ、2次試験対策の授業には興味が持てず、ほぼ欠席。案の定2次試験不合格。翌年は自腹でしたが、通学ではなく通信を取りました。そう、怠け者に通信はダメです。提出物は2回しか出しません。添削が戻る頃には忘れているので復習もしません。もちろん2年目も不合格です。通信はダメだと、3年目は改めて予備校。しかし1回しか出席しませんでした。4年目は予備校代もバカバカしくなり、過去問とふぞろいのみでのんびり自宅学習していました。最終的には意地と執念で合格しましたが、長く続けたことで、自然と知識は浸透していきました。少しずつ確実に合格に近づきます。怠け者でもいいじゃない。無理のないペースで、長期戦での挑戦も悪くないですよ。　　　　　　　　　　（さち）

> **第3問（配点20点）【難易度　★★★　難しすぎる】**
> 　C社社長は、納期遅延対策として社内のIT化を考えている。C社のIT活用について、中小企業診断士としてどのように助言するか、120字以内で述べよ。

●出題の趣旨

　C社の納期遅延の対策に有効な社内のIT活用について、助言する能力を問う問題である。

●解答ランキングとふぞろい流採点基準

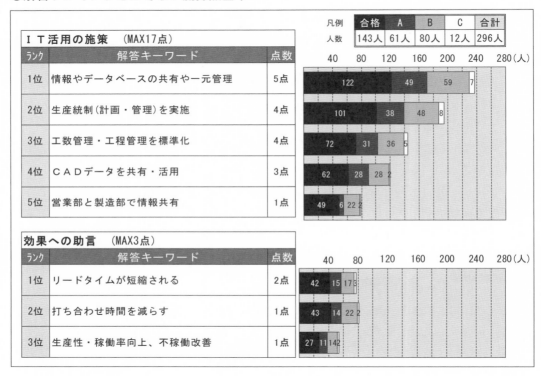

●再現答案

区	再現答案	点	文字数
合	基準**工程・工数を標準化**した上で、受注・仕様情報や **CAD**図面を**製造部・営業部・顧客で共有**し、**プロセスのスピードと精度の向上**・手戻り防止や、**一元化・DB化した情報**の**生産計画・生産統制**への利用により、**リードタイムを短縮**し納期遅延を撲滅する。	20	116
合	助言は、①**工程順序や工数見積もりなどの標準化**を行いデータベースを構築する。②受注、進捗**情報の一元管理**を行いリアルタイムで更新する。③**CADを活用**しデータ再活用する。効果は、情報共有による**打ち合わせ削減**、**生産計画**の週次化による納期短縮である。	17	120
A	助言は、①**生産計画**は全社で**一貫した計画を策定する**、②生産計画、**生産統制情報、受注情報、納期情報**について全社で**共有して一元管理**を行う、③**工程順序や工数見積もりなどについて標準化**をルール化を行う。ＩＴを活用して納期遅延を削減することである。	13	117
B	**工程順序や工数見積もりの標準化**を行う。これにより、作業者間や営業担当者等との**打ち合わせを削減**する。**生産計画の一元管理**を行い、内容を製造部全体で共有する。これにより製作着手が前後することによる移動を減らす。以上により**稼働率の向上**を図る。	11	117
C	生産管理に活用するよう助言する。①ステンレス製品とモニュメント製品を統合した**生産計画**を週次で作成する。②**基準となる工程順序や標準化した工数見積もり**をシステムに登録し、営業部の納期回答や製造部の余力管理や進捗管理に使用し、納期遅延を防止する。	8	120

●解答のポイント

> 　与件文からＣ社の問題点と納期遅延対策のためにIT化すべき内容が紐づけでき、なおかつその内容を複数解答することがポイントだった。

【なぜIT化をするのか？】

先生：製造業にとってIT化は重要で、利点がたくさんあるぞ。2人はIT化について何か知っていることはあるかな？

外海：あー、ありがとうございます〜。ねっ、今、3Dプリンターでできたモニュメント製品いただきました。こんなんなんぼあってもいいですからね。ありがたいですよ。

和風：え〜なに言ってんの？　3Dプリンターのモニュメント製品ってどっから出てきたのよ。3Dプリンターがすぐ試作品造れるからって唐突すぎ〜。

外海：製造業によくあるITなんてね、CAD・3Dプリンター・CAM・NC・CAEくらいやがな、すぐわかったやん、こんなん。

和風：ええー、IT用語そんないっぱい知らないよ！

~試験の朝の過ごし方~
　早めに会場近くのカフェに行ってファイナルペーパーをざっと見返す。

先生：確かに製造業のITでは外海の言うような専門用語がたくさんあるな。その専門用語の知識、悪くないだろう。しかし、ツールをたくさん書いても点数にはつながらないぞ。

和風：そっか。ただツールをたくさん書くだけじゃだめで、このC社の納期遅延対策になるツールを効果とともに提案しないといけないのね。難しい〜。

先生：いいところに気がついた！　効果を意識して書くのは大事だ。効果を書かないと「で、何のためにIT化した？」となってしまうからな。

外海：ほな、製造業によくあるITの専門用語羅列と違うか〜。

【助言は多面的な切り口で書く】

和風：納期遅延対策っていったら生産計画だよね。製造部長が作成している生産計画を改善すればなんとかなるんじゃね？　生産計画の作成頻度あげてー、余裕を持った生産計画立ててー、生産計画を納期順にスケジューリングする方法から変えてー、とかはどう？

先生：その考え方、悪くないだろう。でも、ひたすら生産計画についてしか言及できていないし、IT化との関連が出てないぞ。

和風：そうじゃん！　設問要求はIT化の助言だった！

外海：解答の文字数が120字もあるやないかい！　そういうときは複数の助言を書くことで決まりなのよ〜。

先生：生産計画に気づいたのはいいぞ。外海も言っているように、助言は複数入れると点数が入りやすい。IT化の助言はいろいろな方法が考えられるからな。もう1回与件文を見直してみよう。納期遅延はいろいろな問題が絡まった結果で起きているはずだ。いろいろな問題のなかから納期遅延に関係し、IT化で解決できるものを見つけ出すといいだろう。設問にある「納期遅延対策」だけにとらわれると、生産計画にしか気づけなくなってしまうぞ。生産管理以外の視点だが、たとえば、営業部の受注情報と設計担当者の製品仕様情報はどう管理されているかな？

外海：そうですねぇ〜、特に何も書かれていないですね〜。もしかして、情報は各部署バラバラに持っている可能性もあるんやないですか？

先生：ピュ〜イ！　いいところに気づいたな！　情報はあっても、仕様変更や図面変更などの情報を営業部と製造部が共有していなかったら、打ち合わせ時に「えっ!?　そんなの聞いてないんだけど！」という話になって混乱が生じ、打ち合わせが長引いて納期遅延確定!?　なんてことになるかもしれないぞ。それだけでなく、図面変更されていたことを製造部が知らないまま製作を進めていた、なんてこともあり得るぞ。そうなったら、納期遅延だけでなく、手戻りや作り直しのムダが発生し、コストの増加にもつながってしまう。

外海：ほな、情報の共有と一元管理、やらなあかんやないですか〜。相方が勝手にネタ変

えてて、変えたとこ知らずに漫才するとか怖すぎますからね……。

先生：（え、相方？　ネタ？）せっかく2次元CADを早くから活用していても、図面変更や仕様変更情報の共有や一元管理をしていないとしたら、もったいないな。

外海：情報共有と一元管理は大事！　相方とネタ共有用DBでも作ろかな。

【工程順序や工数見積もりの標準化ももちろん大事】

和風：そういえば、生産計画の立て方について与件文に「加工の難易度などを考慮して各作業チームの振り分けを行いスケジューリング」ってあるけど、その後に「工程順序や工数見積もりなどの標準化が確立しているとはいえない」ってあるよ。工程順序や工数見積もりが標準化されていないのに、どうやってスケジュール作るの⁉

先生：ピュ〜イ！　いいところに気づいたな。これらが標準化されていないということは、生産計画をせっかく立てても絵に描いた餅になってしまう可能性が高いぞ。

外海：絵に描いた餅をもらったら「なんぼあってもいいですから〜」とは、さすがに言えへんな〜。

先生：計画が絵に描いた餅になるだけじゃない。今回のC社は受注生産方式のため、設計の都度、工程順序や工数見積もりが検討されているはずだ。そして、それを営業部の営業もしくは設計が実施していると思われる。C社では工程順序や工数見積もりが標準化されていないが、この状況でもしも2人が取引先から納期を聞かれたらどう答える？

和風：もちろんテキトーに答えまーす！　だって、標準化されてないんだから、なんて答えてもいいんでしょ？

外海：そんなん全然だめだめやろ。少なくとも個人の経験を生かして答えるべきやがな。

先生：テキトーはもちろんだめだが、個人の経験任せで本当にいいのだろうか？　少し極端な例だが、経験が浅い担当者が自分の経験や勘で納期を答えていたら、本来製作に3か月かかるものを2か月半と納期回答してしまう……なんてことが起こる可能性も否定できないだろう。

外海：ほんまや……。この時点で納期遵守なんてほぼ無理やないですか〜。

和風：標準化されていない方法で設定された納期を営業部と製造部で共有したとしても、生産計画の信頼性が低いし、そもそもの納期設定が無理だったって可能性もあるのね。確かにね〜。

外海：IT化も大事やけど、その前に、業務プロセスが標準化されていることも大事なんやね。

第4問（配点20点）【難易度　★★☆　勝負の分かれ目】
　C社社長は、付加価値の高いモニュメント製品事業の拡大を戦略に位置付けている。モニュメント製品事業の充実、拡大をどのように行うべきか、中小企業診断士として120字以内で助言せよ。

●出題の趣旨

　モニュメント事業の充実と拡大を狙うC社の戦略について、助言する能力を問う問題である。

●解答ランキングとふぞろい流採点基準

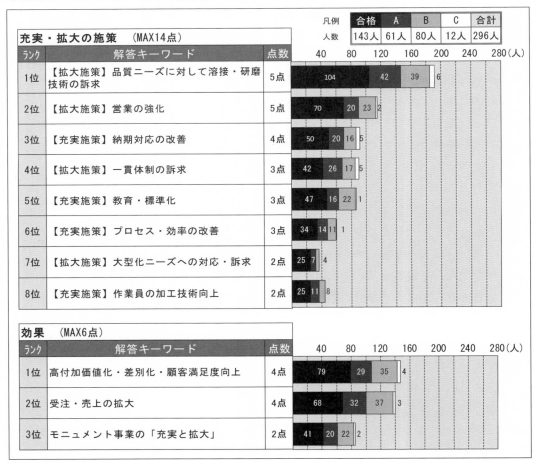

凡例	合格	A	B	C	合計
人数	143人	61人	80人	12人	296人

充実・拡大の施策　（MAX14点）

ランク	解答キーワード	点数	合格	A	B	C
1位	【拡大施策】品質ニーズに対して溶接・研磨技術の訴求	5点	104	42	39	6
2位	【拡大施策】営業の強化	5点	70	20	23	2
3位	【充実施策】納期対応の改善	4点	50	20	16	5
4位	【拡大施策】一貫体制の訴求	3点	42	26	17	5
5位	【充実施策】教育・標準化	3点	47	16	22	1
6位	【充実施策】プロセス・効率の改善	3点	34	14	11	1
7位	【拡大施策】大型化ニーズへの対応・訴求	2点	25	7	4	
8位	【充実施策】作業員の加工技術向上	2点	25	11	8	

効果　（MAX6点）

ランク	解答キーワード	点数	合格	A	B	C
1位	高付加価値化・差別化・顧客満足度向上	4点	79	29	35	4
2位	受注・売上の拡大	4点	68	32	37	3
3位	モニュメント事業の「充実と拡大」	2点	41	20	22	2

●再現答案

区	再現答案	点	文字数
合	<u>営業体制を強化</u>し、<u>高い研磨技術等を活かした</u>モニュメント製品の受注獲得による受注の安定化と<u>売上増加を図る</u>。全社的な生産計画と生産統制を実施し、<u>納期遅延を防止</u>して顧客の信頼を得る。以上により、<u>モニュメント製品事業の充実、拡大を図る</u>。	20	114
A	助言は①<u>強みである高い溶接・研磨技術の訴求</u>②<u>営業部の強化による新規顧客開拓の実施</u>③<u>工場建屋の制約を改築によりなくし7m以上の製品も対応可能にする</u>④IT化、<u>標準化による短納期対応力を向上</u>させる。以上により<u>モニュメント製品事業の拡大、充実</u>を図る。	16	119
B	戦略は、近年の都市型建築の増加に伴う製作依頼の増加に対し、①デザイナーに対し、C社の表面品質の<u>高い溶接・研磨技術力を訴求</u>し、②建築用金属製品メーカーに対し、C社の<u>設計から据付けまで行えることを訴求</u>することで<u>モニュメント製品事業</u>の拡大を図る。	8	120
C	C社は、製作図の理解力と、高度な加工技術力で<u>差別化</u>し、都市型建築の増加に伴う付加価値の高いモニュメント製品の<u>需要を獲得し売り上げ拡大を図るべき</u>。溶接・組立工程にNC加工機を導入することで、生産余力を確保し、高付加価値事業を拡大すべき。	6	116

●解答のポイント

> 　戦略であるモニュメント事業の拡大のために、社内外に向けた施策と効果を、多面的・論理的に記載できたかがポイントだった。

【設問で問われていることは？】

先生：それでは事例Ⅲ最後の設問だ。モニュメント製品事業の拡大という、C社の戦略について、助言を求められているぞ。

和風：てか、設問にある充実と拡大ってなに？　全然わかんなーい！

先生：確かに「充実と拡大」という言葉だけで解釈しようとすると、難しいかもしれない。ただ、この第4問では、モニュメント製品事業の拡大は「戦略」と位置づけられている。つまり今回の助言は、「戦略」に関するものでなければならない。そう考えると少し「充実と拡大」の意味が見えてくるだろう。「戦略」って何だと思う？

外海：「戦略」は、組織が向かうべき方向性実現のための、全社的な方針のことですよね。

和風：じゃあ、戦略に関する助言っていうのは、全社的な方針について助言すればいいのかな。あ、全社的な方針ってことは、拡大で営業の施策、充実で工場の施策を提案する感じ？

先生：ピュ〜イ！　いいじゃないか！　つまり、「充実」は工場や技術の改善のように、

内部を強化していく施策。「拡大」は、営業施策のような、外部に対して働きかけをしていく施策。そうイメージしてくれ。設問文の「充実と拡大」とは、全社的な施策を求めていると考えて、問題ないだろう。

外海：モニュメント製品事業の拡大が戦略なわけですけど、なんで「充実」も必要なんか、もうちょっと詳しく教えてもらえます？

先生：与件文に、モニュメント製品は「ビル建築用金属製品と比較して付加価値が高い」と記載されているだろう。付加価値が高い≒C社の利益が大きい、とも言えるが、付加価値が高い≒顧客の要求レベルが高い、とも言える。今のC社は納期遅延を起こしたりするなど弱みが多く、まだこの顧客からの高い要求に応えきれる状態じゃない。だから、弱みを克服して内部を「充実」させなきゃいけないのさ。「拡大」だけだと、営業的な施策に偏ってしまう可能性があるから、社内外を包括した全社的に一貫性のある施策を提案してほしいということだろうね。

【具体的な記述は？】

先生：以上のように「充実と拡大」をイメージすると、施策はどう記述する？

外海：だったら、充実施策は、納期改善ですよねぇ。今回の大きなテーマやし間違いなし。

和風：えー第2、3問で解答したのに？　作業員の技術力向上じゃない？　これなら、納期に効果があるうえに、品質も上がるし、効率よくなってコストも下がるし、戦略っぽくね？

外海：ほな、納期改善と違うか〜。

先生：2人の解答、どちらも悪くないだろう。実際、合格＋A答案に目を通しても、具体的に解答されている施策はさまざまだ。拡大のほうはどうかな？

和風：これは営業力向上！　拡大施策として間違いないでしょ！

外海：あと、例年の傾向からして、強みの訴求やろ〜。C社の強みである溶接・研磨技術の顧客への訴求と睨んでるのよ〜。

先生：強みの訴求という観点、悪くないだろう！　ただし、今回はモニュメント製品事業というターゲットが明確なので、強みのなかでもターゲットのニーズに沿ったものが、よりよいだろう。ニーズとして、与件文に「特殊加工と仕上げ品質が要求される」と記載されているから、その元である溶接技術や研磨技術の訴求は、その観点でもいい施策だ。ちなみに、同じ強みである一貫体制の訴求でも、顧客ニーズに応えている可能性はあるので、加点はされたと思われる。しかし、よりニーズに沿った溶接・研磨技術の訴求のほうが合格＋A答案に記述が多かったため、高く加点されたと予想される。ニーズの観点だと、ほかにはどうかな？

和風：じゃあ大型化っていうニーズもあるから、それにも対応しよ！

外海：大型化への対応って、建屋を改造するってこと？　コストかかりすぎやろ〜。あと建屋改造してるから、拡大施策やなくて充実施策とちゃう？

~会場で緊張をほぐす方法~

　教室の一番前から教室内の受験生を見渡し、みんな同じやなと心で唱え、深呼吸。

先生：大型化への対応は、記述するか迷った人も多いだろう。だが、ニーズに対して放置するわけにもいかないし、合格＋A答案にも一定数記述があるので、加点されたと思われる。ただし、同じニーズへの対応としては溶接・研磨技術の訴求のほうが合格＋A答案に多く、優先度は高いだろうね。また、大型化対応はニーズへの対応なので拡大施策としての側面が強いけど、確かに充実施策としても考えられる。どちらも満たしている施策として捉えて問題ないだろう。大型化への対応に限らず、充実施策はそのまま拡大施策になることもあるはずだ。

和風：一つひとつの施策を、厳密に充実施策と拡大施策に分けることにこだわらなくていいんだね。じゃあ、思いついたのから、どんどん書いていけばいいのか！

先生：思いつきで書くのは、さすがにダメだ。120字の文字数制限からも、複数の施策が書けるので、施策全体で内部強化と外部への展開を記述すべきなんだ。B答案以下ほど、営業の施策にしか触れていなかったり、具体的な施策に言及しすぎて文字数を使ってしまい多面的でなかったりする。そうなると点数が伸びなかったようだ。また、複数の施策を記述すると混乱しがちだけど、合格＋A答案ほど、論理的に整理されていた。

【効果の記述について】

先生：論理的な記述といえば、2人は、効果については記述した？

和風：あたし、今回は書かなかったよ！　必要？

外海：ここでは書いたほうがええやろ〜。効果なんてなんぼあってもいいですからね〜。

先生：いくつあっても困らないかは置いておいて、効果は重要だ。コンサルタントが、社長に施策を助言した際に、効果を伝えないのは変だろう？　実際今回も、合格＋A答案の多くは効果に言及していた。では、今回の効果は何だと思う？

和風：じゃあ、売上とか受注の拡大。そもそも、モニュメント製品事業の拡大が目的なんだし。

先生：そのとおりだ。充実と拡大を図ることで、付加価値を高めて差別化し、事業を拡大していくという論理の流れが押さえられたかが重要だ。しっかり施策と効果がつながっているかをチェックしよう。

和風：そうかー、効果って大事なのね！

先生：では、まとめよう。合格＋A答案ほど、多面的に全社施策を記述して、効果にまで言及していた。また、キーワードを書いているだけではなく、因果関係や一貫性などが整理された論理的な文章が多く、とても読みやすかった。C社に対して総合的な戦略提案をする能力を見られていたんだろう。

〜会場で緊張をほぐす方法〜
　周りの人に心のなかであだ名をつける。

▶▶事例Ⅲ特別企画

「めざせデリバリーマスター！」
〜納期遅延にさよならバイバイ〜

【納期遅延はなぜ起こるか】

和風：今回のC社を見て思ったけど、納期遅延、やばくね？　何か対応できないの？

先生：納期対応はイメージがしづらいと思うので、今回はQCDの「D」をテーマに掘り下げてみよう。納期遅延とは、契約納期に対して、リードタイム（受注から納品までの期間）がオーバーすることを指す。このリードタイムは、さまざまなことに影響されて延びるから、納期遅延は起きやすいんだ。ちなみに、リードタイムをMECE（もれなくダブりなく）で分けるとどうなるかわかる？

外海：知識は任せてください！　調達リードタイム、生産リードタイム、配送リードタイムに分けられますからね。製品によっては、最初に開発リードタイムを入れる場合もありますよねぇ？

先生：ピュ〜イ、そのとおり！　そして、これらリードタイムは4M、つまり「Man（人）」、「Machine（設備）」、「Material（材料）」、「Method（方法）」の影響を受けるよ。どのリードタイムも4M全てから影響を受ける可能性はあるが、特に調達リードタイムと生産リードタイムは、影響が強い。どんな影響を受けるかイメージつくかな？

和風：調達リードタイムは、そのまんま「Material」じゃん！　どんな材料を、どのくらいの数量、どこから買ってくるかで、材料発注してから納入されるまでの時間が違うだろうし。生産リードタイムに影響が強いのは……「Man」、「Machine」かな？

先生：素晴らしい！　「Man」の観点では、作業員が多能工化されていなかったり、そもそも製造の技術が低かったりすると、非効率な生産計画しか立てられず、納期遅延につながる可能性がある。「Machine」の観点では、設備の保全ができておらず止まったり、SLPができていないなど設備配置に問題があるため製造が非効率だったりして、遅延が起きることもある。ちなみに、設備保全は事後保全ではなく予防保全を重視してMTBF（平均故障間隔）を延ばすことが、納期改善にとって重要だ。

和風：でも、今回の事例を見てると、4Mだけじゃなくて、営業とのやり取りとか管理の仕方も、納期遅延の原因ぽくない？

先生：いい視点だ！　情報や生産管理もリードタイムに影響する。情報を「Information」として「4M＋I」と言ったり、生産管理（計画と統制）を「Management」として重要な要素として加えることもある。

和風：やっぱりね〜。あたしって目の付けどころが天才！

【QCD のバランスをとる】

先生：この４Ｍの影響を強く受けるものが、リードタイム以外にもあるけれどわかる？

外海：品質とコストですよねぇ。４ＭをコントロールしてQCDを作り上げるわけやから。

先生：そのとおり。つまり、QCDはそれぞれ、４Ｍを経由して影響を与え合っているんだ。

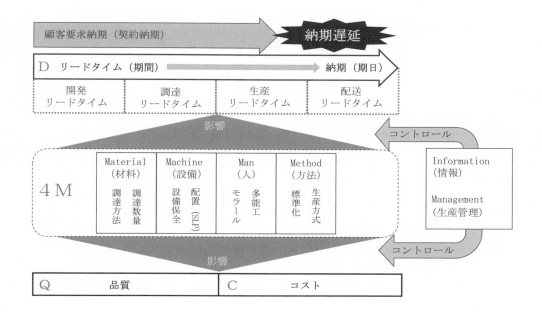

和風：品質向上のために特注品材料を購入したら、一般品と比べてコストは上がるし、供給側も在庫がないため、調達リードタイムが長くなり納期にも影響を与える、とか？

外海：コストを抑えるため、設備の更新や保全を怠れば、品質や納期にも影響が出そうやね。運送なんかも、配送料を下げるためにトラックが満載になるまで出荷を待ってたら、納期に影響が出そうやなぁ。

先生：そう。常にトレードオフというわけではないけど、QCDは影響を与え合っている。だから、バランスを常に考えなければいけない。納期対応は、品質・コストとバランスを取りながら、問題が起きないように４Ｍをコントロールしなければいけないので、難しい。「リードタイムは、製造の総合力」といわれる所以だ。

和風：そうは言っても納期よりも、まず品質とコストの観点から４Ｍに関する意思決定をする企業も多そうだから、納期管理は難しそうだね。

【受注生産と見込生産の納期対策の違い】

先生：４Ｍの「Method」に関する部分で、生産方法という論点がある。今回の企業は受注生産だったけど、再現答案を見ていると、受注生産と見込生産を混同した解答もかなりあった。２人は、受注生産と見込生産の違いはわかるかな？

～試験の休憩時間の過ごし方～
屋外で深呼吸＆ファイナルペーパー確認、仮眠。

外海：任せてください！　受注生産は、顧客の注文に応じて製造出荷する製造形態。見込生産は、受注の前に生産を行って在庫を保有して、顧客の注文に応じて出荷する製造形態。在庫の保有の有無が大きな違いですよねぇ？

先生：そう。そして、受注生産と見込生産は、納期遅延を防ぐために重視するべきポイントも違う。受注生産は、いかに適切な計画を立てて進捗管理を行って、注文の納期に対応するかが、重要な要素になっている。これは、さっき紹介した、「Management」にあたる。もちろん、生産計画や生産統制を適切に行う前提といえる、工程・作業の標準化、進捗の見える化（そのためのIT化）なんかも重要だ。

和風：じゃあ、見込生産は、「Information（情報）」が重要かな？　事前に製造するんだから、受注情報や受注見込情報とかの精度が低かったらあっという間に製品在庫が欠品して、納期遅延になっちゃうね。

先生：そのとおり。しかも見込生産は、定常的に注文がある製品の場合が多いので、一度納期遅延が起きると、製造が追いつかず、その後の注文も納期遅延になることが多い。そして、そのまま立て直せずに、つねに納期遅延が起きる状態になり、それに対応するため品質もコストも悪化……、なんていう恐ろしいことになりかねない。そのために、「Information（情報）」は重要なんだ。

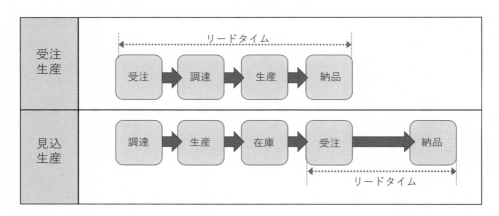

【納期対策としての在庫の功罪】

外海：ほな、見込生産の企業は在庫を大量に持てばいいじゃないですか～？

先生：そうとも言えないのが、難しいところだ。大量に在庫を持っていると、保管中に品質劣化や陳腐化が起きたり、保管・管理コストがかさんだりと、結局品質とコストに悪影響を及ぼす。資金が在庫に固定されて、キャッシュフローが悪化するのも、致命的なんだ。そしてさらに重要なことは、大量の在庫は、ほかの4Mの悪いところを覆い隠してしまうことだ。

和風：なんで？　ほかの悪いところをカバーしてくれるならよくね？

先生：さっき言ったとおり、リードタイムは製造の総合力。つまり4Mの悪いところは、

そのまま納期に跳ね返ってくる。見込生産の場合、在庫は納期の問題を短期的には解決してくれることが多い。だけど、修正すべき問題点が見えなくなってしまう逆効果があるんだ。品質・コスト・キャッシュのリスクを負いながら、在庫によって４Ｍがいつまでも改善されず、気づいたときにはもうどうしようもないほど状況が悪化……、なんてことはよくある話。在庫は、薬は薬でも麻薬なんだ。

外海：そうなんですねぇ。納期を優先するあまり在庫を持ったことがきっかけで、QCDのバランスが崩れて、コストや品質に悪影響がでているんやね。

先生：今回のＣ社は受注生産なので完成品在庫は出てこないけれど、今後の事例で納期問題を抱える見込生産企業が出題されるかもしれないし、現実の製造業でも納期と在庫が問題になることはよくある。納期対応をマスターするには在庫を持つことの問題点も知っておくといいよ。ちなみに少し脇道にそれるが、在庫に頼らず４Ｍを改善してQCDを改善していくのは、たまに出題される「トヨタ生産方式」の考え方でもあるよ。トヨタ生産方式の特徴はさまざまな「ムダ」の排除だ。後工程引取りやカンバンによる必要量の製造を徹底して行い、「ムダな在庫」を無くすこともその一環だ。そして「ムダな在庫」を排除して、「他のムダ」をあぶり出し改善を行う。トヨタ生産方式について話し出すと１冊本が書けてしまうので、簡単な紹介にとどめるが、今後試験で問題が出た際の参考程度にしてくれ。

外海：最近の試験では、トヨタ生産方式という名前ではないけれど、令和元年度に後工程引取方式、平成30年度にJIT、などが出てきましたね。その背景にはそんな理由があるんですね〜！　知っとったら解けそうですわ〜。

【なぜ納期が重要？】

先生：感想を聞かせてくれるかな？

和風：納期対応は４Ｍのいろんなことが影響してくるうえに、QCDのバランスもとらなきゃいけなくて、めっちゃ大変！

外海：でもそんな大変な思いをしてまで、納期って対応しなきゃあかんかな？　品質やコストはわかるんやけど……。

先生：もちろんさ。納期遅延したら顧客は他社に逃げてしまって売上が落ちてしまうしね。裏を返すと、顧客が欲しいときに届けられる、ということは差別化になるんだ。

和風：納期が短いから顧客が買うってこと？　品質がいいとか、安いからじゃなくて？

先生：そう。購入する顧客企業側の立場になってみよう。安定的に短納期で納入されれば、購入する顧客企業自身の納期対応力も上がる。さらに購入する顧客企業が製造業なら、効率のよい生産計画を立てることが可能で、コストにもメリットがある。だから納期対応がしっかりできる企業からモノを買うのさ。

和風：なるほどー。納期対応、超重要じゃん。Ｃ社！　納期遅延の根絶、頑張れよー！

ふぞろい流ベスト答案　　事例Ⅲ

第1問（配点20点）

(a)　　　　　　　40字　　　　　　　　　　　　　　　【得点】10点

①	高	い	溶	接	技	術³	・	研	磨	技	術³	と	、	②	設	計	か	ら	製
作	、	据	付	エ	事	ま	で³	の	一	貫	体	制³	を	有	す	る	こ	と	。

(b)　　　　　　　39字　　　　　　　　　　　　　　　【得点】10点

①	納	期	遅	延⁶	が	発	生	し	、	②	作	業	チ	ー	ム	ご	と	に	技
術	力	の	差⁴	が	あ	り	、	③	受	注	変	動²	が	あ	る	こ	と	。	

第2問（配点40点）

（設問1）(a)　　　　　59字　　　　　　　　　　　　　【得点】10点

①	仕	様	や	図	面	変	更	が	多	く⁴	製	作	前	プ	ロ	セ	ス	に	時
間	が	か	か	り³	製	作	期	間	を	圧	迫	す	る²	こ	と	、	②	受	注
や	設	計¹	等	営	業	の	負	荷	が	大	き	い²	こ	と	で	あ	る	。	

(b)　　　　　　　60字　　　　　　　　　　　　　　　【得点】10点

①	製	造	担	当	の	同	席²	や	3	次	元¹	CAD	の	活	用³	で	イ	メ
ー	ジ	共	有	を	促	進¹	し	、	顧	客	と	の	打	合	せ	削	減⁴	を	図
る	。	②	設	計	部	新	設	等	で	営	業	の	負	荷	を	軽	減²	す	る。

（設問2）(a)　　　　　58字　　　　　　　　　　　　　【得点】10点

①	作	業	チ	ー	ム	間	の	技	術	力	の	差⁵	、	②	エ	程	順	序	・
エ	数	見	積	も	り	の	標	準	化	が	未	確	立³	、	③	モ	ノ	の	移
動	が	多	く³	、	不	稼	働	が	発	生	し	て	い	る	こ	と	。		

(b)　　　　　　　59字　　　　　　　　　　　　　　　【得点】10点

①	作	業	内	容	の	マ	ニ	ュ	ア	ル	化²	と	教	育³	の	実	施	、	②
エ	程	順	序	、	エ	数	見	積	も	り	の	標	準	化²	、	③	S	L	P
に	よ	る	レ	イ	ア	ウ	ト	の	見	直	し³	の	実	施	で	あ	る	。	

次の事例のファイナルペーパーをざっと読み返し、あとは周りの受験生の様子を見学。

第3問（配点20点）　118字　　　　　　　　　　　　　　　　【得点】20点

助	言	は	、	①	工	数	見	積	も	り	・	工	程	順	序	の	標	準	化⁴
の	実	施	、	②	C	A	D	デ	ー	タ³	や	仕	様	情	報	等	を	一	元
管	理⁵	し	営	業	部	・	製	造	部	で	共	有¹	、	③	生	産	統	制	の
実	施⁴	、	で	あ	る	。	こ	れ	ら	に	よ	り	打	ち	合	わ	せ	時	間
が	減	り¹	、	稼	働	率	が	向	上¹	す	る	こ	と	で	リ	ー	ド	タ	イ
ム	が	短	縮²	さ	れ	、	納	期	遅	延	に	対	応	で	き	る	。			

第4問（配点20点）　115字　　　　　　　　　　　　　　　　【得点】20点

教	育	・	標	準	化³	に	よ	り	作	業	者	の	加	工	技	術	向	上²	等
を	行	い	、	効	率	性³	や	納	期	対	応	を	改	善⁴	さ	せ	る	。	さ
ら	に	、	営	業	力	を	強	化⁵	し	て	、	強	み	で	あ	る	溶	接	・
研	磨	技	術⁵	と	一	貫	生	産	を	顧	客	に	訴	求³	す	る	。	以	上
を	通	し	て	、	モ	ニ	ュ	メ	ン	ト	製	品	事	業	の	高	付	加	価
値	化	を	図	り⁴	、	受	注	を	拡	大⁴	さ	せ	る	。						

ふぞろい流採点基準による採点

100点

第1問：C社の強みと弱みについて、第2問以降とのつながりを考慮しながら、重要度の高いと考えられる要素を絞り込んで記述しました。

第2問（設問1）：納期遅延について、営業部門で生じている問題点とその対応策を「製作前プロセスの面」と「営業の業務負荷の面」の切り口を用いて記述しました。

第2問（設問2）：納期遅延について、製造部門で生じている問題点とその対応策を「生産計画の面」と「不稼働の面」の切り口を用いて記述しました。

第3問：納期遅延の対策に有効なIT活用について、「施策」と「効果」の切り口を用いて記述しました。

第4問：「充実・拡大」という観点から社内外を包括する一貫性のある施策を、複数記述しました。また、施策効果として、戦略目標であるモニュメント製品事業の拡大につながることを記述しました。

▶事例Ⅳ（財務・会計）◀

令和2年度　中小企業の診断及び助言に関する実務の事例Ⅳ（財務・会計）

> 【注意事項】
> 新型コロナウイルス感染症（COVID-19）とその影響は考慮する必要はない。

　D社は、約40年前に個人事業として創業され、現在は資本金3,000万円、従業員数106名の企業である。連結対象となる子会社はない。

　同社の主な事業は戸建住宅事業であり、注文住宅の企画、設計、販売を手掛けている。顧客志向を徹底しており、他社の一般的な条件よりも、多頻度、長期間にわたって引き渡し後のアフターケアを提供している。さらに、販売した物件において引き渡し後に問題が生じた際、迅速に駆け付けたいという経営者の思いから、商圏を本社のある県とその周辺の3県に限定している。このような経営方針を持つ同社は、顧客を大切にする、地域に根差した企業として評判が高く、これまでに約2,000棟の販売実績がある。一方、丁寧な顧客対応のための費用負担が重いことも事実であり、顧客対応の適正水準について模索を続けている。

　地元に恩義を感じる経営者は、「住」だけではなく「食」の面からも地域を支えたいと考え、約6年前から飲食事業を営んでいる。地元の食材を扱うことを基本として、懐石料理店2店舗と、魚介を中心に提供する和食店1店舗を運営している。さらに、今後1年の間に、2店舗目の和食店を新規開店させる計画をしている。このほか、ステーキ店1店舗と、ファミリー向けのレストラン1店舗を運営している。これら2店舗については、いずれも当期の営業利益がマイナスである。特に、ステーキ店については、前期から2期連続で営業利益がマイナスとなったことから、業態転換や即時閉店も含めて対応策を検討している。

　戸建住宅事業および飲食事業については、それぞれ担当取締役がおり、取締役の業績は各事業セグメントの当期ROI（投下資本営業利益率）によって評価されている。なお、ROIの算定に用いる各事業セグメントの投下資本として、各セグメントに帰属する期末資産の金額を用いている。

　以上の戸建住宅事業および飲食事業のほか、将来の飲食店出店のために購入した土地のうち現時点では具体的な出店計画のない土地を駐車場として賃貸している。また、同社が販売した戸建住宅の購入者を対象にしたリフォーム事業も手掛けている。リフォーム事業については、高齢化の進行とともに、バリアフリー化を主とするリフォームの依頼が増えている。同社は、これを事業の拡大を図る機会ととらえ、これまで構築してきた顧客との

優良な関係を背景に、リフォーム事業の拡充を検討している。

　D社および同業他社の当期の財務諸表は以下のとおりである。

貸借対照表
（20X2年3月31日現在）

（単位：百万円）

	D社	同業他社		D社	同業他社
＜資産の部＞			＜負債の部＞		
流動資産	2,860	3,104	流動負債	2,585	1,069
現金及び預金	707	1,243	仕入債務	382	284
売上債権	36	121	短期借入金	1,249	557
販売用不動産	1,165	1,159	その他の流動負債	954	228
その他の流動資産	952	581	固定負債	651	115
固定資産	984	391	社債・長期借入金	561	18
有形固定資産	860	255	その他の固定負債	90	97
建物・構築物	622	129	負債合計	3,236	1,184
機械及び装置	19	—	＜純資産の部＞		
土地	87	110	資本金	30	373
その他の有形固定資産	132	16	資本剰余金	480	298
無形固定資産	11	17	利益剰余金	98	1,640
投資その他の資産	113	119	純資産合計	608	2,311
資産合計	3,844	3,495	負債・純資産合計	3,844	3,495

損益計算書
（20X1年4月1日～20X2年3月31日）

（単位：百万円）

	D社	同業他社
売上高	4,555	3,468
売上原価	3,353	2,902
売上総利益	1,202	566
販売費及び一般管理費	1,104	429
営業利益	98	137
営業外収益	30	26
営業外費用	53	6
経常利益	75	157
特別利益	—	—
特別損失	67	4
税金等調整前当期純利益	8	153
法人税等	△27	67
当期純利益	35	86

（以下、設問省略）

第1問（配点25点）

（設問1）【難易度　★☆☆　みんなができた】

　D社および同業他社の当期の財務諸表を用いて比率分析を行い、同業他社と比較した場合のD社の財務指標のうち、①優れていると思われるものを1つ、②劣っていると思われるものを2つ取り上げ、それぞれについて、名称を（a）欄に、計算した値を（b）欄に記入せよ。（b）欄については、最も適切と思われる単位をカッコ内に明記するとともに、小数点第3位を四捨五入した数値を示すこと。

●**出題の趣旨**

　財務諸表を利用して、診断及び助言の基礎となる財務比率を算出する能力を問う問題である。

●**解答ランキングとふぞろい流採点基準**

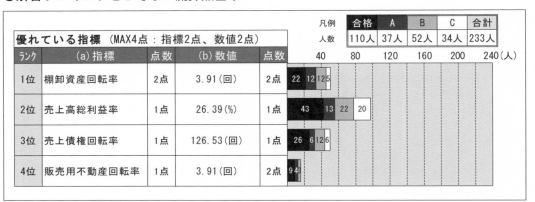

凡例	合格	A	B	C	合計
人数	110人	37人	52人	34人	233人

優れている指標（MAX4点：指標2点、数値2点）

ランク	（a）指標	点数	（b）数値	点数
1位	棚卸資産回転率	2点	3.91（回）	2点
2位	売上高総利益率	1点	26.39（%）	1点
3位	売上債権回転率	1点	126.53（回）	1点
4位	販売用不動産回転率	1点	3.91（回）	2点

Column

本番トラブルの対処法

　年に1度しかない診断士試験、できれば目の前の問題にだけ集中したいものですよね。ですが、本番でのトラブルはつきものです。部屋が寒すぎる、忘れ物をした、知り合いとばったり会った……などなど。そのような思わぬトラブルへの対策は2つかと思います。

　1つ目は、準備。2つ目は、準備しきれないという心の準備。1つ目の準備は、とにかく考えられる対策はしておくことです。忘れ物や防寒対策は当然として、先輩受験生の本番での過ごし方などが結構ブログに掲載されているので、参考にして対策を練っておくのもよいのではないでしょうか。2つ目は、それでも思わぬ事が起きる、と最初から決めて試験に臨めば、実際に思わぬ事が起きても意外と動揺しないものです。ちなみに私は、購入したばかりのマーカーのペン先が、事例Ⅰの試験開始後5分で折れました（しかも3本用意したうちの2本）。正直言うと、動揺しちゃいました。　　　　　　　　（ミナト）

~当日、試験終了後の過ごし方~

　打ち上げということで、妻とカフェへ。

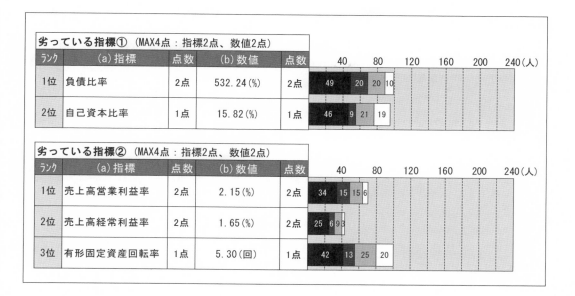

劣っている指標①	(MAX4点：指標2点、数値2点)							
ランク	(a)指標	点数	(b)数値	点数				
1位	負債比率	2点	532.24(%)	2点	49	20	20	10
2位	自己資本比率	1点	15.82(%)	1点	46	9	21	19

劣っている指標②	(MAX4点：指標2点、数値2点)							
ランク	(a)指標	点数	(b)数値	点数				
1位	売上高営業利益率	2点	2.15(%)	2点	34	15	15	6
2位	売上高経常利益率	2点	1.65(%)	2点	25	6	9	3
3位	有形固定資産回転率	1点	5.30(回)	1点	42	13	25	20

（設問2）【難易度　★★☆　勝負の分かれ目】

　D社の当期の財政状態および経営成績について、同業他社と比較した場合の特徴を60字以内で述べよ。

●**出題の趣旨**

　財務比率を基に、財政状態及び経営成績について分析し説明する能力を問う問題である。

Column

多年度受験と家族の負担

　「このテーマはタブーである」という話を聞いたことがあるような、ないような……。でも、現実的には、何年も受験をしていると家族に大きな負担がかかるのは事実です。そして、その負担をわかったうえで勉強をしているつもりだとしても、その負担の本当の大きさを知っているのは自分ではなく、自分以外の家族です。ここで「撤退」を選択するもよし、「継続」を選択するもよし……だと思います。私は「継続」を選択しました。理由は「子供たちに親が自己実現をする姿を見せたい」という、自分勝手で自分に有利な内容です。これでいいのか？　と悩んだことは何度もありましたが、先日、子供が妻の「お父さんの好きなところは？」という質問に「勉強しているところ！」と答えてくれました。正直、泣きそうになりました……。あとから考えると、ほかにないのか??　という疑問は残りましたがそれはさておき……。これからは、かけ過ぎた負担以上に、ここで学んだことを生かしていろいろな活動をやっていこうと思います。これで許されるかはわかりませんが、何年後かには「あのときは大変だったけれどあれはあれで良かったね」と言ってもらえるようにはしないといけないなと思っています。

（しーだ）

~当日、試験終了後の過ごし方~

とにかく帰って再現答案作成！

●解答ランキングとふぞろい流採点基準

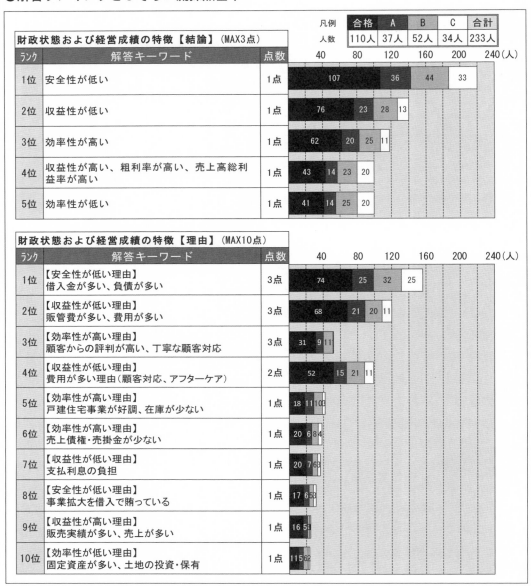

凡例	合格	A	B	C	合計
人数	110人	37人	52人	34人	233人

財政状態および経営成績の特徴【結論】（MAX3点）

ランク	解答キーワード	点数	
1位	安全性が低い	1点	107　36　44　33
2位	収益性が低い	1点	76　23　28　13
3位	効率性が高い	1点	62　20　25　11
4位	収益性が高い、粗利率が高い、売上高総利益率が高い	1点	43　14　23　20
5位	効率性が低い	1点	41　14　25　20

財政状態および経営成績の特徴【理由】（MAX10点）

ランク	解答キーワード	点数	
1位	【安全性が低い理由】借入金が多い、負債が多い	3点	74　25　32　25
2位	【収益性が低い理由】販管費が多い、費用が多い	3点	68　21　20　11
3位	【効率性が高い理由】顧客からの評判が高い、丁寧な顧客対応	3点	31　9　11
4位	【収益性が低い理由】費用が多い理由（顧客対応、アフターケア）	2点	52　15　21　11
5位	【効率性が高い理由】戸建住宅事業が好調、在庫が少ない	1点	18　11　10　3
6位	【効率性が高い理由】売上債権・売掛金が少ない	1点	20　6　8　4
7位	【収益性が低い理由】支払利息の負担	1点	20　7　6　3
8位	【安全性が低い理由】事業拡大を借入で賄っている	1点	17　6　5　3
9位	【収益性が高い理由】販売実績が多い、売上が多い	1点	16　5
10位	【効率性が低い理由】固定資産が多い、土地の投資・保有	1点	11　5　6　2

●再現答案

区	再現答案	点	文字数
合	顧客志向による評価の高さから効率性は高い^{1}が、丁寧な顧客対応による販管費の高さと借入金の多さから収益性と安全性は低い。	13	58
A	粗利益率は高いが、丁寧な顧客対応で販管費の負担が重く最終的な収益性は低い。運転資金を短期借入金で賄い安全性が低い。	11	57
B	販売実績良好で資産の効率性が高い一方で、有利子負債が過大で安全性低く、飲食事業が不振で赤字体質、支払利息過大で収益性低い。	8	60
C	顧客志向の評判が高く収益性は高いが飲食事業の設備投資に対する売上が低く効率性は低く費用負担を借入金に頼り安全性は低い。	6	59

●解答のポイント

> 　与件文から読み取ったD社の特徴と財務諸表を照らし合わせて適した指標を選択し、財政状態・経営成績について制限文字数のなかで簡潔に説明することがポイントだった。

事例Ⅳ

【どの指標を選ぶか？】

先生：第1問は毎年恒例の経営分析だった。2人はどのように指標を選んだ？

外海：俺は同業他社より優れていると思われる指標に、売上高総利益率を選びましたわ〜。

和風：損益計算書（以下、P／L）を見ると売上高営業利益率と売上高経常利益率の両方が同業他社より低いよ。売上高総利益率を優れている指標として選んじゃうと、収益性が高いってことになっちゃわない？　与件文に「丁寧な顧客対応のための費用負担が重い」って書いてあるから、あたしは費用負担が重くて収益性が低くなっているって読み取った。

外海：与件文には「評判が高く、これまでに約2,000棟の販売実績がある」と記載されているやん？　財務諸表から数値を計算したら、売上高総利益率、売上債権回転率と棚卸資産回転率が同業他社より上回っているねんな。特に売上高総利益率は同業他社より10ポイント以上も上回っている。ほな売上高総利益率とちゃう？

和風：あたしは棚卸資産回転率を優れている指標として選んだよ。収益性・効率性・安全性からそれぞれ1つずつ指標を選ぶと抜け漏れがないっていうじゃん？　収益性と安全性は同業他社より低いから、効率性が高い指標を財務諸表から探したら、棚卸資産回転率と売上債権回転率がどっちも同業他社より高くて、悩んだ結果、棚卸資産回転率を選んだよ。

先生：受験生のなかでも、優れている指標を選ぶのに売上高総利益率、棚卸資産回転率、

〜当日、試験終了後の過ごし方〜
試験のことを忘れる。

売上債権回転率の3つで迷った人が多かったようだ。受験生のなかで一番多かった解答は売上高総利益率だった。ただ、売上高総利益率と棚卸資産回転率を比べると、売上高総利益率のほうがB答案以下の割合が高かったんだ。棚卸資産回転率を選んだ人は、先ほど和風ちゃんが指摘したように、与件文に「販売実績は多いが費用負担が重い」と書いてあることを踏まえて、売上高総利益率ではなく棚卸資産回転率を選んだということだろう。

和風：棚卸資産回転率じゃなくて販売用不動産回転率でもよかった？

先生：D社の貸借対照表（以下、B／S）には棚卸資産が販売用不動産として計上されているから、販売用不動産回転率でも加点された可能性があるだろう。

外海：安全性についての記述は与件文からは見つからないから、財務諸表から計算して、同業他社より劣っている指標をどれか1個選んで解答しておけばええんですね？

先生：今回の問題に関しては、そうとも言い切れない。負債比率と自己資本比率を比べると、負債比率のほうが合格＋A答案の割合が高かったんだ。B／Sを見ると、D社は同業他社と比べて短期借入金、長期借入金とも金額が大きい。またP／Lを見ると、営業外費用が同業他社の9倍近くある。この2点を踏まえ、多額の借入金がD社の財政状態に影響を及ぼしていると考えて、負債比率を選んだ受験生が多かったのだろう。なお、短期安全性を見る指標である当座比率や流動比率を選んだ合格＋A答案も、数は少ないながらも見受けられたので、加点された可能性がある。

和風：経営分析の問題は、ただ単に財務諸表から計算するだけじゃなくて、与件文から読み取れるD社の財政状態も踏まえたうえで指標を選ぶことが大切ってことね。

先生：ピュ～イ！

【迷ったときは柔軟に対応しよう】

先生：（設問2）は、合格＋A答案で「丁寧な顧客対応のための費用負担が重いから収益性が低い」と指摘した人が多かった。

和風：あたし「収益性が低い」「効率性が高い」ってちゃんと書けた！　マジ天才じゃね！

外海：（設問1）で選んだ指標に合わせて、（設問2）では「収益性が高い」、「効率性が低い」と書いてしまったやないですか。俺の解答はほんまに得点が低いんですか？

先生：因果が通った文章が書けていれば加点された可能性がある。合格＋A答案には「丁寧な顧客対応で評判が高いので粗利益率は高いが、販管費が重いので収益性が低い」というように、収益性が高い点と低い点の両方に触れているものがあった。どの指標を選ぶか迷ったときは、与件文と財務諸表の両方から自信を持って読み取れることだけを記述することで、得点を積み重ねられた可能性がある。収益性、効率性、安全性の3つすべてを網羅することにとらわれ過ぎず、柔軟に対応することも大切なのかもしれない。

~当日、試験終了後の過ごし方~

SNSを見て、事例Ⅳみんな解けなかったことを確認。とりあえず安堵した。

第2問（配点30点）

（設問1）【難易度　★★☆　勝負の分かれ目】

　ステーキ店の当期の売上高は60百万円、変動費は39百万円、固定費は28百万円であった。変動費率は、売上高70百万円までは当期の水準と変わらず、70百万円を超えた分については60％になる。また、固定費は売上高にかかわらず一定とする。その場合の損益分岐点売上高を求めよ。（a）欄に計算過程を示し、計算した値を（b）欄に記入すること。

●出題の趣旨

　短期利益計画の策定に利用する損益分岐点売上高の計算において、変動費率が変化する場合に応用する能力を問う問題である。

●解答ランキングとふぞろい流採点基準

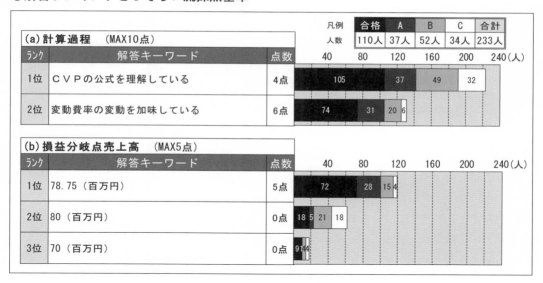

●再現答案

区	再現答案	点	文字数
合	損益分岐点売上高をSとすると、 $(S-70) \times (1-0.6) + 70 \times (1-39 \div 60) - 28 = 0$ ^(4+6) よって、S＝78.75（百万円）	10	－

合	売上高70百万円までの変動費率：39÷60×100＝65% 売上高70百万円の限界利益：70×（1−65%）＝24.5 **売上高70百万円を超えて必要な限界利益：28−24.5＝3.5** ⁶ **必要な限界利益を得るための売上高：3.5÷（1−60%）＝8.75** ⁴ 損益分岐点売上高：70＋8.75＝78.75	10	−
A	70百万円を超える売上高をxと置くと、 **（70＋x）−（45.5＋0.6x）−28＝0** ⁴⁺⁶ これを解くと、x＝8.75となり、損益分岐点は78.75百万円である。	10	−
B	求める損益分岐点売上高をx百万円とすると、 変動費：**（x−70）×0.6＋70×（39÷60）** ⁶＝0.6x＋3、固定費：28 ゆえに、x＝28÷**{1−（0.6x＋3）÷x}** ⁴ これを計算して、 x＝77.5百万円	10	−
C	損益分岐点売上高：**固定費÷（1−変動費率）** ⁴＝28÷（1−0.65）＝80	4	−

●解答のポイント

> CVPの公式の意味を理解し、変動費率が変化する応用パターンに落ち着いて対応できたかどうかがポイントだった。

【落ち着いて解けば怖くない！】

先生：第2問（設問1）はCVPの問題だ。一定の売上高を超えると変動費率が変化する応用パターンだったが、2人はできたかな。

和風：最初は「ラッキー！　CVPの計算なんて楽勝じゃん。どうせCVPの公式に当てはめるだけでしょ」って思ったけど、変動費率の変化をどう加味すればいいかわからなくて焦っちゃった。CVPの公式って「損益分岐点売上高＝固定費÷（1−変動費率）」でしょ。変動費率を2つ使えないし、マジ意味わかんなすぎ。

外海：俺も最初、はまっちゃいましたわ〜。まずは、CVPの公式をもとに売上高70百万円以下の変動費率を使って損益分岐点売上高を計算したら80百万円になりました。70百万円との差額である売上高10百万円に対して何か処理をすればええんかな思ったんですけど、どうしたらよいかわからず、つまずいてしまったんですわ〜。ほんま、相方のおかんに聞いてみようかと思いましたわ。

先生：2人とも最初は苦戦したようだね。それに外海。相方の母親に聞くのは反則だ。時を戻そう。その後、2人ともどうやって解いたのかな？

和風：売上高70百万円と売上高70百万円超を分けて計算することを思いついたの！　まずは、売上高が70百万円のときの営業利益を「売上高−売上高×**売上高70百万円まで**

〜当日、試験終了後の過ごし方〜
　　妻と焼肉を食べながら再現答案作成（お代は私持ち）。

の変動費率－固定費」で求めてみたら「70－70×**0.65**－28＝－3.5」になったよ。次に、営業利益3.5百万円を得るために必要な追加の売上高を「営業利益÷（1－**売上高70百万円超の変動費率**）」で求めてみたら「3.5÷（1－**0.6**）＝8.75」になったの。最後は、8.75百万円に70百万円を足して損益分岐点売上高を求めたの。あたしって、マジ天才じゃね。

外海：（和風ちゃんやるな〜。その解き方は思いつかんかったわ……）俺はCVPを別の計算式「損益分岐点売上高＝変動費＋固定費」で算出することを思いつきましたわ。この式を今回の設問に応用すると、「損益分岐点売上高＝売上高70百万円超の変動費＋売上高70百万円までの変動費＋固定費」になります。その式をもとにして、損益分岐点売上高をＳに置き換えると「Ｓ＝（Ｓ－70）×0.6＋70×0.65＋28」になるから、これを解いて損益分岐点を求めたんですわ。これで完璧ですよねぇ？

先生：和風ちゃんも外海もよくできた！　この設問は合格＋Ａ答案とＢ答案以下で正答率に大きな差があったことから、合否に大きく関係したと思われる。ただし、落ち着いて解けば、正解にたどり着くことは難しくなかった問題じゃないかな。

和風：最初は変動費率が変化する場合の計算方法がわからなくて焦っちゃった。

先生：和風ちゃんと同じで焦った人は多かっただろう。変動費率の変化への対応方法が見出せず、どちらか一方の変動費率のみで損益分岐点売上高を算出した、80百万円や70百万円といった解答が多数見受けられた。ただ、出題の趣旨である変動費率の変化への考慮ができていないことから、計算過程での加点もあまり見込めなかったんじゃないかな。

和風：最後まで解けなかったとしても、変動費率の変化を意識した計算過程を書いたほうがよかったってことね。

外海：俺も最初わからなくて焦ったんやけど、そんなときは深呼吸したり、体を伸ばしたりしますねん。こんなんなんぼあってもいいですからね。

先生：そうだな。問題につまずいたときのリラックス方法を自分で持っておくのがよいかもしれない。

（設問2）【難易度　★★★　難しすぎる】

このステーキ店（同店に関連して所有する資産の帳簿価額は35百万円である）への対応を検討することとした。Ｄ社の取りうる選択肢は、①広告宣伝を実施したうえでそのままステーキ店の営業を続ける、②よりカジュアルなレストランへの業態転換をする、③即時閉店して所有する資産を売却処分する、という3つである。それぞれの選択肢について、Ｄ社の想定している状況は以下のとおりである。

①	・広告宣伝の契約は次期期首に締結し、当初契約は3年間である。広告料は総額15百万円であり、20X2年4月1日から、毎年4月1日に5百万円ずつ支払う。 ・広告宣伝の効果が出る場合には毎年35百万円、効果が出ない場合には毎年△5百万円の営業キャッシュ・フロー（いずれも税引後の金額である。以下同様。）を、契約期間中継続して見込んでいる。なお、この金額に広告料は含まない。 ・効果が出る確率は70％と想定されている。 ・効果が出る場合、広告宣伝の契約を2年間延長する。広告料は総額10百万円であり、毎年4月1日に5百万円ずつ支払う。延長後も広告宣伝の効果は出続け、営業キャッシュ・フローの見込み額は同額であるとする。その後、20X7年3月31日に閉店し、同日に、その時点で所有する資産の処分を予定している。資産の処分から得られるキャッシュ・フローは24百万円を予定している。 ・効果が出ない場合、3年後の20X5年3月31日に閉店し、同日に、その時点で所有する資産の処分を予定している。資産の処分から得られるキャッシュ・フローは28百万円を予定している。
②	・業態転換のための改装工事契約を次期期首に締結し、同日から工事を行う。改装費用（資本的支出と考えられ、改装後、耐用年数を15年とする定額法によって減価償却を行う）は30百万円であり、20X2年4月1日に全額支払う。 ・改装工事中（20X2年9月末日まで）は休店となる。 ・改装後の営業が順調に推移した場合には毎年25百万円、そうでない場合には毎年15百万円の営業キャッシュ・フローを見込んでいる。ただし、営業期間の短い20X2年度は、いずれの場合も半額となる。 ・改装後の初年度における営業キャッシュ・フローがその後も継続する。 ・営業が順調に推移する確率を40％と見込んでいる。 ・いずれの場合も、5年後の20X7年3月31日に閉店し、同日に、その時点で所有する資産の処分を予定している。資産の処分から得られるキャッシュ・フローは27百万円を予定している。
③	・20X2年4月1日に、30百万円で処分する。

　以上を基に、D社が次期期首に行うべき意思決定について、キャッシュ・フローの正味現在価値に基づいて検討することとした。①の場合の正味現在価値を（a）欄に、②の場合の正味現在価値を（b）欄に、3つの選択肢のうち最適な意思決定の番号を（c）欄に、それぞれ記入せよ。（a）欄と（b）欄については、（ⅰ）欄に計算過程を示し、（ⅱ）欄に計算結果を小数点第3位を四捨五入して示すこと。

　なお、将来のキャッシュ・フローを割り引く必要がある場合には、年8％を割引率として用いること。利子率8％のときの現価係数は以下のとおりである。

	1年	2年	3年	4年	5年
現価係数	0.926	0.857	0.794	0.735	0.681

●出題の趣旨

　将来キャッシュフローに関する情報に基づいて正味現在価値を算出する能力を問うとともに、算出された正味現在価値を用いた合理的な意思決定の方法を理解しているか確認する問題である。

●解答ランキングとふぞろい流採点基準

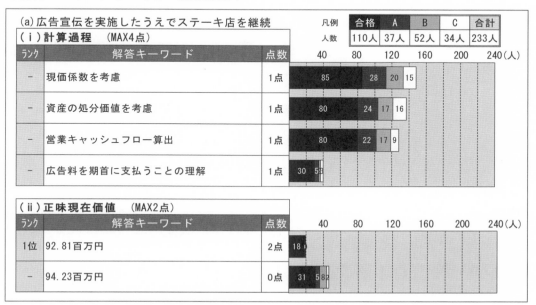

（a）広告宣伝を実施したうえでステーキ店を継続

凡例	合格	A	B	C	合計
人数	110人	37人	52人	34人	233人

（ⅰ）計算過程　（MAX4点）

ランク	解答キーワード	点数	（人）
－	現価係数を考慮	1点	85　28　20　15
－	資産の処分価値を考慮	1点	80　24　17　16
－	営業キャッシュフロー算出	1点	80　22　17　9
－	広告料を期首に支払うことの理解	1点	30　5

（ⅱ）正味現在価値　（MAX2点）

ランク	解答キーワード	点数	（人）
1位	92.81百万円	2点	18
－	94.23百万円	0点	31　5　3

Column

重要な精神面と対応力

　事例Ⅰでこけると、もう途中で帰ろうかという気になります。

　はっきり言って、令和２年度の事例Ⅰは何が聞かれているのかまったくわかりませんでした。特に、システム化の手順。元SEの私としては、え？　手順って何、このざっくりとした感じ。てか、１人でシステム化なんてできないし、事例Ⅰだと、チームを作ったとかか？　要件定義をやって、とかそういうことか？　となってしまい、まったくわかりませんでした。このように、問われていることがわからない、どう答えればよいのかわからない、といったことは本番できっと起こります。

　その際に、どう対応するのか、精神面でパニックに陥ることのないよう、事前に決めておくことが重要です。たとえば、解答欄の１／３は、与件文のなかで重要そうな部分をコピペで対応して、その他をなんとかして埋めよう、など、ある程度の対応を決めておくことが、時間制限のある試験のなかではとても重要だと思います。

　60％とまではいかなくとも、ある程度の点数を取り、何があっても諦めないためにも、事前に自分に合った対応策を決めておきましょう。　　　　　　　　　　　（ひろまてぃ）

～私の周りのツワモノぶりエピソード～

　１年目の２次試験、仕事のプレッシャーで申込みしそびれるも、翌年すっと合格。

●再現答案

区	再現答案	点	文字数
合	効果が出る場合 $\triangle 5 \times (\underline{1} + 0.926 + 0.857 + 0.794 + 0.73\underline{5}) + 3\underline{5} \times (0.926 + 0.857 + 0.794 + 0.735 + 0.681) + \underline{24 \times 0.681} = 134.539$ 百万円 効果が出ない場合 $\triangle 5 \times (\underline{1} + 0.926 + 0.857) + \underline{\triangle 5} \times (0.926 + 0.857 + 0.794) + \underline{28 \times 0.794} = \triangle 4.568$ 百万円 $134.539 \times 0.7 + \triangle 4.568 \times 0.3 = 92.81$ 百万円	4	—
B	毎年のキャッシュフロー 広告宣伝の効果がある場合$= 35 - 5 = \underline{30}$ 広告宣伝の効果が無い場合$= -5 - 5 = \underline{-10}$ 正味現在価値 $0.7 \times \{30 \times (\underline{0.926 + 0.857 + 0.794 + 0.735 + 0.681}) + \underline{24 \times 0.681})\}$ $+ 0.3 \times \{(-10 \times (\underline{0.926 + 0.857 + 0.794}) + \underline{28 \times 0.794}\} = 94.2324$	3	—

●解答ランキングとふぞろい流採点基準

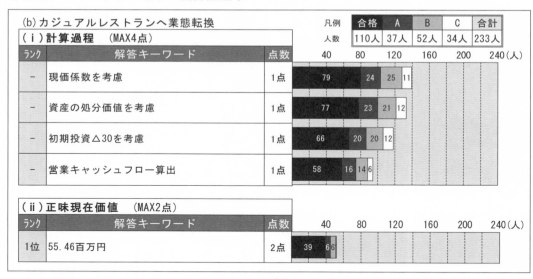

合格者の受験番号が掲載される WEB ページで Ctrl + F を使って自分の受験番号を検索する超人。

●再現答案

区	再現答案	点	文字数
合	①効果が出る場合　NPV＝－30＋12.5×0.926＋25×（0.857＋0.794＋0.735＋0.681）＋27×0.681＝76.637 ②効果が出ない場合 NPV＝－30＋7.5×0.926＋15×（0.857＋0.794＋0.735＋0.681）＋27×0.681＝41.337 ①×0.4＋②×0.6＝55.457　→55.46 百万円	4	－

●解答ランキングとふぞろい流採点基準

凡例	合格	A	B	C	合計
人数	110人	37人	52人	34人	233人

(c) 意思決定 （MAX3点）		
ランク	解答キーワード	点数
1位	①	3点

（グラフ）40　80　120　160　200　240（人）
83　31　24　18

●解答のポイント

> 設問文から読み取れる仮定に基づき、営業キャッシュフローや資産の処分価値に適切な現価係数を乗じ正味現在価値を導くことができたかがポイントだった。

【広告料の支払いは期初】

先生：（設問2）はNPV算出と意思決定に関する問題だったが、2人ともできたかな？

和風：4事例目で疲れてるのに、問題文長すぎて読む気しないよ！　即決で後回し！

外海：NPVは頻出分野だから俺はしっかり準備していましたからね、文章の長さに面食らいましたけど、なんとか解けましたわ～。

先生：まずは①の広告宣伝を実施したうえでステーキ店の営業を継続する場合だけど、確かに文章は長い。しかし実は条件はすっきりしている。そこには気づけたかな？

外海：俺は効果が出る場合、出ない場合の営業キャッシュフローを算出して、それぞれに資産の処分価値を加えて現価係数で正味現在価値に直しました。それから確率を掛けて算出したんですわ。案外シンプルでしたわ～。ただ、法人税率の記載がなく、与件文やその他の設問まで読み返すことになってしまったんですけどね～。

先生：NPVの問題を解き慣れている人ほど、そこに違和感を覚えたかもしれない。営業利益が与えられているケースでは税率等をもとに営業キャッシュフローを求める必要があるが、本設問では初めから営業キャッシュフローが与えられているため、税率の記載がなかったと考えられる。

〜試験当日のアクシデント〜
机が小さくて試験中に筆記用具を落下させまくる。試験官さんごめんなさい。

和風：あたしは時間もなかったし、設問文にないことは気にせずに計算したよ。逆にラッキー！

先生：ところで2人は、期首発生費用と期末キャッシュフローの区別はできたかな？

和風：何それ、期首と期末って分ける必要あんの。同じ年度じゃん。

外海：広告料は4月1日に支払いとあるからね、期首に計上する営業キャッシュフローは期末に計上する場合と発生するタイミングが違うから、現価係数が1年ずれるのよ。

先生：ピュ～イ！　実は「期首発生費用と期末キャッシュフローの違いの把握」は正しい正味現在価値にたどり着くための必須要素だった。計算過程で勘案できていた答案は16.5％と非常に低く、正味現在価値までを正しく解答できた受験生は7.9％しかいなかった。そして、解答までできていた答案はすべて合格＋A答案だったため、この要素に気づけたかは得点を積み増すポイントになっただろう。ただし、ほかのポイントを押さえていれば、計算過程で十分に加点された可能性は高いだろう。

外海：計算過程なんてなんぼ丁寧に書いてもいいですからね。

和風：あたしは時間がなくて途中までしか書けなかったよ。でも部分点は狙った！

先生：そう、途中まででも書くことに意義がある。

【設問文から必要な項目だけを的確に読み取る】

先生：②のよりカジュアルなレストランへの業態転換をした場合はどうだったかな。

外海：NPVのお手本のような問題やと思いましたわ。順調な場合とそうでない場合の営業キャッシュフローを算出して、それぞれに資産の処分価値を加えて現価係数で正味現在価値に直して、最後に確率を掛けて算出しましたわ。こちらの改装費用は20X2年4月1日に全額支払うとありますから、現価係数を考慮せずに算出できましたわ。

和風：あたしは減価償却費を営業キャッシュフローに足すのか引くのかわからなくなっちゃって、時間がなくてパニックだった。どうするのが正解だったの？

先生：実はそういう受験生も多かったようだ。NPVはキャッシュインフロー（CIF）とキャッシュアウトフロー（COF）で算出するから、非現金支出の減価償却費は考慮しなくていいことは知っておいて損はないだろう。ただし、減価償却費はタックスシールドの観点からは重要な要素となる。今回は法人税率の記載がなかったため無視できたが、使い方は確認しておいたほうがよいだろう。

和風：そっかぁ。冷静に考えるとわかるんだけどなー。やっぱり焦るとよくないね。

先生：今回もタイムマネジメントに苦労した受験生は多かったようだ。最終事例だからこそ、緊張と疲労をコントロールして冷静に対処することが求められるだろう。時は戻せないこともある……。

～試験当日のアクシデント～

　試験前日に購入した昼食をホテルに忘れ、事例Ⅰ開始直前に気づいた。（会場近くにコンビニがあり、助かった）。

第3問（配点20点）

　D社は、リフォーム事業の拡充のため、これまで同社のリフォーム作業において作業補助を依頼していたE社の買収を検討している。当期末のE社の貸借対照表によれば、資産合計は550百万円、負債合計は350百万円である。また、E社の当期純損失は16百万円であった。

（設問1）【難易度　★★☆　勝負の分かれ目】

　D社がE社の資産および負債の時価評価を行った結果、資産の時価合計は500百万円、負債の時価合計は350百万円と算定された。D社は50百万円を銀行借り入れ（年利4％、期間10年）し、その資金を対価としてE社を買収することを検討している。買収が成立した場合、E社の純資産額と買収価格の差異に関してD社が行うべき会計処理を40字以内で説明せよ。

●出題の趣旨

　買収額が純資産額を下回る買収をした場合に企業が行うべき会計処理を理解しているか確認する問題である。

●解答ランキングとふぞろい流採点基準

凡例	合格	A	B	C	合計
人数	110人	37人	52人	34人	233人

ランク	解答キーワード	点数	グラフ
1位	負ののれん	4点	60 11 26 11
2位	100百万円（負ののれんの金額を明記）	2点	53 15 17 7
3位	のれん（負ののれんではなく、単にのれんと記述している場合）	2点	39 22 23 18
4位	純資産額を時価で計算することの指摘	2点	30 7 7 3
5位	純資産額150百万と買収価格50百万を明記	1点	31 9 16 4
6位	負ののれんを特別利益へ計上することの指摘	1点	19 4 7 3

（D社が行うべき会計処理　MAX8点）

グラフ横軸：40 80 120 160 200 240（人）

●再現答案

区	再現答案	点	文字数
合	純資産額の<u>時価150百万円と買収価格50百万円</u>の差異<u>100百万円</u>を<u>**負ののれん**</u>として計上。	8	40
A	E社の自己資産から買収額を引いた<u>100百万円</u>を<u>**負ののれん**</u>として計上する。	6	36
B	D社は買収価格差異<u>100百万円</u>を<u>のれん</u>として、貸借対照表の無形固定資産に計上すべき。	4	40
C	差額分を<u>のれん</u>として計上する必要がある。	2	20

●解答のポイント

> 買収価格が時価純資産額を下回る買収をする際、差額を「負ののれん」として計上することを知っているかがポイントだった。

【純資産額よりも低い価額で買収する場合ののれんの計上方法は？】

先生：事例Ⅳも折り返しだ。さあ、行こうか。

和風：「純資産額と買収価格の差異」ってことはのれんじゃん？ 資産の時価が500百万円、負債の時価が350百万円だから純資産は時価150百万円。買収価格の50百万円との差額100百万円をのれんとして計上するだけ！ ダメ押しで「20年以内で減価償却する」って書いておけば完璧じゃん。ラッキー！

外海：いやいやどこ見てんねん！ 買収価格のほうが純資産額よりも安いやん！ そういうときは「負ののれん」やがな。ただの「のれん」と違うのよ〜。ついでに言うと、「負ののれん」は特別利益に一括計上するから、減価償却なんてせーへんからね。

和風：げげ！ 簿価じゃなくて時価で計算することは知ってたから、ひっかけクリアって思ったのに……。「負ののれん」なんて知らないよ、細かすぎるっつうの！

外海：何言うてんのよ。「負ののれん」は平成28年度の1次試験「財務・会計」の第3問に出てきてるがな。やっぱり知識は大事ですわ〜、過去問演習なんてなんぼやってもいいですからね。

先生：その心意気、悪くないだろう！ 連結会計は近年の事例でもよく取り上げられていたが、今回はさらに一歩踏み込んできたようだ。「のれん」は多くの受験生が書けていたが、「負ののれん」であることまで言及できたかが今回のポイントだった。1次試験の論点も、理解度は浅くても構わないが広くカバーしておくことが望ましい。

〜試験当日のアクシデント〜

コンビニにてポイントで買い物をしようとしたら、使えず、不正ログインされていたこと。休み時間は対応に追われた。

（設問2）【難易度　★★★　難しすぎる】
　この買収のリスクについて、買収前に中小企業診断士として相談を受けた場合、どのような助言をするか、60字以内で述べよ。

●出題の趣旨
　買収額が純資産額を下回る買収をした場合のリスクについて適切に助言する能力を問う問題である。

●解答ランキングとふぞろい流採点基準

凡例	合格	A	B	C	合計
人数	110人	37人	52人	34人	233人

リスクの内容①収益性への影響　（MAX5点）

ランク	解答キーワード	点数	40	80	120	160	200	240(人)
1位	【原因】E社の赤字（純損失）について言及	5点	64　17　27　12					
2位	【結果】D社の収益性悪化について言及	5点	38　9　9　4					
3位	【原因】支払利息の負担増について言及	3点	16　5　8　6					

リスクの内容②安全性への影響　（MAX5点）

ランク	解答キーワード	点数	40	80	120	160	200	240(人)
1位	【原因】D社の負債増（借入金の増加やE社負債の抱え込み）について言及	5点	36　14　11　9					
2位	【結果】D社の安全性悪化について言及	5点	28　8　6　7					

リスクに対する施策の助言　（MAX2点）

ランク	解答キーワード	点数	40	80	120	160	200	240(人)
1位	シナジー効果について言及	2点	19　5　0					
2位	黒字化・収益改善の可能性（E社の成長性）の吟味	1点	21　8　12　3					
3位	企業価値の正確な把握（デューデリジェンス等）	1点	14　5　10　2					

●再現答案

区	再現答案	点	文字数
合	<u>当期純損失</u>が赤字で<u>負債も増加</u>するためリスクが大きく、<u>シナジーを活用できるか</u>慎重に検討する必要がある。	12	50
A	①<u>当期純損失が発生</u>しており、改善されない場合の<u>D社収益低下</u>や、②<u>負債増加</u>による自己資本比率低下のリスクを助言する。	10	56
B	<u>当期純損失</u>となっており、このまま損失が続くなら企業価値はマイナスであり、買収後は<u>収益性が低下する</u>リスクがある。	5	55
C	<u>売却金額が適正かどうか</u>、簿外債務がないかどうか、<u>買収により売り上げ拡大するのか等を調査・分析を行うべき</u>であると言う。	2	58

●解答のポイント

> リスクの内容の因果関係やリスクに対する施策など、多面的な要素を解答に盛り込めたかがポイントだった。

【買収のリスクとして、どのようなことが考えられるか】

外海：あかんな〜。E社の買収はやめたほうがええんとちゃう？　まず、そもそもE社は当期純損失が出てるやないかい。さらに買収の費用を借入金で賄うということは、支払利息の負担が増すやん。E社の買収が、D社の収益性悪化につながることは目に見えてるのよ。中小企業診断士たる者、バシッと結論を言ってあげてなんぼやろ！　この場合は「買収するべきでない」で決まりなのよ〜。

和風：あたしも、負ののれんは知らなかったけど直感でビビッときた。E社は利益を出せていないって設問文に明記されてたから。それに借入金が増えるってことは、負債が増えるんだから安全性も悪化するじゃん。買収なんて考えられないよ、絶対反対！

先生：2人とも、いいテンポでキーワードを紡いでいる。悪くないだろう。けれど本当にそれだけかな？　視点を変えよう。助言というのは、リスクを伝えることだけなのだろうか？

外海：今、先生からヒントをいただきました！　視点を変えると、リスク回避のために考えるべき施策も、助言の内容として挙げられるんですわ。一般的な買収のメリットとしては、シナジー効果の発揮が考えられるのよ。E社にはリフォームの作業補助を依頼していたみたいやから、D社に合わせて業務内容の効率化や高付加価値化ができれば、収益改善につながる買収になるんやないですか〜？

〜試験当日のアクシデント〜

　事例Ⅰで強く筆記用具を握りすぎて、試験終了間際に手の指がつって、鉛筆が持てなくなった。

【買収の是非について、意見をはっきり示すべき？】

和風：そもそも、買収の是非って問われてんのかな。わかんなくなっちゃった。ねーこれどうすんの？

外海：そうやなぁ。ほな買収反対と違うか〜。先生こういうときってどうしたらええんですかね〜？　もうちょっと詳しく教えてもらえます？

先生：いいだろう。設問文には「買収"前に"相談を受けた場合」といった表現があり、「買収を勧めない提案も可能」と考えられる。一方、出題の趣旨には「買収をした場合のリスク」という、買収することが前提のような表現がある。

和風：よく考えると、買収を考えている社長に対して「反対」とだけ助言するのはダメな気がしてきた。前向きな助言って大事じゃん。

先生：買収の是非に対する明確な意見が求められていたのかどうかは、判断が分かれるところだろう。受験生の再現答案では、合格＋A答案で「買収すべき」と明記したのは0人だった。また「やめるべき」と明記したのも合格＋A答案のうちの1割程度にとどまり、買収の是非を明記した解答は少なかった。買収の是非については言及せずに、与件文や設問文に根拠がある「リスクの内容」を多面的に記述するだけでもある程度の点数は得られたと考えられる。

外海：長年の経験から、助言をするときは立場をはっきりさせるべき、と思い込んでましたわ〜。

先生：賛成か反対かを明確にせずとも、社長の思いを真摯に受け止めたうえで、考えられる可能性を指摘してあげよう。その姿勢こそが美しい！

事例Ⅳ

Column

養成課程という選択肢

　2次筆記試験が終わり、手ごたえがなかったため、養成課程の受講を考えました。養成課程は、平日の昼間も通えれば半年で卒業できます。早く診断士の活動がしたかった私は、半年の休職を上司に相談してみました。しかし、適応できる制度がなく不可でした。仕方がないので、1年間や2年間の働きながら通える課程の受験準備を開始しました。説明会に参加し、過去問を取り寄せ、志望動機や診断士になった後のキャリアプランを練り、よし願書を出そうとしたところで、なんと転居を伴う異動を言い渡されました。志望する課程の変更を余儀なくされたため、志望校を変え、新たに説明会へ参加し、願書を取り寄せました。この頃は、養成課程では実務を学べて、卒業したら即活動できそうな印象を受けており、期待が高まっていました。結局のところ、2次試験に合格していたので養成課程の受験は見送りましたが、長い目で見たら養成課程のほうがよいのかもと今でも思います。実際にどちらがよいのかは人によるとは思いますが、選択肢に入れてもよい気がしています。課程によっては複数回の受験ができ、第1回目の出願が2次筆記試験直後の学校もありますので、もし受験を考えるのであれば対策はお早めに。　　　　　　　　　　（アヤカ）

〜試験当日のアクシデント〜

　マーカーのペン先が折れる（1週間前に買い直したのに！）。

第4問（配点25点）

　D社の報告セグメントに関する当期の情報（一部）は以下のとおりである。

（単位：百万円）

	戸建住宅事業	飲食事業	その他事業	合計
売上高	4,330	182	43	4,555
セグメント利益	146	△23	△25	98
セグメント資産	3,385	394	65	3,844

※内部売上高および振替高はない。
※セグメント利益は営業利益ベースで計算されている。

　D社では、戸建住宅事業における顧客満足度の向上に向けて、VR（仮想現実）を用い、設計した図面を基に、完成予定の様子を顧客が確認できる仕組みを次期期首に導入することが検討されている。ソフトウェアは400百万円で外部から購入し、5年間の定額法で減価償却する。必要な資金400百万円は銀行借り入れ（年利4％、期間5年）によって調達する予定である。このソフトウェア導入により、戸建住宅事業の売上高が毎年92百万円上昇することが見込まれている。以下の設問に答えよ。

（設問1）【難易度　★☆☆　みんなができた】

　(a) 戸建住宅事業および (b) D社全体について、当期のROIをそれぞれ計算せよ。解答は、％で表示し、小数点第3位を四捨五入すること。

●出題の趣旨

　業績評価に用いられる投下資本営業利益率を算出する能力を問う問題である。

●解答ランキングとふぞろい流採点基準

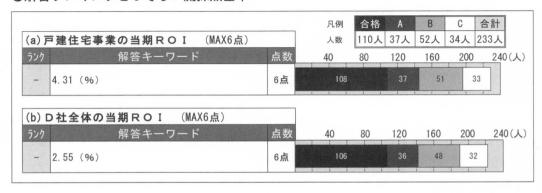

●解答のポイント

> 　与件文の情報から正しく ROI（投下資本営業利益率）を算出できたかがポイント
> だった。

【ROI を理解しよう！】

先生：ROI の計算問題、2 人はできたかな？

和風：意味はよくわかんなかったけど、与件文に ROI が「投下資本営業利益率」って書いてあったし、投下資本も「各セグメントに帰属する期末資産の金額を用いる」って書いてあったから、設問の表を見てセグメント利益÷セグメント資産で計算したらできちゃった！　マジサービス問題！

外海：俺も余裕でしたわ～。しかも俺なんか ROI の意味もわかってましたからね。和風ちゃんとは次元が違うんですわ～。

先生：2 人とも簡単に正解を導き出せたようだな。実際この問題の正答率は 9 割以上だった。たとえ指標の計算式はわからなくても、与件文のヒントを見逃さなければ容易に対応できただろう。みんなができたということはつまり、この問題は友だちの彼女だ。落とすわけにはいかない。

外海：え、どうゆうことですか？　もうちょっと詳しく教えてもらえます？

先生：時を戻そう。では外海、ROI の意味を和風ちゃんに教えてあげてくれないか？

外海：今、知識を披露する機会いただきました～！　ROI ってのは Return On Investment の頭文字を取ったもので、事業活動への投下資本（投資額）に対する収益性を表す指標なのよ。こんなもん高ければ高いほどいいですからね。

和風：売上高利益率とは何が違うわけ？

外海：ROI は売上高利益率に加えて、投資の効率性を加味している点が違うのよ。ROI の計算式は「利益÷投下資本」。これを分解してみると「売上高利益率（利益÷売上高）×投下資本回転率（売上高÷投下資本）」となるのよ～。利益率だけじゃなくて、少ない投資でたくさんの売上をあげられる事業も評価できるわけやねん！

和風：へー外海すごいじゃん！　つまり某動画サイトにありのままの自分を投稿するだけで稼げるあたしは ROI 高いってことね！

外海：そうやな。俺みたいに長期間かけて劇場から這い上がってきた人間と違うもんな～。

先生：ROI で評価すれば和風ちゃんの圧勝だが、外海の泥臭さも悪くないだろう。

~試験当日の失敗・反省~

新型コロナウイルス感染症対策のため窓全開で寒い。

> **（設問2）【難易度　★★★　難しすぎる】**
> 　各事業セグメントの売上高、セグメント利益およびセグメント資産のうち、このソフトウェア導入に関係しない部分の値が次期においても一定であると仮定する。このソフトウェアを導入した場合の次期における戸建住宅事業のROIを計算せよ。解答は、%で表示し、小数点第3位を四捨五入すること。

●**出題の趣旨**

　投下資本及び営業利益の双方が増加する投資を行った場合の投下資本営業利益率の変化について算出する能力を問う問題である。

●**解答ランキングとふぞろい流採点基準**

凡例	合格	A	B	C	合計
人数	110人	37人	52人	34人	233人

戸建住宅事業の次期ROI　（MAX5点）

ランク	解答キーワード	点数
1位	4.18（%）	5点
2位	4.26（%）	3点
3位	4.17（%）	2点
－	3.75（%）	0点
－	3.83（%）	0点

●**解答のポイント**

> 　設問文から営業利益と期末資産の増減を正確に把握し、変化するROIを正しく算出できたかがポイントだった。

【どこで間違えたのか計算過程を振り返ろう】

先生：（設問2）は異例の事態が起きている。予備校で最も多かった解答と一致したのは、233人中1人しかいなかった。一見すると簡単そうな問題だったが、設問文の情報から正確に次期の変動要素を把握することが難しかったのだろう。

外海：正解が1人しかいないてどないなってますの！　難しすぎるんとちゃいますか？

和風：でもさ、みんなできなかったなら問題ないんじゃね？

先生：そのとおりだ！　おそらく大きな差はつかなかっただろう。一方で正しいとは言え

~試験当日の失敗・反省~
　糖分の取りすぎと、模試を受けていなかったので試験慣れしておらず、事例Ⅲで一瞬寝る。

ないが合格＋Ａ答案にも一定数見受けられる解答があった。次期のセグメント利益とセグメント資産の算出過程を理解できていれば、部分点が存在した可能性はあるだろう。２人はどんな計算をしたかな？

外海：まず次期のセグメント利益については、売上高の増加92を利益増の要素、ソフトウェアの減価償却費80と借入金の支払利息16を利益減の要素にして、当期セグメント利益の146から−4した142にしたんですよ〜。利益はこれで決まりですわ。実際は売上増によって材料費とかの売上原価も増えると思いますけど、そこはもう設問文に従って一定と目をつむりましたわ〜。

和風：ちょっと外海、設問の表の注記をちゃんと見なよ！　「セグメント利益は営業利益ベース」って書いてあるじゃん？　営業外費用の支払利息を引いたらダメでしょ。

外海：……あちゃ〜‼　やってしもた〜！　ほな俺の答えは違うか〜。

先生：本来なら支払利息を加味することは悪くない。ただ設問文の見落としは命取りだろう。3.75％や3.83％と解答した人もいたが、おそらくここを間違えている。

和風：営業利益ベースだと売上高の増加と減価償却費だけを考慮して、次期のセグメント利益は158だよね。次期のセグメント資産はソフトウェアの400が足されて3,785だから、ROIは158÷3,785で4.17％！　あたしの答えはこれ！

外海：なんで利益には減価償却費を加味しとんのに、期末資産には加味せーへんのよ〜。期末Ｂ／Ｓの貸借がバランスしなくなっとるやないかい！

和風：えーそれはわかるわけなくね？　貸借のバランスなんて意識してなかったわ。

外海：いやいや意識せなあかんやろ〜！　期末資産を計算に使うんやから。ほんならセグメント利益は158、セグメント資産は減価償却費を除いた3,705で、ROIは4.26％が正解や！

先生：いや、そうとも言い切れない！　期末資産の増減、何か見落としていないか？

和風：期末Ｂ／Ｓの貸借のバランスっていうなら、売上増による現預金とか売掛金の増加と、利息支払いによる現預金の減少は加味しなくていいわけ？

外海：それはいくらなんでもセグメント資産といえるかわからんよ！　普通セグメント資産といえば利益増に寄与する棚卸資産や固定資産であって、現預金までセグメント資産に割り当てられているなんて設問文には書いてなかったからね。

先生：外海、Ｄ社のＢ／Ｓとセグメント資産の各合計をよく見てみるといいだろう。

外海：どうゆうことですか？　えー、Ｄ社のＢ／Ｓの資産合計は3,844、セグメント資産の合計は3,844……割り当てられとるやないですか！

和風：じゃあ売上増92と利息支払い16も期末資産に増減させて、期末資産は3,781。ROIは158÷3,781で4.18％ってことね！　これ本番中に解読できたらマジ神！

先生：自分が見落としていたポイントに気づくことで、次こそは対応できるだろう！

〜試験中に起きた面白エピソード〜

手が震えてきれいな文字が書けなかった。過去コラムでも同じような人がいたが、私もそうなるとは思わなかった。

> **（設問3）【難易度　★★★　難しすぎる】**
> 　取締役に対する業績評価の方法について、中小企業診断士として助言を求められた。現在の業績評価の方法における問題点を（a）欄に、その改善案を（b）欄に、それぞれ20字以内で述べよ。

●**出題の趣旨**

　業績評価において投下資本営業利益率を用いることが部分最適を誘発する可能性があることを理解しているか確認するとともに、適切な方策を提言する能力を問う問題である。

●**解答ランキングとふぞろい流採点基準**

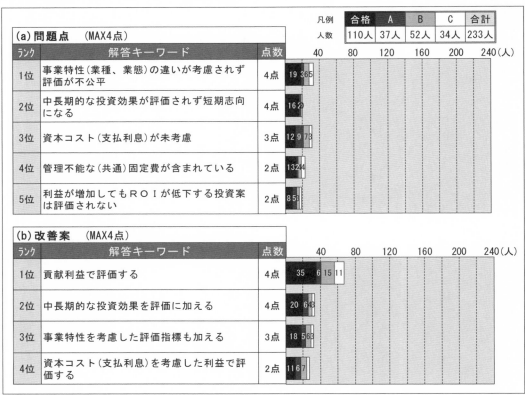

〜試験中に起きた面白エピソード〜

　事例Ⅱの設問文「観光以外で」を見たときは心のなかで思わずツッコみました（こんなに観光資源を書いといて使わせんのかーい！）。

●再現答案

(a)

区	再現答案	点	文字数
合	<u>短期志向となり中長期的な投資が抑制される</u>。	4	20
A	<u>事業特性が異なるため同一基準の評価が困難</u>。	4	20
B	営業利益ベースで<u>金利負担を考慮してない</u>。	3	20
C	資産の投資増加で、過大に業績評価される。	0	20

(b)

区	再現答案	点	文字数
合	<u>将来の成長を考え長期的視野で評価を行う</u>。	4	20
A	セグメントの<u>貢献利益で業績評価</u>を行う。	4	19
B	<u>金利負担を考慮</u>し、経常利益で評価を行う。	2	20
C	事業毎に計算して比較検討を行うこと。	0	18

●解答のポイント

> D社の現状を踏まえ、当期ROI（投下資本営業利益率）を取締役の業績評価に用いることの問題点と改善案について、限られた字数内で適切に提言できたかがポイントだった。

【問題点は1つだけ？】

先生：いよいよ令和2年度の2次試験最終問題だ！　心してかかろう。

外海：20字って少ないなぁ。一番の問題点を書けゆうことですよねぇ。

先生：外海はどんな問題点が浮かんだ？

外海：ROIで事業部を評価することの問題点は、利益が増えてもROIの下がる投資案が

〜試験中に起きた面白エピソード〜 ————————

　机が小さかったので頻繁に物を落としましたが、毎回、自分で気づく前に試験官が拾ってくれたこと。

採択されないということで決まりなのよ～。

和風：どうゆうこと？ あたしはROIが意味不明だったからこの問題白紙で出しちゃった。

外海：じゃあ（設問1）と（設問2）を踏まえて、和風ちゃんがもし戸建住宅事業の取締役だったらどうするか考えてみてよ～。当期ROIは4.31％で、ソフトウェア投資をしたら4.18％に下がるんや。こんな投資案を採用するんか～？

和風：するわけないじゃん！ あたしの評価ダダ下がりだもん。

外海：でも営業利益は増えるんやで～。さらに全社の当期ROIは2.55％や。仮に（設問2）の投資案を採用すると全社の次期ROIは2.59％に上がるやろ～！

和風：あー！ 事業部だとおいしくないけど、全社で見れば儲け話ってことね！

先生：いい答えだ！ 出題の趣旨である「部分最適」にもつながっている。つまり全社の利益に貢献する投資案であっても、事業部の取締役は自身の評価が下がるのであれば採用しない可能性がある。

和風：でもさー、そもそも（設問2）の投資案って支払利息を考慮したら全社の利益も減るんじゃね？ そっちのほうが問題だと思うんだけど。

外海：確かに……、一般的な問題点より問題がありそうやなぁ。

先生：ピュ～イ！ 和風ちゃんの指摘、悪くないだろう！ 評価に使うROIを営業利益ベースで計算するというD社特有の問題ではあるだろう。これを改善するには経常利益ベースや管理不能な費用を除いた事業部貢献利益ベースでの評価が望ましい。

和風：あとさ、評価は当期しか見てないけど、もしかしたら数年後にはもっと売上拡大するかもしんないじゃん！ 当期ROIだけだとそれが評価されないよね。

先生：素晴らしい！ 中長期的な投資効果が評価できていないことも大きな問題だろう。取締役が短期志向になる、という点では「部分最適」といえるかもしれない。

外海：なんかどれが一番の問題かようわからんくなってきたわ～。

先生：（設問3）は再現答案でも答えが分かれていた。ほかにも、異なる事業特性を同一基準で評価することを問題としている解答も多数見受けられた。幅広く加点された可能性はあるだろう。ただし、問題になるのは事業特性（業種や業態）であって事業規模ではない点に注意が必要だ。事業規模が異なっても投資効率という視点で横並びの評価ができるのがROIの良い点だ！

外海：まぁ問題点さえ指摘できれば改善案はその裏返しでいいですからね。評価方法について1つでも問題点を思いつけるかがポイントだったということですかねぇ。

先生：知識が足りなくても、中小企業診断士としてD社の現状に寄り添い改善提案する姿勢が大切ということだ！

和風：なるほどねー！ 白紙で出しちゃってマジ反省！

～試験中に起きた面白エピソード～

張り切って持参したホッチキスリムーバーを使ったら、問題文の真ん中を大きく破ってしまった。

▶事例Ⅳ特別企画

「CVP のソテー」
〜解法のポイントを添えて〜

【6年連続の出題となったCVP】

先生：令和2年度もCVPが出題された。なんと、6年連続の出題だ。CVPの難易度は簡単すぎず、難しすぎないことから、勝負の分かれ目となることが多い。出題パターンは毎回違うが、実は解くためのポイントは共通なんだ。CVPを得点源にできる時代がもうそこまで来ている！

外海：今回のCVPは解けたんですけど、いまいち自信がないですわ〜。

和風：あたしは得意だけど、過去どんなことが問われていたのか知りたい！

先生：では、まずは今回の第2問（設問1）から見てみよう。

【CVPの公式にとらわれすぎないのがポイント】

先生：今回の問題は、一定以上の売上高の場合に変動費率が変化する応用パターンだった。この問題を解くための最も重要なポイントは何だったと思う？

外海：俺は、落ち着いて解くことやと睨んでますわ〜。

先生：間違いとも言い切れない！　しかし、最も重要なことは「CVPの公式にとらわれすぎないこと」だ！

和風：CVPの問題なのにCVPの公式にとらわれすぎないってどうゆうこと。マジわかんない。

先生：今回の問題はCVPの公式「損益分岐点売上高＝固定費÷（1−変動費率）」に当てはめようにも、変動費率が2つあるため、そのままでは使えない。そのため、損益分岐点売上高を別の切り口で算出できるかがポイントだった！　どういう式だったか覚えているかな？

和風：さっき話したから覚えてるよ。「損益分岐点売上高＝変動費＋固定費」ね。

先生：そのとおり！　その計算式を今回の設問に応用して、「損益分岐点売上高＝売上高70百万円までの変動費＋売上高70百万円を超えた分の変動費＋固定費」とすれば計算できる。

外海：なるほど〜。公式にとらわれすぎるとドツボにはまるわけですねぇ。笑いと一緒やなぁ。そういえば令和元年度の第2問（設問3）もそういう問題だったような。

先生：そう、実は令和元年度の第2問（設問3）はテーマこそ違うものの、今回と同じことが問われていたんだ。ここからは実際に解いてから読むことを推奨するぞ。時を戻そう。シュッ！

〜試験中に起きた面白エピソード〜

試験監督官の方が注意事項の読み上げの際によく噛んでいて和んだ。

令和元年度 事例Ⅳ 第2問 一部抜粋・改訂

D社のセグメント情報（当期実績）は以下のとおりである。

（単位：百万円）

	建 材 事業部	マーケット 事業部	不動産 事業部	共 通	合 計
売 上 高	4,514	196	284	—	4,994
変 動 費	4,303	136	10	—	4,449
固 定 費	323	101	30	20	474
セグメント利益	−112	−41	244	−20	71

（設問3）【難易度 ★★☆ 勝負の分かれ目】

　次期に目標としている全社的な経常利益は250百万円である。不動産事業部の損益は不変で、マーケット事業部の売上高が10％増加し、建材事業部の売上高が不変であることが見込まれている。この場合、建材事業部の変動費率が何％であれば、目標利益が達成できるか、(a) 欄に答えよ。(b) 欄には計算過程を示すこと。

先生：セグメント情報が与えられた、CVP の応用問題だ。目標利益は全社なのに対し、求める変動費率が建材事業部であることがポイントだ。

和風：まずは、CVP の公式にどう当てはめられるか考えてみよ〜。来期の全社の固定費は474ってわかるけど、変動費率はセグメントごとにあるから、全社の変動費率をどう求めればいいのかわかんない。

外海：これ、令和2年度の問題と同じで変動費率が複数あるから、CVP の公式をそのまま適用できへんやん。ってことは切り口を変えればええんとちゃう？　この場合は全社目標利益が与えられとるから、「全社目標利益250＝各事業部の限界利益－全社固定費474」の式で計算すればええんやろ？　これで決まりなのよ〜。

先生：外海！　いい調子だ。

外海：頭柔らかくすればええんやなぁ。ミルクかけたコーンフレークみたいに！

先生：最近の問題は CVP の公式にとらわれず、売上と費用、利益の構造を理解して、柔軟に式を立てることができたかどうかがポイントだった。

【設問文を丁寧に読み解くことがポイント】

和風：ほかにはどんなパターンがあるの？

先生：よし！　それでは平成30年度の第3問（設問1）を見てみよう。先ほどと同じく、実際に解いてから読むことが望ましい。シュシュッ！

～試験中に起きた面白エピソード～

　事例Ⅳのときに自分の右前の人が終始電卓を出さずに事例を解いていた（暗算⁉）。

平成30年度　事例Ⅳ　第３問　一部抜粋・改訂

　今年度の売上原価と販売費及び一般管理費の内訳は次のとおりである。以下の設問に答えよ。

（単位：百万円）

変動費	売上原価	1,014
	外注費	782
	その他	232
	販売費及び一般管理費	33
	計	1,047
固定費	売上原価	126
	販売費及び一般管理費	312
	支店・営業所個別費	99
	給料及び手当	79
	賃借料	16
	その他	4
	本社費・共通費	213
	計	438

（設問１）

【難易度　★★★　難しすぎる】

　来年度は外注費が７％上昇すると予測される。また、**営業所の開設により売上高が550百万円、固定費が34百万円増加すると予測される。その他の事項に関しては、今年度と同様である**とする。予測される以下の数値を求め、その値を（a）欄に、計算過程を（b）欄に記入せよ。①変動費率（小数点第３位を四捨五入すること）、②営業利益（百万円未満を四捨五入すること）

外海：この設問は、売上高と外注費、固定費は増加し、その他は今年度と同様との記載があったから、売上高の増加率を変動費に反映させるかどうかが悩ましかったわ〜。

先生：そう。「**その他の事項に関しては、今年度と同様である**」をどう読み取るかがポイントだった。外海は当時どう答えたのかな？

外海：記載をそのまま受け取って、売上高の増加率を変動費に加味しませんでしたわ〜。

和風：え、「営業所の開設」だから「売上単価」じゃなくて「販売数」が増加しているはずなのに、変動費がそのまま据え置きっておかしいよね。コーンフレークが増えるのにミルクの量がそのままだったらパサパサじゃん。

外海：和風ちゃん、俺のコーンフレーク取らんといて〜。

先生：「サービス水準向上」のような「売上単価」向上につながる根拠があれば、外海のように解答することもできるかもしれないが、本設問には記載がないため、売上高の増加率を変動費に反映すべきと判断できたんだ。一見どう解釈をすべきかわからない記述があっても、設問を丁寧に読み解けば答えにたどり着けたはずだ。それでは２人とも、CVP を解く際のポイントをおさらいしてみよう。

和風：１つ目は「CVP の公式にとらわれすぎないこと」。

外海：２つ目は「設問文を丁寧に読み解くこと」。

先生：これで、どんな応用問題が出題されても大丈夫。CVP のソテーを召し上がれ！

外海：和風ちゃんと２人で美味しくいただきますわ〜。

和風：外海と２人で食事なんてマジ無理。みんなで一緒に食べたーい！

〜試験中に起きた面白エピソード〜

　試験官の方が「ウェアラブル端末」の発音に苦戦。

ふぞろい流ベスト答案 ─────────── 事例Ⅳ

第 1 問（配点25点）
（設問 1）　　　　　　　　　　　　　　　　　　　　　　　　　【得点】12点

	（a）	（b）
①	棚卸資産回転率[2]	3.91 （回）[2]
②	負債比率[2]	532.24 （％）[2]
	売上高営業利益率[2]	2.15 （％）[2]

（設問 2）　　　　　　60字　　　　　　　　　　　　　　　　　【得点】13点

顧	客	か	ら	の	評	判	が	高	い[3]	の	で	効	率	性	は	高	い[1]	が	、
丁	寧	な	対	応[2]	で	販	管	費	が	増	加[3]	、	多	額	の	借	入[3]	に	伴
う	利	息	負	担[1]	も	あ	り	、	収	益	性[1]	や	安	全	性	は	低	い[1]	。

第 2 問（配点30点）
（設問 1）　　　　　　　　　　　　　　　　　　　　　　　　　【得点】15点

（a）	（b）
損益分岐点売上高をSとすると、 $S = (S-70) \times 0.6 + 70 \times 0.65 + 28^{[4+6]}$ よって、$S = 78.75$ （百万円）	$78.75^{[5]}$ （百万円）

（設問 2）　　　　　　　　　　　　　　　　　　　　　　　　　【得点】15点

	（ i ）	（ ii ）
（a）	①効果が出る場合 正味現在価値＝－ 5 ×（$1^{[1]}$＋0.926＋0.857＋0.794＋$0.735^{[1]}$） ＋$35^{[1]}$×（0.926＋0.857＋0.794＋0.735＋0.681） ＋24×$0.681^{[1]}$＝134.539 ②効果が出ない場合 正味現在価値＝－ 5 ×（1＋0.926＋0.857） ＋（－ 5 ）×（0.926＋0.857＋0.794） ＋28×0.794＝－4.568 ①×0.7＋②×0.3＝92.8069　→92.81百万円	$92.81^{[2]}$ （百万円）

─────────────────────────────────
〜試験中に起きた面白エピソード〜 ────────────────
　受験票を落とした。机が小さすぎるから仕方ないと思います。

(b)	①効果が出る場合 正味現在価値＝−30[1]＋12.5×0.926 ＋25[1]×(0.857＋0.794＋0.735＋0.681[1])＋27×0.681[1] ＝76.637 ②効果が出ない場合 正味現在価値＝−30＋7.5×0.926 ＋15×(0.857＋0.794＋0.735＋0.681)＋27×0.681＝41.337 ①×0.4＋②×0.6＝55.457　→55.46百万円	55.46[2]（百万円）
(c)	①[3]	

第3問 （配点20点）

（設問1）　　　　　　　39字　　　　　　　　　　【得点】8点

純	資	産	額	の	時	価[2]	と	買	収	価	格	の	差	額	10	0	百	万	円[2]
を	負	の	の	れ	ん[4]	と	し	て	特	別	利	益	に	計	上[1]	す	る	。	

（設問2）　　　　　　　59字　　　　　　　　　　【得点】12点

今	期	純	損	失	の	E	社[5]	を	借	入	金	で	買	収[5]	す	る	と	D	社
の	収	益	性[5]	・	安	全	性	が	低	下[5]	す	る	の	で	、	シ	ナ	ジ	ー
効	果	を	発	揮[2]	で	き	る	か	検	討	す	る	べ	き	で	あ	る	。	

第4問 （配点25点）

（設問1）　　　　　　　　　　　　　　　　　　　【得点】12点

(a)	4.31[6] （%）
(b)	2.55[6] （%）

（設問2）　　　　　　　　　　　　　　　　　　　【得点】5点

4.18[5] （%）

（設問3）　　　　　　　　　　　　　　　　　　　【得点】8点

(a)　　　　　　　　　20字

中	長	期	の	効	果	が	評	価	さ	れ	ず	短	期	志	向	に	な	る	。[4]

(b)　　　　　　　　　20字

中	長	期	的	な	視	点	で	の	業	績	評	価	基	準	を	加	え	る	。[4]

~こだわりの試験テクニック~

　事例Ⅳは、配点の半分の分数が過ぎたら次の問題に移る。

ふぞろい流採点基準による採点

100点

第1問（設問1）：与件文および財務諸表から得られる情報に基づいて指標を選択しました。

第1問（設問2）：（設問1）で解答した指標に沿って、与件文および財務諸表から得られた情報をまとめました。

第2問（設問1）：売上高70百万円までと70百万円超の2つの変動費率を用いて、損益分岐点売上高を正しく算出しました。

第2問（設問2）：効果が出る場合と出ない場合で整理し、必要な項目にそれぞれ対応する現価係数を使って計算し、最適な意思決定案を選択しました。

第3問（設問1）：負ののれんの算出方法と、財務諸表への計上方法を端的にまとめました。

第3問（設問2）：リスクの内容の因果関係やリスクに対する施策など、多面的な要素を盛り込みました。

第4問（設問1）：与件文と設問の条件に忠実に当期ROI（投下資本営業利益率）を正しく算出しました。

第4問（設問2）：設問条件から読み取れるセグメント利益とセグメント資産の増減を網羅的かつ正確に計算して、次期ROI（投下資本営業利益率）を正しく算出しました。

第4問（設問3）：事業部の取締役に対する業績評価に当期ROI（投下資本営業利益率）を用いることの問題点と改善案について、出題の趣旨である「部分最適の誘発」を意識して解答しました。

Column

ベタの威力、吉本新喜劇に学ぶ2次試験

2次試験の勉強を進めると、「人事施策は茶化（採用、配置、報酬、育成、評価）」などの定番フレームと出会いますが、「ベタにみんなと同じフレームで書いててもええんやろか？」と頭によぎることが増えてきました。ある日、家族で昼食を食べながら吉本新喜劇を見ていたときに、若井みどりの「おじゃまパジャマ」という定番ギャグを見た息子が、食べてたカレーを口から思いっきり吹き出しました。妻、娘、私にとってはよく見るネタで、軽く流すシーンでしたが、初めてそのギャグを見た息子には新鮮だったようです。「受験生にとっては定番フレーズでも、社長にとっては新鮮な提案かもしれない」と妙に納得した私は、ベタを恐れず、相手（社長）の思いと使うタイミングが合っているかどうかだけを意識し、躊躇なく定番フレームを使うようになりました。 　　　　　（くろひょう）

第2節 しくじり先輩　俺みたいになるな！
～多年度生の失敗から学ぶ、これだけはやってはいけないこと～

　　ここは、過去の受験で失敗をした"しくじり先輩"たちが、「自分のような多年度生を増やすまい！」という熱意を持ち、受験生たちにしくじった経験を教えている仮想教室です。正解や設問ごとの得点開示がない2次試験については、「これが正しい」という勉強方法や取り組み方、姿勢などはわかりにくいものですが、「これだけはやってはいけない」ことは先輩たちの失敗から読み取ることができます。ぜひ、参考にしていただければと思います。

【1.　きくっち先輩（以下、きく）】

きく：しくじり先輩1人目のきくっちです。5回以上の受験で合格。粘り勝ちでした。

和風：え、すごすぎ～。よくモチベーション維持できたね！

きく：小学生の子供がいるのですが、子供に勉強を途中でやめてしまうような姿は見せられない、といういい意味でプレッシャーがありました。おかげで模試も毎年上位に入るような成績だったんですが……。さて、そんな私から「しくじったこと」です。

> ### きくっち先輩　「自信を持ってしまった！」

外海：どういうことですか？　普通は「自信を持っていけ」、とかいうやないですか～。

きく：そうですよね。でも模試の問題はあくまで本試験を参考に創作したもので、予備校としては受験生に問題の解答を説明するため、ある程度わかりやすい問題にせざるを得ません。そのため、模試がよくても本試験でうまくいくとは限りません。

外海：本試験は解答が公表されてませんしね。でも、模試がよければ相対的には力があるんやから、やっぱり自信につながるんちゃいますか？

きく：そう、それが失敗のもと。なぜなら、よかった模試で見直しってどれくらいします？

和風：そりゃ、正解が多いからあんまりしないかも～。なんなら見直しもしないかも～（笑）。

きく：そう！　しないよね～。だから、むしろ模試では失敗したほうがいいと僕は思う。そして自信があるからこそ、もっとよくない方向へ「しくじって」しまいました。

> ### きくっち先輩　「事例Ⅳの問題を全問解こうとする！」

和風：ええ、全部解いちゃダメなの～？　全部解けたほうがいいんじゃ～ん。

きく：簡単な試験ならね。でもこの試験で全問正解できる人いると思います？　もしやろうとすると計算ミスをしたり、時間が足りなくなったりするリスクを伴います。

外海：そうなんですか～。でも全部やるという意気込みはええんとちゃいますか～？

～こだわりの試験テクニック～

　開始15分で解答を書き始める（自分には合っていた）。

きく：根性や意気込みで受かるほど甘い試験じゃないんだよっ‼（声を荒げる） あ、失礼しました……、取り乱してしまいました。実は事例Ⅳだけならば、最初2年の本試験はA判定、その後も模試では大半が80点以上の高得点と、どこかで事例Ⅳで点数を稼ぐぞ！ という気持ちが抜けなくて。結果、3回目以降は下降傾向……。

和風：そうなんだー。合格した年は何か変えたの？

きく：まず事例Ⅳの自信は捨てて、「セコく稼いで60点をとる」戦略に徹しました。令和2年度の第2問は、（設問1）を丁寧に解く一方、（設問2）を「最後5分だけ取り組み、部分点を狙う」と開始早々に決めました。第2問は配点30点で（設問2）は単純に15点ですが、NPVが3つもあったので。結果、ふぞろい流採点でも（設問1）は正解、（設問2）は部分点を獲得できました！ （得点開示結果も64点）

外海：なるほど〜。闇雲に挑むのではなく、ちゃんと戦略を練ったわけなんですね！

きく：そうです。ぜひ、受験生の皆さんには<u>世界で一番信用できないのは自分自身だ！</u><u>と思って自分に合った戦略を立ててほしい</u>です。

【2．しーだ先輩（以下、しー）】

しー：しくじり先輩2人目のしーだです。5年以上の多年度生はきくっちだけだと思うなよ！ 僕も5回目で受かったぞ！

和風：開き直り、かっけー！

しー：5回目で受かった僕がふぞろいに携わらせてもらえるなんて思っていませんでした。さて、そんな僕からの「しくじったこと」はこちら！

> ### しーだ先輩 「予備校の演習で受け身の練習♪」

外海：突然、ラップをいただきました〜。こんなんなんぼあっても……、いやいや、急すぎやろ！ 予備校の通信講座でも、動画でいろいろと教えてもらえるんですよね？

しー：そうですね。確かに、それまで独学で周囲に受験生がいなかった僕にとって、予備校の講義は参考になりましたしペースメーカーにもなりました。これで点数を伸ばす人もいるだろうと感じました。ただ、僕の場合、なかなかそうはいかず……。

和風：しーだ、どーした、しょんぼりしちゃって！

しー：実は、独学で受けた2回目の2次試験は合格まであと5点だったので、とりあえず予備校の通信講座でも受ければなんとかなるだろう！ って、かなり甘く考え、敗因分析も疎かにしてました。その結果がこれです……。

外海：え〜、お金払ってるのに〜！ めっちゃもったいないやん！

しー：ただ予備校の演習を受けるだけでは自分の弱点は克服できないんだなと感じました。

和風：じゃあさ、受かった年はどうしたの？

しー：自分の弱点を分析して、それを克服するための勉強に集中しました。具体的には「書く力」と「事例Ⅳ」を鍛えました。受験生の方には、<u>予備校の講座に受け身な勉強</u>

〜こだわりの試験テクニック〜

　「与件文の第1段落→設問文→残りの与件文」の順番で読む。

スタイルにならず、しっかりと敗因分析をして弱点を克服する積極的な姿勢を持っていただければ！　と思います。

【3．みっこ先輩（以下、みこ）】

和風：次のしくじり先輩はこの人だよ！　どうぞ〜。

みこ：みっこです。2回目の2次試験で合格できました。

外海：2回目で合格なんて、すごいんとちゃいますか？

みこ：今振り返ると、1回目の受験ではしくじってしまったことが多いですね。受験生の皆さんには私と同じ失敗をしてほしくないので、こちらに来ました。さっそく、そんな私の「しくじったこと」をお話しします。

> みっこ先輩　「量だけを重視した勉強になっていた！」

和風：え〜、意味わかんな〜い。あたし、たくさん勉強しろってずっと言われてきたよ。

みこ：もちろん多くの量を、時間をかけて勉強することは大事なんです。でも、ただそれだけの勉強方法では、この試験には合格できないということがわかりました。

外海：ほな、どないすればええか、もうちょっと詳しく教えてもらえます？

みこ：私は、科目数が多く学習範囲も広い1次試験を、とにかく「量をこなす」ことで合格することができました。ですが、2次試験に対してもそのままの勉強方法で臨んでしまったんです。1次試験後から時間が少なかったから、2次の勉強も、過去問を解いたらサッと答え合わせをしてすぐに次、というやり方でした。

和風：たくさんの問題を解くために、一つひとつに時間をかけられなかったんだね！

みこ：ほんまに、そうなんです。やってもやってもいい答案が書けなくて、モチベーションもどんどん下がり、結果も当然不合格でした。

外海：1次には1次の、2次には2次の、それぞれ適した勉強方法があるんやね。

みこ：そこで2回目の受験にあたって、勉強方法を変えました。忙しい日は1日1題でもいいんで、集中してじっくりと問題を解きます。解いた後はすぐに模範解答を見ずに、まずは自分の解法プロセスを丁寧に見直します。

和風：え〜っ、あたしは解いたら早く答えが見た〜い！

みこ：自分の解答が、設問要求に対応できているか、与件文から根拠や社長の思いを拾えているか、その解答に至るまでのプロセスは正しいか。それを丁寧に見直して、完全に納得してから模範解答と照らし合わせます。キーワードや足りない知識の補完をしつつも、解法プロセスを最重要視して読み込みました。

外海：そないに丁寧に分析してたら、そりゃ1日1題くらいしかできへんな〜。

みこ：私はそれでも十分に効果があったと思ってるんです。試験本番の80分という短い時間での対応力を高めるためには、「量より質」の勉強で、解法プロセスを自分に染み込ませることが合格への早道やと確信しています。受験生の皆さん、頑張ってく

事例Ⅰ〜Ⅲの設問を自ら名づけた「ギャップフレーム（あるべき姿、課題、対応策、変化）」で対応した。

ださいね！

【4．たまちゃん先輩（以下、たま）】

たま：たまちゃんです。私は一度も予備校などには行かず、独学で勉強を続けていたら、
　　　結局合格までに2次試験を5回も受けることになってしまいました。

外海：ずっと独学で5回も！　寂しくなるときもあったんとちゃいますか？

たま：私が皆さんにお伝えしたいのは、まさにそこなのです。私の「しくじったこと」は、
　　　こちらです！

> ### たまちゃん先輩 「独学にこだわりすぎてしまった！」

和風：1人でコツコツお勉強、カッコいいじゃん！

たま：繰り返し言われていますが、この2次試験は解答が公表されません。また、選択式
　　　ではなく記述式なので、1人で問題を解いて模範解答を見ても、そもそも自分の書
　　　いた答案がどれくらいできているのか、どこを直せばよくなるのかがわかりませ
　　　ん。独学生の場合、それを判断するのが自分しかいないわけです。

外海：わかりますわ！　しかも、参考書によって模範解答が違いますねん！

たま：結局、客観的な物差しがないままに受験を繰り返して、落ちた理由も分析できず、
　　　不合格を重ねてしまいました。5回目の試験にあたって、今までのやり方では永遠
　　　に合格できないと思い、「きれいな模範解答だけでなく、不合格も含めたできるだ
　　　け数多くの答案を読んで、自分が思いつかなかった要素があれば書き出す」という
　　　勉強法を試してみました。すると、徐々に引き出しが増えていくことを実感して、
　　　さまざまな問題への対応力が上がり、それが合格につながったのだと思います。

和風：でも結局は、1人で勉強してたんだね〜。

たま：実は、誰でも参加できる勉強会やセミナーが行われていることを知らなかったんで
　　　す。予備校に通っている人だけのものだと思っていました。独学生でも、ぜひ参加
　　　することをお勧めしたいですね。そんなしくじりを踏まえて、私は受験生の皆さん
　　　に「**自分の答案をたくさんの人に見てもらう。たくさんの人の答案を見る**」勉強法
　　　をぜひお勧めしたいですね。イベントへの参加が難しいという方は、『ふぞろい』
　　　には再現答案がたくさん掲載されているので、それをじっくり読みましょう！

外海：今、宣伝をいただきました〜。こんなん、なんぼあってもいいですからね。

　いかがでしたか？　受験生の皆さんには、しくじり先輩たちが合格したときのように、
自分の勉強法や取り組みが「本当に合格に結びついているかな？」と立ち止まって考えて
みることをおすすめします。合格に向けて頑張ってください！

〜事例Ⅰのポイント・攻略法〜
　レイヤー（経営戦略、組織構造、人的資源、組織風土）を意識。

第3節　合格者に聞く「2次試験で身につけておくべきこと」

【2次試験のために最低限頭に入れておくべきことは？】

外海：1次試験は参考書による理論の理解、暗記、過去問の繰り返しなど、ある程度やる
べきことのイメージがあるんですけど、2次試験のために何を身につけておくべき
かイメージが湧かんのよね……。

きく：そうですよね。正解がわからない2次試験だけに、僕も確実なことは言えないです
が、多くの合格者が頭に入れていた内容はあるようです。ふぞろい14メンバーから
取ったアンケートを参考に、事例毎のリストにしてみました（事例Ⅳを除く）。

事例Ⅰ	理論	SWOT、VRIO、5フォース、戦略のピラミッド（理念、ビジョン、企業戦略、事業戦略、機能戦略）、組織論（機能別組織、事業部制組織、マトリクス組織）、モチベーション理論（主にハーズバーグの動機付け・衛生要因）、人的資源管理など。
	覚え方	「茶化」（人事施策のフレームワーク） サハホイヒ（サ＝採用、ハ＝配置、ホ＝報酬、イ＝育成、ヒ＝評価） 「幸の日も毛深い猫」（人的資源管理のフレームワーク） サ＝採用・配置、チ＝賃金・報酬、ノ＝能力開発、ヒ＝評価、モ＝モチベーション、ケ＝権限委譲、ブ＝部門設置、カイ＝階層、ネ＝ネットワーク、コ＝コミュニケーション
	記述に使える内容	①特徴、メリット、デメリット（例：機能別組織など） ②効果のお決まりフレーズ（「組織活性化」と「モラール向上」など）
事例Ⅱ	理論	マーケティング、ブランド、製品等の各戦略、SWOT、5フォース、4P、3C分析、CRM、アンゾフの成長マトリクス
	覚え方	売上向上の要素を自分なりの公式で設問要求項目ごとでまとめて覚える。 （例） ・売上＝客数×客単価×購買頻度 ・客数＝既存顧客＋新規顧客－流出顧客 ・客単価＝平均単価×購買点数 ・客数増加＝体験＋関係性構築＋口コミ ・ブランド力向上＝口コミ＋認知度向上 「ダナドコ」（ターゲットマーケティングのフレームワーク） ダ＝誰に、ナ＝何を、ド＝どのように、コ＝効果
事例Ⅲ	理論	生産計画（手順計画、材料計画、工数・日程計画）と生産統制（進捗管理、現品管理、余力管理） 生産方式（見込生産と受注生産） 資材・在庫管理（資材標準化、定期発注方式と定量発注方式など）
	覚え方	「DRINK」（IT化のフレームワーク） D＝データベース、R＝リアルタイム、I＝一元管理、N＝ネットワーク、K＝共有
	記述に使える内容	特徴、メリット、デメリットなど（例：各種生産方式など） QCDに沿った改善方法 ①各生産プロセスでの典型的な問題点と解決策 ②リードタイム短縮、原価低減、在庫削減、収益性向上等の方策

～事例Ⅰのポイント・攻略法～

　時制に注意。段落ごとに情報が整理されていると期待しない。

【アウトプットするためのトレーニングや工夫は？】

外海：きくっち先輩！　ほな、これさえ覚えたら完璧やないですか〜、もう楽勝ですわ〜。

きく：暗記だけで受かるほど甘い試験じゃないんだよ‼（久しぶりに声を荒げる）　あ、失礼しました……。また取り乱してしまいました。頭に入れたとしても、本番で与件文や設問文を把握、紐づけしてアウトプットすることができなければ意味がないですよ。そこで、アンケート結果をもとに、ふぞろい14メンバーが実際に行ったアウトプットのためのトレーニングや工夫についてご紹介します。

1．フレームワーク、キーワードを思い出す、書くトレーニング

◆『2次試験合格者の頭の中にあった全知識』をぱっと開いて、目に入った単語から何個キーワードが想起できるか書き出してみる。

◆頭のなかで各種フレームワークの重要なポイントを思い出す練習。本番でも頭のなかでフレームワークを思い出して当てはめていく作業をするので、良いトレーニングになる。

◆暗記事項の確認。たとえば、機能別組織のメリット、デメリット、といった小テスト的なものをやって暗記した。

◆与件文や解答にある言葉を文章で説明する、言語化することで知識の曖昧さが明確になり、対処しやすい。

◆苦手論点を手書きでノートにまとめた1次試験用のノートを、常に持ち歩いていた。

◆単語だけ書いた付箋を手帳に貼った。ぱっと見て説明できるほど内容が思いつくか確認した。

◆あまりにも記述ができなかったため、一度自力で解いた後、解けなかった問題は模範解答を書き写した。

2．覚え方の工夫

◆アップルウォッチなどを活用。記憶したいことをウォーキング時に聞き流し、場所法等の暗記方法と組み合わせて切り口やキーワードの記憶強化を行った。

◆YouTube：ランニング中に音声を聞く（予備校の講義動画や事例解説など）。

◆ファイナルペーパーを問いかけ方式にして、答えは書かず、参考書の参照頁だけを書く。

◆ミスノート作成。

◆「暗記」というより「ストーリー」で覚える。

◆参考書を全てPDF化して、iPadで持ち運びできるようにした。

◆1次で使っていた通信講座の動画音声を通勤中何度も聞いて、講師の口調を真似して声に出して疑似講義を行い、基礎知識習得に努めた。

◆単語帳アプリ（事例Ⅱの売上向上や顧客満足度向上までにつながるキーワードや、事例ⅣのCF計算書の項目を登録して時間の合間に見ていた）。

外海：ほんまいろいろあって参考になりますわ〜。

きく：同じ合格者でもやっていたことはさまざまです。たとえば、「書き写し」、「ファイナルペーパーの作成」、「暗記カード作成」などは、「役に立たなかったこと」として挙げている人もいました。向き不向きを考えて取捨選択し、頑張りましょう！

～事例Ⅰのポイント・攻略法～

永続的に成長するために（成長戦略）、現状の課題（組織構造・行動、人的資源）を解決！　という大前提で解く。

第4節　キーワード解答の一歩先へ　〜想いよ届け〜

「本書の使い方」のふぞろい流採点基準（3ページ参照）はあくまで統計であり、実際の採点基準とは異なるため、開示得点とのかい離が生じることもあります。

本節では、開示得点がふぞろい流採点を大きく下回った答案を紹介し、皆さまにあえてふぞろい流採点の「弱点」をお伝えします。得点かい離の要因分析を通じて、本書を活用するうえでの注意点を認識していただければと思います。

区分	ニックネーム	第1問S	第1問W	第1問O	第1問T	第2問	第3問-1	第3問-2	第4問	ふぞろい流採点	開示得点	得点かい離
		5点	5点	5点	5点	30点	10点	20点	20点	100点	100点	－
★	Aさん	4	3	2	2	25	1	12	15	64	48	-16
●	でぃーさん	4	5	3	4	20	10	17	15	78	80	2
●	げんきさん	4	5	5	3	29	9	15	15	85	80	-5

★ふぞろい流採点と開示得点とのかい離が大きい答案　●ふぞろい流採点と開示得点ともに高得点の答案　※設問下の点数は設問ごとの最大配点

今回は事例Ⅱに絞って分析を行いました。分析に使用したのは、得点かい離の大きい答案（★）と高得点答案（●）です。開示得点では設問ごとの得点はわかりませんが、ふぞろいでは設問単位で採点しています。したがって、得点かい離の大きい答案（★）のなかで、ふぞろい流採点による得点が高い設問に、得点かい離の要因があるのではないかと仮説を立てました。そしてその要因を高得点答案（●）と比較しながら考察しました。

まずは、Aさんの答案で最も高い点数がついていた第2問。Z社との取引縮小を受けて、B社の今後の望ましい取引先構成についての方向性を問われた設問でした。

令和2年度　事例Ⅱ　第2問　Aさん　　【ふぞろい流採点】25点

少量の取引がある取引先に対し、ハーブYの健康、長寿の効能という強みを生かして健康志向の高齢者をターゲットにした新製品開発を想定した提案営業を行い新規顧客、取引先の獲得とZ社依存からの脱却を図る。

令和2年度　事例Ⅱ　第2問　でぃーさん　　【ふぞろい流採点】20点

方向性は、30〜40歳代の女性層以外をターゲットにする企業と取引を行い、Z社依存体質からの脱却を図る。具体的には、ヘルスケアに関心の高い男性や、50代以降の女性をターゲットにした製品を販売する企業である。

〜家族の協力を得る方法〜
（自分が食べたくて買った）コンビニスイーツを家族の分＋αも買ってくる。ご機嫌取り重要。

　Aさんの答案は「新規取引先の獲得」「Z社依存からの脱却」「高齢者（ターゲット）」「ハーブの強みを生かす」など、合格＋A答案に多いキーワードが使われているため、ふぞろい流採点では得点が高くなったことがわかります。しかし、修飾語がどこにかかっているのかわかりにくく、一度読んだだけでは理解しづらい印象を受けます。一方、でぃーさんの答案は、設問要求である「方向性」についてまず解答を示し、その後に具体例を記述するといったわかりやすい文章です。事例企業への助言を求められる診断士として、いくらよい提案をしても受け手に伝わらなければ意味がありません。読みにくい答案では実際の得点は伸びなかったのかもしれません。ふぞろい流採点基準では**「文章の論理性や読みやすさを考慮していない」**ことが、得点かい離の要因の1つであると考察します。

　次に、2番目に高い点数がついていた第4問。B社とX島のファン獲得のため、X島宿泊訪問ツアーにおいて、どのようなプログラムを立案すべきか助言する設問でした。

令和2年度　事例Ⅱ　第4問　Aさん　　　　　【ふぞろい流採点】15点

施策は祝いの膳など島の伝統体験[4]と美しいハーブ畑の見学ツアーを企画する。言い伝えによる効能の訴求[1]と畑によるイメージ向上で売上拡大と固定客化[2]を図るとともに、島のお年寄りを活用[4]して地域活性化[4]を図る。

令和2年度　事例Ⅱ　第4問　げんきさん　　　【ふぞろい流採点】15点

①ハーブ農場や加工工場の見学[4]イベント開催②地元のハーブを使った伝統[2]料理の試食[4]③生産者や島民との交流[4]を通して、B社社長の無農薬栽培や安全性、高品質[1]、島への熱い思いを伝え、B社と島のファン化[2]を図る。

　どちらの答案も与件文の表現を利用した具体性の高い解答です。しかし、Aさんの答案には「言い伝えによる効能の訴求（強みの訴求）」「島のお年寄りを活用（島民との交流）」など、遠回しでもう一言足りないキーワード表現が使用されています。助言をするうえでは、受け手がイメージしやすいように表現を工夫することも大切です。同じことを言おうとしていても、表現の違いによって配点が変わった可能性があるかもしれません。**「キーワード表現の微妙な違いを考慮できていない」**ことも得点かい離の要因と考察します。

　2次試験は診断士としてのコンサルティング体験といえます。こちらの意図や想いを適切に事例企業に届けられなければ、独りよがりになってしまいます。キーワード解答に加えて、文章構成や表現方法の工夫により、ポイントが明確に伝わるよう意識しましょう！

第2章

令和元年度試験 答案分析
（2020年版）

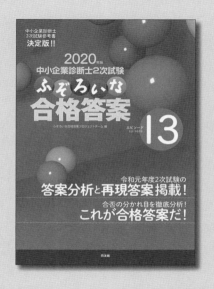

【登場人物紹介】

〈設問 既知子（せつもん きちこ）（44歳 女）〉（以下、先生）

　「私、失敗しないので」が決め台詞のフリーランス講師。履歴書の趣味・特技欄に「講師」と書くほど指導力には自信がある。彼女のもとで勉強した受験生は必ず合格するが、受講料がべらぼうに高い。

〈崎山 弘也（ざきやま ひろなり）（28歳 男）〉（以下、崎山）

　自由奔放なキャラでいい加減な言動が多いが、与件文に忠実で多年度生が気づかない観点によく気がつくストレート受験生。知識が乏しいためフレームワークなどを活用した多面的な解答が苦手。

〈悩里 亮太（なやまざと りょうた）（35歳 男）〉（以下、悩里）

　表面的には礼儀正しいが、心のなかで毒づく多年度生。知識やノウハウを豊富に蓄積しているが、いざ試験となると知識や過去問のパターンが邪魔をし、与件文を深読みしてしまい素直な解答ができない。

第1節　ふぞろいな答案分析

▶事例Ⅰ（組織・人事）◀

令和元年度　中小企業の診断及び助言に関する実務の事例Ⅰ
（組織・人事）

　A社は、資本金8,000万円、売上高約11億円の農業用機械や産業機械装置を製造する中小メーカーである。縁戚関係にある８名の役員を擁する同社の本社は、A社長の祖父が創業した当初から地方の農村部にある。二代目の長男が現代表取締役のA社長で、副社長には数歳年下の弟が、そして専務にはほぼ同年代のいとこが就いており、この３人で経営を担っている。

　全国に７つの営業所を構えるA社は、若い経営トップとともに総勢約80名の社員が事業の拡大に取り組んでいる。そのほとんどは正規社員である。2000年代後半に父から事業を譲り受けたA社長は、1990年代半ば、大学卒業後の海外留学中に父が病気となったために急きょ呼び戻されると、そのままA社に就職することになった。

　A社長入社当時の主力事業は、防除機、草刈り機などの農業用機械の一つである葉たばこ乾燥機の製造販売であった。かつて、たばこ産業は厳しい規制に守られた参入障壁の高い業界であった。その上、関連する産業振興団体から多額の補助金が葉たばこ生産業者に支給されていたこともあって、彼らを主要顧客としていたA社の売上は右肩上がりで、最盛期には現在の数倍を超える売上を上げるまでになった。しかし、1980年代半ばに公企業の民営化が進んだ頃から向かい風が吹き始め、健康志向が強まり喫煙者に対して厳しい目が向けられるようになって、徐々にたばこ市場の縮小傾向が進んだ。さらに、受動喫煙問題が社会問題化すると、市場の縮小はますます顕著になった。しかも時を同じくして、葉たばこ生産者の後継者不足や高齢化が急速に進み、葉たばこの耕作面積も減少するようになった。こうした中で、A社の主力事業である葉たばこ乾燥機の売上も落ち込んで、A社長が営業の前線で活躍する頃には経営の根幹が揺らぎ始めていたといえる。とはいえ、売上も現在の倍以上あった上、一新人社員に過ぎなかったA社長に際立った切迫感があったわけではなく、存続危機に陥るなどとは考えていなかった。

　しかし、2000年を越えるころになって、小さな火種が瞬く間に大きくなり、2000年代半ばには、大きな問題となった。すでに５年以上のキャリアを積み経営層の一角となってトップ就任を目前にしていたA社長にとって、存続問題は現実のものとなっていた。そこで、自らが先頭に立って自社製品のメンテナンスを事業化することに取り組んだ。しかし、それはビジネスとして成り立たず、売上減少と費用増大という二重苦を生み出すことになってしまった。このままでは収益を上げることはもとより、100名以上の社員を路頭に迷わすことにもなりかねない状況であった。そこで、自社の技術を見直し、農作物や加工食品などの乾燥装置など葉たばこ乾燥機に代わる新製品の開発に着手した。もっとも、そ

の中で成功の部類に入るのは、干椎茸製造用乾燥機ぐらいであったが、この装置の売上が、最盛期の半分以下にまで落ち込んだ葉たばこ乾燥機の売上減少に取って代わる規模になるわけではなかった。その上、新しい事業に取り組むことを、古き良き時代を知っている古参社員たちがそう簡単に受け入れるはずもなかった。そして、二代目社長が会長に勇退し、新体制が発足した。

　危機感の中でスタートした新体制が最初に取り組んだのは、長年にわたって問題視されてきた高コスト体質の見直しであった。減価償却も済み、補修用性能部品の保有期間を過ぎている機械の部品であっても客から依頼されれば個別に対応していたために、膨大な数の部品が在庫となって収益を圧迫していたのである。また、営業所の業務が基本的に手書きの帳簿で処理され、全社的な計数管理が行われないなど、前近代的な経理体制であることが明らかとなった。そこで、A社のこれまでの事業や技術力を客観的に見直し、時代にあった企業として再生していくことを目的に、経営コンサルタントに助言を求めながら、経営改革を本格化させたのである。

　当然のように、業績悪化の真っただ中にあっても見直されることなく、100名以上にまで膨らんでしまっていた従業員の削減にも手を付けることになった。定年を目前にした高齢者を対象とした人員削減ではあったが、地元で長年にわたって苦楽を共にしてきた従業員に退職勧告することは、若手経営者にとっても、A社にとっても、初めての経験であり辛い試練であった。その後の波及効果を考えると、苦渋の決断ではあったが、これを乗り越えたことで従業員の年齢が10歳程度も引き下がり、コストカットした部分を成果に応じて支払う賞与に回すことが可能になった。

　こうして社内整備を図る一方で、自社のコアテクノロジーを「農作物の乾燥技術」と明確に位置づけ、それを社員に共有させることによって、葉たばこ乾燥機製造に代わる新規事業開発の体制強化を打ち出した。その結果、3年の時を経て、葉たばこ以外のさまざまな農作物を乾燥させる機器の製造と、それを的確に機能させるソフトウエアの開発に成功した。さらに、動力源である灯油の燃費効率を大幅に改善することにも成功し、新規事業の基盤が徐々に固まってきた。

　しかしながら、新規事業の拡大は機器の開発・製造だけで成就するわけではなく、新規事業を必要とする市場の開拓はもちろん、販売チャネルの構築も不可欠である。当初、経営コンサルタントの知恵を借りながらA社が独自で切り開くことのできた市場は、従来からターゲットとしてきたいわば既存市場だけであり、キノコや果物などの農作物の乾燥以外に、何を何のために乾燥させるのか、ターゲット市場を絞ることはできなかった。

　藁をもつかむ思いでA社が選択したのは、潜在市場の見えない顧客に用途を問うことであった。自社の乾燥技術や製品を市場に知らせるために自社ホームページ（HP）を立ち上げた。そして、そこにアクセスしてくれた潜在顧客に乾燥したいと思っている「モノ」を送ってもらって、それを乾燥させて返送する「試験乾燥」というサービスを開始した。背水の陣で立ち上げたHPへの反応は、1990年代後半のインターネット黎明期では考えられなかったほど多く、依頼件数は初年度だけで100件以上にも上った。生産農家だけでなく、それを取りまとめる団体のほか、乾物を販売している食品会社や、漢方薬メーカー、

~知識以外に自分に身についたこと~ ————————————
　相手の求める具体度を常に意識するようになった。

乾物が特産物である地域など、それまでＡ社ではアプローチすることのできなかったさまざまな市場との結びつきもできたのである。もちろん、営業部隊のプレゼンテーションが功を奏したことは否めない事実である。

　こうして再生に向けて経営改革に取り組むＡ社の組織は、本社内に拠点を置く製造部、開発部、総務部と全国７地域を束ねる営業部が機能別に組織されており、営業を主に統括するのが副社長、開発と製造を主に統括するのが専務、そして大所高所からすべての部門にＡ社長が目配りをする体制となっている。

　しかしながら、これまでリストラなどの経営改革に取り組んできたものの、Ａ社の組織は、創業当時の機能別組織のままである。そこで、Ａ社長が経営コンサルタントに助言を求めたところ、現段階での組織再編には賛成できない旨を伝えられた。それを受け、Ａ社長は熟考の末、今回、組織再編を見送ることとした。

第１問 （配点20点）

　Ａ社長がトップに就任する以前のＡ社は、苦境を打破するために、自社製品のメンテナンスの事業化に取り組んできた。それが結果的にビジネスとして成功しなかった最大の理由は何か。100字以内で答えよ。

第２問 （配点20点）

　Ａ社長を中心とした新経営陣が改革に取り組むことになった高コスト体質の要因は、古い営業体質にあった。その背景にあるＡ社の企業風土とは、どのようなものであるか。100字以内で答えよ。

第３問 （配点20点）

　Ａ社は、新規事業のアイデアを収集する目的でHPを立ち上げ、試験乾燥のサービスを展開することによって市場開拓に成功した。自社製品やサービスの宣伝効果などHPに期待する目的・機能とは異なる点に焦点を当てたと考えられる。その成功の背景にどのような要因があったか。100字以内で答えよ。

第４問 （配点20点）

　新経営陣が事業領域を明確にした結果、古い営業体質を引きずっていたＡ社の営業社員が、新規事業の拡大に積極的に取り組むようになった。その要因として、どのようなことが考えられるか。100字以内で答えよ。

第５問 （配点20点）

　Ａ社長は、今回、組織再編を経営コンサルタントの助言を熟考した上で見送ることとした。その最大の理由として、どのようなことが考えられるか。100字以内で答えよ。

~知識以外に自分に身についたこと~
　仕事の問題に対しても多面的に考える習慣がついた。

事例Ⅰ

第1問 （配点20点）【難易度　★★★　難しすぎる】

　A社長がトップに就任する以前のA社は、苦境を打破するために、自社製品のメンテナンスの事業化に取り組んできた。それが結果的にビジネスとして成功しなかった最大の理由は何か。100字以内で答えよ。

●出題の趣旨

　事業再建のための新規事業開発において、経営者が考えるべき戦略的課題に関する分析力を問う問題である。

●解答ランキングとふぞろい流採点基準

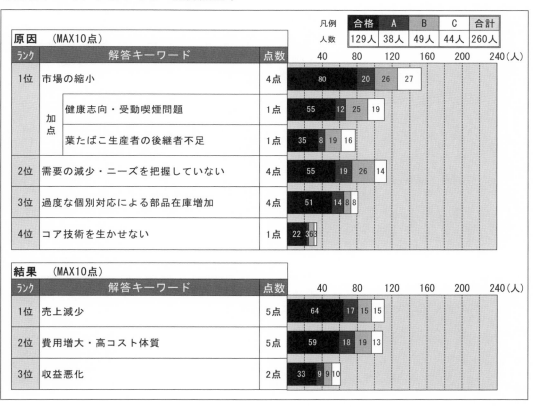

凡例：合格 129人／A 38人／B 49人／C 44人／合計 260人

原因（MAX10点）

ランク	解答キーワード		点数	合格	A	B	C
1位	市場の縮小		4点	80	20	26	27
	加点	健康志向・受動喫煙問題	1点	55	12	25	19
		葉たばこ生産者の後継者不足	1点	35	8	19	16
2位	需要の減少・ニーズを把握していない		4点	55	19	26	14
3位	過度な個別対応による部品在庫増加		4点	51	14	8	8
4位	コア技術を生かせない		1点	22	3	6	3

結果（MAX10点）

ランク	解答キーワード	点数	合格	A	B	C
1位	売上減少	5点	64	17	15	15
2位	費用増大・高コスト体質	5点	59	18	19	13
3位	収益悪化	2点	33	9	9	10

~知識以外に自分に身についたこと~
集中力と限られた時間のやりくり。

●再現答案

区	再現答案	点	文字数
合	理由は、たばこ産業の民営化と健康志向[1]による市場の縮小[4]や葉たばこ生産の減少で売上が減少[4]する中、保有期間を過ぎている部品のメンテナンスにも個別に対応[4]したことでコストが増大[5]したから。	19	88
合	最大の要因は売上減少[5]と費用増大[5]で収益を上げることができなかった[2]から。具体的には①市場の縮小[4]とメンテナンスにより売上が減少し②客からの依頼に対応する為に膨大な数の部品を在庫[4]した在庫費用が大きくなったから。	18	100
A	理由は、縮小するたばこ産業[4]を主要顧客とし続けたことで売上げ減少[5]と費用増大[5]を招いたから。保有期間を過ぎた部品在庫[4]が収益を圧迫[2]していたが、前近代的な経理体制もあり正しく危機を認識できなかった。	18	94
A	理由は、受動喫煙問題の社会問題化など健康志向の強まり[1]によるたばこ市場の縮小[4]や、葉たばこ生産者の後継者不足[1]や高齢化により耕作面積も減少するなど、整備する製品自体が少なく[4]なり収益を上げられなくなった[2]為。	12	99
B	最大の理由は、健康志向の強まりや受動喫煙問題の社会問題化による市場の縮小[4]や葉たばこ生産者の後継不足[1]や高齢化が急速に進み葉たばこの耕作面積が減少した事でメンテナンスに対する需要が獲得できなかった[4]為である。	10	100
B	最大の理由は高コスト体質[5]である。具体的には①減価償却済かつ保有期間経過後の機械部品も顧客依頼に対応するため保管[4]し②営業所業務が手書き帳簿で処理され全社的計数管理が行われていない前近代的経理体制である。	9	100
C	最大の理由は①健康志向の強まりや受動喫煙の社会問題化[1]による喫煙者の減少や、②葉たばこ生産者の後継者不足[1]や高齢化による耕作面積の減少、等により、「主力事業であるたばこ市場の衰退[4]」が進行したためである。	6	99

●解答のポイント

> 　自社製品のメンテナンスの事業化がビジネスとして成功しなかった理由について、原因を多面的に指摘のうえ、もたらされた結果にまで言及できたかがポイントだった。

〜知識以外に自分に身についたこと〜

　効率的に仕事を終わらせる工夫、部下・後輩の指導に際し学術的な根拠を持って説明する能力。

【最大の理由を端的に表す】

先生：「結果的にビジネスとして成功しなかった最大の理由」を端的に指摘してみて。

悩里：外的要因としては、健康志向、受動喫煙問題、葉たばこ生産者の後継者不足や高齢化による葉たばこの耕作面積の減少。内的要因としては、外部環境の変化に対して切迫感がなかったことや、新事業を古参社員が受け入れなかったこと。ともに与件文にありますね。つまり、社員を説得する体制の不備やリーダーシップの不足……。

崎山：なやまちゃん、話長いよー。全然端的じゃないじゃん！

先生：そうね。時間がいくらあっても足りないわ。崎山、あんたはどう思う？

崎山：えー、ビジネスとして成功しなかったんでしょ？　そんなの、もうからなかったからに決まってんじゃないですかー。

先生：そう。与件文では、「売上減少」や「費用増大」、「収益を圧迫」という記載があったわね。合格＋A答案のうち約7割が、少なくともどれか1つには言及していたわ。

悩里：もうからなかったからなんて、当たり前だと思って書かなかったよ……。

先生：「需要の減少」や「コア技術を生かせない」ことのみに言及している解答もあったけど、「売上減少」や「費用増大」、「収益を圧迫」とセットにして書いていないと、点数は伸びづらかったようね。

【もうからなかった原因を多面的に指摘する】

先生：では、もうからなかった原因は何かしら？

崎山：市場の縮小だね。市場の縮小の理由を一緒に書けば、満点間違いなし！　あざーす！

先生：縮小するたばこ市場に依存した事業では、もうけを出すことは難しかったようね。合格＋A答案の約6割が言及していて、書きやすいキーワードだったと考えられるわ。だけど、本当に原因はそれだけ？

悩里：ザキさん、「市場の縮小」だけでは、多面性がないので、満点にはほど遠いですよ。「市場の縮小」が「売上減少」へ対応していると考えると「費用増大」へ対応しているキーワードがあるはずです。そうですね……「膨大な数の部品が在庫」という与件文の記載は使えそうですね。

先生：よい着眼点ね。売上減少とその理由だけではなく、費用増大とその理由にまで言及できれば、もうからなかった原因を多面的に説明できて、解答の説得力が増すわ。悩里が気づいたキーワードに言及した解答のうち、約8割が合格＋A答案だったから、高得点につながる重要なキーワードだったかもしれないわね。多面性でいえば、数は少なかったけれど「経営資源の不足」への指摘をしている解答もあったわ。出題の趣旨である「経営者が考えるべき戦略的課題」へうまく対応しているわね。

崎山：市場の縮小の理由ばかり並べて、その他の原因まで書くスペースがなかったな～。使うキーワードは多面的に、かつ、バランスよくってことか。勉強になります～！

～診断士の魅力～

お勉強大好きクラスターとの出会い。

第2問（配点20点）【難易度　★★☆　勝負の分かれ目】

　A社長を中心とした新経営陣が改革に取り組むことになった高コスト体質の要因は、古い営業体質にあった。その背景にあるA社の企業風土とは、どのようなものであるか。100字以内で答えよ。

●出題の趣旨

　企業体質および企業風土の形成要因とその関係について、理解力を問う問題である。

●解答ランキングとふぞろい流採点基準

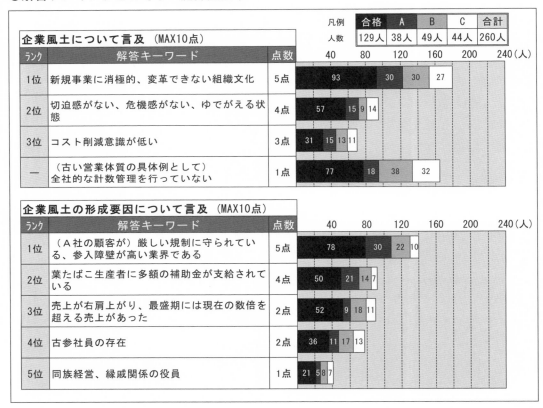

凡例	合格	A	B	C	合計
人数	129人	38人	49人	44人	260人

企業風土について言及（MAX10点）

ランク	解答キーワード	点数	内訳
1位	新規事業に消極的、変革できない組織文化	5点	93／30／30／27
2位	切迫感がない、危機感がない、ゆでがえる状態	4点	57／15／9／14
3位	コスト削減意識が低い	3点	31／15／13／11
—	（古い営業体質の具体例として）全社的な計数管理を行っていない	1点	77／18／38／32

企業風土の形成要因について言及（MAX10点）

ランク	解答キーワード	点数	内訳
1位	（A社の顧客が）厳しい規制に守られている、参入障壁が高い業界である	5点	78／30／22／10
2位	葉たばこ生産者に多額の補助金が支給されている	4点	50／21／14／7
3位	売上が右肩上がり、最盛期には現在の数倍を超える売上があった	2点	52／9／18／11
4位	古参社員の存在	2点	36／11／17／13
5位	同族経営、縁戚関係の役員	1点	21／5／8／7

●再現答案

区	再現答案	点	文字数
合	参入障壁の高い業界[5]と補助金に頼ったかつての経営環境[4]に安住し、危機感が無く[4]、変化を嫌う、現行維持の企業風土である。具体的には、高コスト体質で膨大な部品在庫による収益圧迫と全社的な計数管理の欠除[1]である。	19	99
合	参入障壁の高い[5]たばこ産業で多額の補助金を支給されていた[4]顧客からの受注に依存していた為、漸次的な変化に気づかずゆでがえる状態だった。危機感が欠如し[4]過大な在庫や前近代的な経理体制に対する改善意識がなかった[5]。	19	100
A	厳しい規制に守られ参入障壁が高く[5]、多額の補助金[4]により売上げが多いという過去の成功体験[2]により、市場縮小という変化に対して社員に切迫感がなく[4]、新規事業への取組を受け入れられないゆでがえる的な企業風土[5]。	19	98
A	参入障壁が高く[5]多額の補助金に守られた[4]たばこ産業で最盛期を迎えた[2]A社は、古き良き時代にとらわれ危機感を持つことができず[4]、新しい事業に対して前向きに取り組むことができない風土[5]となっていた。	19	92
B	①縁戚関係にある役員による経営[1]で素早い改革を起こしにくい風土[5]②古き良き時代を知っている古参社員[2]からの変化に対する反発にあいやすい風土③長年にわたり苦楽を共にしてきた従業員に強く意見できない風土。	8	97
C	A社の企業風土は減価償却済みで保有期限超過の部品交換等受け身の対応により過大在庫で収益圧迫、全社的な計数管理未実施[1]で前近代的な経理体制等、時代に合わせた経営を行うことが難しい受け身の企業風土[5]である。	6	99
C	A社は、①同族経営[1]、②古き良き時代を知る古参社員が多い[2]こと。③手書きの帳簿が業務で使われ、全社的な計数管理ができないこと[1]。経営環境の変化に無関心、などの特色がある。	4	82

●解答のポイント

A社の組織構造や外部環境などにより形成された企業風土を分析するのがポイントだった。

【企業風土とは】

先生：第２問では「企業風土」について問われているわ。２人は「企業風土」と聞いてどう対応したのかしら。

悩里：企業風土とは、組織メンバー間で共通の認識とされる価値観や規則であります！　今回の事例だと役員８名は縁戚関係の同族経営で従業員のほとんどは正社員だということや、苦楽を共にした古参社員が多いということで一体感の強い企業風土だったんじゃないかと考えました。

先生：そうね。組織の構造や内部環境の分析は確かに必要だわ。でも全然足りないわ。次、崎山。

崎山：えーっと、なになに？　なやまちゃんいわく共通認識の価値観なんでしょー。第３段落に「A社長に際立った切迫感があったわけではなく」って書いてあるじゃないですかー。これで決まりじゃん！

先生：やるじゃん、崎山。そう、なんで切迫感がなかったのかしら。

崎山：あざーす！　それはもちろん売上が現在の倍以上あったからじゃないんですか？　第３段落にも書いてあるし。

先生：それだけかしら。

悩里：うーん……A社の内部環境では不十分なのか。A社の主要顧客は葉たばこ生産者だから、たばこ産業について見てみよう。うん、まずはマイケル・ポーターの５フォース分析だ！

崎山：５ホース？　５頭の馬？

悩里：馬で分析なんかできないでしょ！　５フォースモデルは、①新規参入業者の脅威②売り手の交渉力③代替品④買い手の交渉力⑤既存事業者間の敵対関係、これら５つの要因によって自社の置かれている競争環境を分析するものであります。

崎山：それで、その５フォースっていうのは、今回の企業風土と何の関係があるんすか？

先生：創業してから現在に至るまでにA社がどのような競争環境にあり、どのように戦略を立て遂行してきたのか、そういった外部環境からも企業風土は形成されるということなのよ。

崎山：なるほど〜！　勉強になります〜！

悩里：（軽い！　こいつ、本当にわかってるのか？）今回だと「厳しい規制に守られた参入障壁の高い業界」「多額の補助金が葉たばこ生産業者に支給されていた」と第３段落にあるし、業界の競争状況は緩やかだったと推察できます。それによって売上が右肩上がりだった成功体験があり、古き良き時代を知る古参社員が新しい取り組みを簡単には受け入れなかったということですね。

崎山：そんなに努力しなくても売上が右肩上がりだったなんて、そりゃ切迫感はないよな〜。なるほど〜！

先生：２人ともいいわ。参入障壁に関する記述は、合格＋A答案の割合が７割と多かった

〜診断士の勉強が仕事に生かせた瞬間〜

　客先での提案時に、顧客の業務だけでなく、経営者視点でも寄り添えた。

の。ここに気づけたかどうかが勝負の分かれ目だったと思うわ。

【組織の抵抗要因】

先生：ところで2人はアンゾフの「戦略は組織に従う」という命題は知ってるかしら。

悩里：はい、チャンドラーは逆に「組織は戦略に従う」という命題を提示しているのであります！　真逆だということは認識しておりますが内容までは……。

先生：悩里さすがね！　正確にいうと、真逆というのは少し違うわ。アンゾフのいう組織とは組織文化のことを、チャンドラーのいう組織とは組織構造のことをいっているの。

崎山：2人のいう組織とは、違うことを指しているんですね。

先生：そうよ。アンゾフは、戦略が組織の変革を求めても組織には自己防衛する本質があることや、組織文化によって戦略が遂行されないことを提唱したの。強力な組織文化は一体感を高める一方、組織に対する同調の圧力や組織の硬直化をもたらす場合があるのよ。

崎山：要するに、組織文化（企業風土）にはプラス面とマイナス面があるということですね？

先生：そうよ。変革や新しい取り組みが必要となったとき、組織文化がその妨げになることもあるのよ。

悩里：なるほど！　それがわかっていれば今回の事例ももっと取り組みやすかったかもしれないな……。

【高コストな企業体質（古い営業体質）について】

悩里：先生、僕は「全社的な計数管理が行われていない経理体制」についても指摘しましたが、これは必要なかったのでしょうか？

先生：うーん、そうね。営業体質については、直接的に問われている内容ではないし解答者数は多かったのだけれどB答案以下にも多く見られたの。だから、今回は大きな得点源にはならなかったと思うわ。

崎山：先生！　僕は、切迫感がない企業風土だったからコスト削減意識もなく、全社的な計数管理を行わなかったという内容を書きました。

先生：すごいじゃん、崎山！　そうなの。企業風土と高コストな企業体質（古い営業体質）のつながりを明示するために「全社的な計数管理が行われていない」ことを解答するという答案も多く見られたわ。80分のなかで、因果を明確に示して出題者に理解していることをアピールするための対応としては上出来だと思うわ。

崎山：あざーす！　なんか照れちゃいますね〜。

〜診断士の勉強が仕事に生かせた瞬間〜
　フレームワークや因果を意識したプレゼン資料や議論の進め方。

第3問（配点20点）【難易度　★★★　難しすぎる】

　A社は、新規事業のアイデアを収集する目的でHPを立ち上げ、試験乾燥のサービスを展開することによって市場開拓に成功した。自社製品やサービスの宣伝効果などHPに期待する目的・機能とは異なる点に焦点を当てたと考えられる。その成功の背景にどのような要因があったか。100字以内で答えよ。

●出題の趣旨

　市場動向とホームページなどを活用した情報戦略の関連性について、理解力を問う問題である。

●解答ランキングとふぞろい流採点基準

（MAX20点）

凡例	合格	A	B	C	合計
人数	129人	38人	49人	44人	260人

市場動向について　（MAX4点）

ランク	解答キーワード	点数	グラフ（40/80/120/160/200/240(人)）
1位	多様な潜在市場の見えない顧客がいた	4点	90　30　35　25

HPを活用した情報戦略　（MAX6点）

ランク	解答キーワード	点数	グラフ
1位	顧客ニーズなど情報の受信	4点	60　21　23　13
2位	用途を問う	2点	36　8　8　11

市場動向と情報戦略の関連性　（MAX8点）

ランク	解答キーワード	点数	グラフ
1位	営業部隊のプレゼンや活躍につながった、営業力が高かった	4点	73　19　28　16
2位	さまざまな市場との結びつきができた	4点	71　16　23　16

新規事業の拡大における課題　（MAX4点）

ランク	解答キーワード	点数	グラフ
1位	販売チャネルの構築	2点	33　8　14　10
2位	ターゲット市場の絞り込み、明確化	2点	30　4　6　8

その他　（MAX2点）			40	80	120	160	200	240（人）
ランク	解答キーワード	点数						
1位	強み・コアテクノロジーについての言及	1点	33　7 9 13					
2位	製品・サービスの開発や改良ができた	1点	22　8 4 13					

●再現答案

区	再現答案	点	文字数
合	要因は①潜在顧客から直接ニーズを収集し、ターゲット市場を絞った事、②それまでアプローチできなかった市場と結びつき、新市場を開拓し、販売チャネルを構築できた事、③営業部隊のプレゼン力が高かった事である。	20	100
A	要因は、①様々な潜在市場の顧客から直接ニーズを把握した為、営業部隊のプレゼンテーション力を発揮できた事。②様々な市場との結びつきで、自社のコアテクノロジーを活かす市場開拓や販売チャネルを獲得した事。	19	99
A	ＨＰの立ち上げでアプローチできなかった市場とつながったこと、潜在市場の見えない顧客のニーズを把握できたこと、その要望に高い乾燥技術とノウハウで応えたこと、営業部隊の支援があったこと。	17	91
B	要因は、販売チャネルの開拓ができていない中、不特定多数人が広くアクセスが可能であるインターネットを通じたＨＰを利用したニーズ調査によって、潜在市場の見えない顧客の掘り起こしができた点である。	10	95
C	要因は①潜在的なニーズの掘り起しにより新製品開発へと繋がったため②営業部隊のプレゼンテーション能力が功を奏したため③インターネット黎明期の中いち早く先行者優位性を発揮したため。	9	88
D	要因は、売上減少と費用増大という存続問題に切迫感を持ったＡ社長自らが先頭に立って、リーダーシップを発揮して、潜在市場の見えない顧客に用途を問うという従来のＨＰの目的、機能とは異なる点に焦点を当てた事。	6	100

●解答のポイント

　当時の新規事業の拡大における課題を踏まえ、HPを活用した取り組みが市場開拓の成功につながった関連性を理解し、解答することがポイントだった。

【市場開拓の成功に向けた課題と HP の活用】

先生：ここでは成功の背景にあった要因について問われているわ。2人は「成功」がどのような状態であると考えたのかしら。

悩里：はい！　ニーズがある市場にアプローチでき、継続的に販売できる体制が構築されることだと思いました。せっかく機器とソフトウエアを開発できても、必要としている市場に届けられなきゃ意味ないですから。

先生：そうね。A社は強みである農作物の乾燥技術を多様な市場へ展開し、成長しようとしていたのね。では、当時のA社はどういう状況だったのかしら。

悩里：A社が自力で切り開くことができたのは、既存市場である生産農家だけでした。新市場にアプローチできず、苦戦していたようです。だからHPを使って乾燥技術の用途を問い、潜在市場の見えない顧客を顕在化しようと考えました。

先生：素晴らしいわ。第3問は設問要求が複雑だったけれど、A社の状況とあるべき姿を理解し、どのように市場開拓に取り組んだのかを理論立てて解答できれば、大外ししなかったんじゃないかしら。

崎山：はいは〜い！　私は営業部隊が全国各地をプレゼンして回り、HPに誘導したって書きました！　第9段落に「営業部隊のプレゼンテーションが功を奏した」って書いてありますから、これが要因に違いないですよね〜！

先生：何を言っているの、順番が逆よ。

崎山：えっ、どういうことですか？

悩里：まずはHPで「潜在市場に用途を問う」ことによって、今までアプローチできなかった市場から反応を得られたんですよね？　そうして乾燥技術が必要とされている新市場を絞ることができたからこそ、営業部隊がその市場に合ったプレゼンをしたと考えられますね。

崎山：え〜、そんなこと書いてあった〜？

悩里：はい、第8段落の最後にも「ターゲット市場を絞ることはできなかった」って書かれています。つまり、まず「ターゲット市場を絞る必要がある」ということですよ。

先生：そのとおりね。では次に、市場はどんな状態だったのかしら。

悩里：潜在ニーズがいっぱいあったようです！　インターネット黎明期では考えられなかったほど多くの反応があり、初年度だけで100件以上の依頼があったとか。

先生：そうね、潜在市場や顧客については多くの受験生が書いていたわ。

崎山：でも、いくら潜在顧客がいたからって、1990年代後半でしょ？　HPを立ち上げただけで、そんなに反応来るかなぁ。やっぱり営業部隊がHPに誘導したんじゃないですか〜？

悩里：おや？　ザキさん、時制を勘違いしていませんか？　HPを立ち上げたのは、2000年代後半から現在に至るまでの間ですよ。

崎山：えっ!?　あっ……本当だ。やっちゃったよ〜。

〜資格を取ってやりたかったこと〜
中小企業を元気にすること！

先生：そう、時制を勘違いした受験生もいたようだけど、このときすでに潜在顧客が能動的に検索する時代になっていたと考えられるわ。数は少ないけれど「インターネットの普及」を背景の要因にしている答案もあったの。妥当性はあるし、加点された可能性は十分あるわね。

悩里：多様な潜在ニーズがあり、取りまとめ団体やメーカーなど、チャネル構築につながりそうな顧客からも依頼があったようです！　A社のコア技術を生かし、多様な市場へ展開する足がかりになったのですね。

【コア技術戦略について】

先生：機器の開発や改良についての言及も一定数あったわね。2人はどう考えた？

崎山：ええ〜？　開発はもう終わっているんじゃないですか？　第7段落に書いてありますよ。

悩里：確かに基盤はできていたと思うけど、将来の発展を考えれば十分といえませんよ。コア技術を応用して、今後も多様な市場ニーズに対応し続けますよね。そのためには、継続的な開発が必要です。

先生：そうね、A社が「時代に合った企業」になるためにも大切なことね。柔軟に対応し続けることで、製品開発と技術開発に相乗効果が生まれるわ。

崎山：僕らも学んだ知識を柔軟に活用しないといけませんね〜。

悩里：（ぐうの音も出ないな）来年こそは！

【合格＋A答案の特徴】

先生：第3問は設問文の読み取りが難しく、解答要素も分かれたわ。そんななかでも、合格＋A答案は、与件文から読み取れる内容を中心に、知識を使いながら解答を組み立てられていたわ。組織のキーワードで解答している答案もあったけれど、出題の趣旨にも合わないし、B答案以下に多かったわね。

悩里：やはり、難しいときこそ、与件文に寄り添うことが大切ですね。

崎山：なるほど〜！

~資格を取ってやりたかったこと~
中小企業のITリテラシー向上。

第4問（配点20点）【難易度　★☆☆　みんなができた】
　新経営陣が事業領域を明確にした結果、古い営業体質を引きずっていたA社の営業社員が、新規事業の拡大に積極的に取り組むようになった。その要因として、どのようなことが考えられるか。100以内で答えよ。

●**出題の趣旨**
　新規事業の営業力強化にとって必要な意識改革を実践する経営施策について、理解力・分析力を問う問題である。

●**解答ランキングとふぞろい流採点基準**

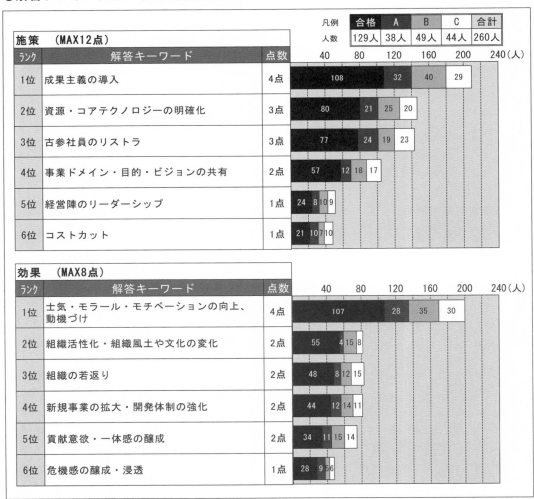

施策（MAX12点）

ランク	解答キーワード	点数	人数
1位	成果主義の導入	4点	108　32　40　29
2位	資源・コアテクノロジーの明確化	3点	80　21　25　20
3位	古参社員のリストラ	3点	77　24　19　23
4位	事業ドメイン・目的・ビジョンの共有	2点	57　12　18　17
5位	経営陣のリーダーシップ	1点	24　8　10　9
6位	コストカット	1点	21　10　7　10

効果（MAX8点）

ランク	解答キーワード	点数	人数
1位	士気・モラール・モチベーションの向上、動機づけ	4点	107　28　35　30
2位	組織活性化・組織風土や文化の変化	2点	55　4　15　8
3位	組織の若返り	2点	48　8　12　15
4位	新規事業の拡大・開発体制の強化	2点	44　12　14　11
5位	貢献意欲・一体感の醸成	2点	34　11　15　14
6位	危機感の醸成・浸透	1点	28　9　5　6

凡例：合格 129人　A 38人　B 49人　C 44人　合計 260人

●再現答案

区	再現答案	点	文字数
合	①農作物の乾燥技術をコア技術と明確にし[3]社員に共有することで共通目的が明確になり士気が向上[2]②高齢者を対象に人員削減することで組織が若返り[2]活性化[2]③削減費用を成果主義の賞与[4]に回すことで貢献意欲が向上[2]した為。	20	100
合	要因は、①コアテクノロジーを農産物の乾燥技術としてドメインを明確にし[3]、②社員への共有[2]と開発体制強化[2]、成果型賞与[4]で従業員のモラール向上[4]を図り、③人員削減[4]による従業員の危機感向上[1]で積極性が強化されたため。	19	100
合	要因は、①成果報酬[4]により賞与が支給されることで人員削減後に残った若い社員を中心にモチベーションが高まった[4]こと、②農作物の乾燥技術をコアテクノロジーと位置付けて共有[2]が図られて浸透してきたこと、である。	16	99
A	要因は、①高齢者を対象とした人員削減[3]によりリストラの危機感が生まれた[1]こと、②経営改革に否定的な社員がいなくなり組織の一体感が醸成[3]、③成果主義[4]による士気向上である。	14	81
B	要因は、農産物の乾燥技術を自社のコア技術[3]とした新規事業開発強化の必要性を社員と共有したこと。新経営陣の方針を全社に周知[4]したことで、農産物の乾燥機製造やソフトウエア開発に成功し、新規事業の基盤を固めた[2]。	7	100
C	要因は、A社の事業領域を明確に定義し、社員と共有した[2]。これにより、社員の行動の方向性が明確になり、自律した行動がとれるようになったこと。	2	68

●解答のポイント

> 新規事業の営業力強化にとって必要な意識改革を実践する経営施策と効果について、人事、組織面から、多面的に分析することがポイントだった。

【A社が行った意識改革施策】

先生：あんたたち、設問の意図は読み取れたわよね？

崎山：はい！　旧経営陣のときと異なり、新経営陣では新規事業開発が成功した要因を聞かれています。新旧の違いを念頭に、新経営陣が行った施策とその効果を分析する必要があると思います。

悩里：いろいろな施策をやっており、どれを選べばよいか悩みました。

先生：新経営陣は効果的に組織改革を実施したようね。組織改革に際しては、改革の必要性を共有し、改革に対して外発的動機づけをすることが効果的と考えられるわ。こ

の与件文でいうと、事業領域を明確化して古参社員の人員を削減したこと、成果主義による動機づけを行ったことね。これらは多くの人が解答していることよ。

悩里：僕は経営陣のリーダーシップが大事だったのではないかと思ったのですが。

先生：一定数の人がリーダーシップを挙げているので、加点要素の1つだと考えられるわね。ただ、文字数の制限があるなかで解答に入れた人は少なく、ほかのキーワードを優先的に解答した人が合格＋A答案には多そうね。

【改革の効果】

先生：効果については記載できたわよね？

悩里：はい、設問文に「新規事業の拡大に積極的に取り組むようになった」との記載があったので「士気向上」や「動機づけ」と解答しました。

先生：設問文にも解答要素があることは理解できているようね。でも、それだけ？　旧経営陣の時代と比較して、変わったことをもっと考えられないかしら。

悩里：ほかにも第2問（企業風土）との関係から、古参社員の人員削減の効果として「組織活性化」「危機感の醸成」があると思います。

崎山：か～ら～の～？

悩里：（ザキヤマ、めんどくせ～）ほかにも「ビジョンの共有」で「貢献意欲」や「一体感の醸成」も考えられますね。

先生：やるわね！　特に「危機感の醸成」や「組織活性化」など組織風土の変化に関する記載は、合格＋A答案の解答割合が高いため、合否を分けた可能性があるわ。事例の全体像を把握して、設問間のつながりを考えて答案を作成してほしいわ。

悩里：ほかにも、注意点とかあります？

先生：そういうのは、自分の頭で考えるものよ。まあ、いいわ、教えてあげる。一部答案では「ソフトウエアの開発」などが解答されていたけど、ここでは営業社員について問われていることに注意して。設問要求に素直に答えることが肝よ。私は無駄な解答はいたしません。

悩里：合格＋A答案とB答案以下で、解答要素以外に違いはありましたか？

先生：合格＋A答案は、施策と効果ともに多面的に解答できている傾向があったわ。100字の解答欄には、2～3点の論点が入ると想定し、日頃から多面的な分析を心掛けるのよ。どれほど意識して勉強をするか、どれほど多く演習をするか。合格は、それで決まるわ。要は、その覚悟があるかどうかね。

第5問（配点20点）【難易度　★★★　難しすぎる】

　A社長は、今回、組織再編を経営コンサルタントの助言を熟考した上で見送ることとした。その最大の理由として、どのようなことが考えられるか。100字以内で答えよ。

●出題の趣旨

組織再編を実施する際の条件に関する分析力を問う問題である。

●解答ランキングとふぞろい流採点基準

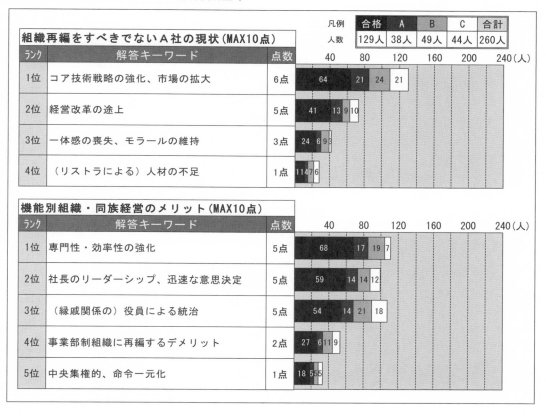

凡例	合格	A	B	C	合計
人数	129人	38人	49人	44人	260人

組織再編をすべきでないA社の現状（MAX10点）

ランク	解答キーワード	点数
1位	コア技術戦略の強化、市場の拡大	6点
2位	経営改革の途上	5点
3位	一体感の喪失、モラールの維持	3点
4位	（リストラによる）人材の不足	1点

機能別組織・同族経営のメリット（MAX10点）

ランク	解答キーワード	点数
1位	専門性・効率性の強化	5点
2位	社長のリーダーシップ、迅速な意思決定	5点
3位	（縁戚関係の）役員による統治	5点
4位	事業部制組織に再編するデメリット	2点
5位	中央集権的、命令一元化	1点

●再現答案

区	再現答案	点	文字数
合	最大の理由は、<u>再生に向けた経営改革の途中</u>で<u>新規事業の成長段階</u>であり、<u>営業統括の副社長、開発と製造統括の専務、大所高所でかかわる社長の３名</u>による<u>迅速な意思決定と強いリーダーシップ</u>が求められたため。	20	97
合	最大の理由は、現段階は<u>社内改革を行っている途中</u>で、新規事業の収益確保もできていない為、<u>役員中心の集権的体制による意思決定とリーダーシップの維持</u>と、<u>専門性を高め新規市場開拓を強化</u>させていく必要がある為。	20	100
A	理由は<u>機能別組織による専門化</u>が、機器とソフトウエアの開発やＨＰを活用した<u>新規事業の拡大</u>に効果が出ていること、既にリストラを実行して社員が動揺しており、さらなる組織変革で<u>社員のモラールが低下する</u>こと。	14	99
B	最大の要因は、営業や乾燥技術などの<u>業務の専門化を図り熟練により効率化を図る</u>ため。具体的には、①営業力向上のため社員教育を行い、②技術力向上のためノウハウの蓄積を行なう、ことで<u>新市場開拓に繋げる</u>ため。	11	99
C	理由は、<u>企業風土が改善されつつある</u>今組織再編を行うと、社内に生まれた<u>一体感を損なう</u>恐れがあるからである。具体的には、<u>事業部制組織にする事で、①セクショナリズムが生じる、②短期的思考に陥る、恐れがある</u>。	10	100
C	機能別組織からの組織再編を行うことでマネジメントができる人材が必要となるが、<u>現在経営を担っているのがＡ社社長、副社長、専務と３人</u>のみであり、<u>組織再編に必要な人材が不足</u>しているため。	6	90

●解答のポイント

　組織再編を見送って機能別組織を維持した理由について、Ａ社の現状を分析したうえで機能別組織のメリットを踏まえながら解答することがポイントだった。

【与件文からの根拠と１次試験の知識を活用して解答できたか】

先生：第５問は「組織再編を見送ることとした理由」を問われていたけど、今の組織はどのような組織形態かしら。

崎山：「創業当時の機能別組織」と第11段落に書いてあります。

先生：じゃあ、なぜ機能別組織からの組織再編を見送ったのかしら。

悩里：それは、事業部制組織のメリットより機能別組織のメリットのほうが生かせるからでしょう。

まさに診断業務の基礎固め（あくまでも基礎の基礎？）。

先生：異議あり。事業部制組織に再編するってどこに書いているのよ？　マトリックス組織なども考えられるから、事業部制組織の切り口で解答するよりは機能別組織のメリットからの切り口で解答したほうが無難ね。じゃあ、機能別組織のメリットは？

崎山：えっと……。ちょっと待ってください。

先生：はぁ～⁉　待てる時間なんてないわよ。80分で解答を終わらせる気はあるの？

悩里：専門性の発揮、大局的な意思決定……。

崎山：なるほど～。

先生：でも、1次試験の知識で機能別組織のメリットだけで解答を作成してもダメ。なぜ、今は組織再編をしないことにより機能別組織のメリットを生かせるのか。与件文からその理由となるA社の現状を解答に盛り込まなければいけないわよ。

崎山：はい、先生。与件文の第7段落「新規事業の基盤が徐々に固まってきた」段階で、第10段落に「経営改革に取り組むA社」とあります。

先生：いいじゃない。組織再編をすべきでないA社の現状について言及していない解答が合格＋A答案でもB答案以下でも2割ほどあったけど、ここに言及していなければ得点は伸びていないはずよ。

【「最大の理由」という設問要求にどのように対応するか】

先生：令和元年度の事例Ⅰは第1問と第5問の設問で特徴的だった「最大の理由」という要求に対し、どのように対応した？

悩里：平成29年度の事例Ⅰ第1問でも「最大の要因」という設問要求があったとき、いくつかの要素を1つにまとめて記述するほうがよかったと書いてありましたよ。

崎山：それは違うんじゃないかなー。設問で要求されたとおりに1つに絞って解答すると外してしまうリスクが高いんじゃない？

先生：あんたたち、よく過去問を研究してるじゃない。では「最大の理由」と聞かれて失敗しない解答を作るためにはどうしたらいい？

悩里：それは……。

先生：最大の理由に対応する結論づけ、すなわち述語を大きく一言でまとめて解答を作成する。この場合だと「機能別組織がよかったから」となる。この文章構成にすると、結論づけに対応する要素をいくつか盛り込むことができて失点を抑えることができるからね。実際「最大の理由は、①～、②～」と並記している解答が1割以上もあったけど、減点されても文句はいえないからね。

崎山：勉強になります～！

~2次試験とは○○である~
情報戦。

▶事例Ⅰ特別企画 ◀

もう迷わない！　事例Ⅰの羅針盤

悩里：僕、事例Ⅰ苦手なんですよね。いつも設問ごとの切り分けを間違ってしまいます。

崎山：僕も、令和元年度の問題はいつにも増して混乱しちゃったなー。

先生：確かに令和元年度の事例Ⅰは難しかったようね。再現答案を提出してくれた人の得点区分を見ても、Ｃ答案やＤ答案がほかの事例より多かったわ。でも、私がレクチャーしたら、あんたたちを事例Ⅰマスターにできるわよ。

【事例Ⅰを企業の成長サイクルでとらえよう】

先生：まずはこの図を見てもらえるかしら。

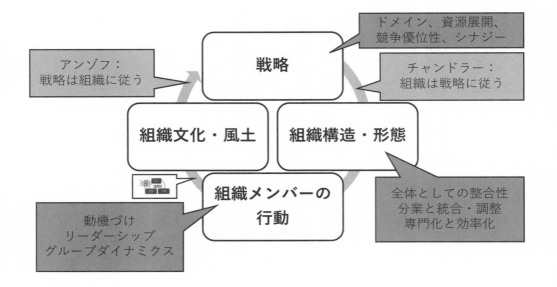

崎山：何すかこれー！

先生：説明の前にまずおさらいだけど、事例Ⅰは「組織・人事」についての問題よね。もちろん１次試験の知識が２次試験を解くにあたってベースになるわけだけど、その１次知識を簡単にまとめると、このようなサイクルになるの。

悩里：レイヤーとはまた違うんですね。

崎山：レイヤーって何すか？

先生：いろんな解釈があるけど「設問に対する解答内容を、役職者の階層ごとに切り分ける手法」って感じかしら。たとえば、戦略の決定のように社長が取り組むべき課題と、実務での行動のように現場の社員が取り組むべき課題は違うでしょ？

崎山：なるほど〜。僕はなやまちゃんみたいにそんな難しいこと考えてないな〜。

先生：レイヤーの話は置いておいて、企業の成長サイクルについて「戦略」を出発点にして説明するわね。企業は持っている経営資源や競争優位性からドメインを決定して、戦略を立てるの。戦略が決まれば、次は「組織構造・形態」を考えるのよ。

悩里：第2問の話のときにあった、チャンドラーの「組織（構造）は戦略に従う」ですね！

先生：そのとおりよ。じゃあ、それってたとえばどういうことか説明できる？

崎山：はいはーい！　全体最適化を図るなら権限集約型がいいとか、会社全体として製品や市場が多岐にわたる場合は事業部制組織で一定の権限を委譲して意思決定スピードを高めるほうがいい、って話ですよね？

先生：そのとおりよ。よくわかっているじゃない。そして組織構造が決まれば、次は「組織メンバーの行動」が規定されてくるのよ。

悩里：僕もわかります！　たとえば、事業部制組織にしたら、利益責任が明確化されてモチベーションが上がる反面、短期的な利益を求める行動を取っちゃうって感じですね。

先生：そうね。悩里もわかってきたわね。ある行動が組織のなかに浸透していき、時間が経つと「組織文化・風土」が形成されるの。そしてまた「戦略」に影響を及ぼすのよ。

悩里：今度は「戦略は組織（文化）に従う」というアンゾフの話ですね！

先生：チャンドラーとアンゾフ、両理論の違いはもうばっちりね。

悩里：これで1周したから、あとはこのサイクルが回り続ければいいってことですね！

崎山：そのまま回り続けるだけじゃダメじゃん〜！　外部環境も変わるし、いつまでもそのままでは成長しないっしょ〜。

悩里：でも、このサイクルはそのまま回り続ける仕様になっていますよね？　先生、この図は失敗ではないですか？

先生：あんたねぇ……私、失敗しないので。ほら、サイクルの左下のほうに何か見えない？

崎山：図の左下……なんか小さい図みたいのが見えますね〜……。これ何すか〜？

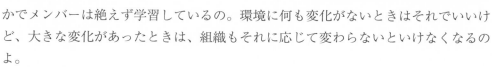

先生：さっき、メンバーの行動が浸透すると組織文化・風土になるって言ったけど、そのなかでメンバーは絶えず学習しているの。環境に何も変化がないときはそれでいいけど、大きな変化があったときは、組織もそれに応じて変わらないといけなくなるのよ。

悩里：高次学習が必要ってことですね（ドヤ顔）。

先生：あんた、書いてあることを読んだだけね。でもそのとおりよ。つまりまとめると、企業が戦略を決めると、その戦略を達成するために最適な組織構造が決定される。組織構造が決まれば、組織メンバーの行動が規定される。その行動が浸透すると組

織文化・風土になるわけだけど、実際には低次学習を行いながら浸透していくのよ。そして、組織に浸透した風土はまた戦略に影響を及ぼす。でも、外部環境が大きく変化すると、そのままのサイクルではいけなくなるわけ。だから企業も変わらないといけない。だからこそ高次学習が必要になるといったところね。

悩里：先生、さっきも思いましたが、これだとレイヤーの問題を無視していますよね？

先生：確かに、このサイクルにはレイヤーの要素を直接的には織り込んでいないわ。でも戦略を決めるのは社長の仕事で、組織メンバーの行動は現場レベルの話というのは何となくわかるでしょ。あんたみたいに、レイヤーの深みにはまって混乱するくらいなら、これくらいシンプルに考えたほうが全体像をつかめていいんじゃない。

悩里：はい、先生！　ぐうの音も出ません！

【令和元年度の問題を当てはめてみよう】

先生：じゃあ崎山、あんたこのサイクルに令和元年度の設問を当てはめてみなさい。このサイクル図のよいところは、どこを起点にしても循環するところ。わかったところから埋めていけばつながってくるはずよ。

崎山：はーい！　先生！　第2問は「組織文化・風土」のところに当てはまると思います！

先生：第2問は設問文に「企業風土」と書いてあるから、そこでよさそうね。外部環境が変化した際には高次学習が必要になることはさっき説明したとおりだから、その辺りの知識も紐づけて思い出すことね。

悩里：はははい！　先生！　第5問は組織構造に関する内容ですね。あ、でも組織再編を見送ったのは社長の決断だから、組織構造のレイヤーではなく戦略のレイヤーかも……いや、組織文化の観点で再編を見送ったのかもしれません……。

先生：あんたはいつもこじらせすぎね。もっとシンプルに考えなさい。

崎山：なやまちゃん、そんな難しく考えなくても、単純に組織構造って感じでいいじゃん！

先生：そこでいいと思うわ。各組織構造のメリットやデメリットは必須の知識ね。

悩里：ん〜、なるほど！　では第1問は文句なしで戦略に関する内容ですね！

崎山：第4問は、メンバーの行動の話だな〜。ちょっとばかり組織風土の要素も入るかもしれないけど、行動のほうがメインって感じでいいと思うな〜。

先生：あんたたちやるじゃない。第4問については、動機づけに関する内容や、リーダーシップについても関連知識として重要よ。じゃあ第3問はどうかしら。

悩里：第3問は戦略から派生して考えたらいけそうですね。外部環境をとらえたうえで、ドメインを再定義する問題だと思います。

崎山：なやまちゃん、それは違うっしょ〜！　ここは組織メンバーの行動、特に営業部隊の強みから考えていくほうが正しい気がするけどなぁ〜。

先生：2人ともいい着眼点ね。第3問については、外部環境と戦略の関わりから考えるのがベターだと思うわ。ただし、崎山が言ったように、営業部隊の強みから考えるの

も悪くはなさそうね。

崎山：何すかそれ～！　正解が複数あるなんてずるいっしょ～。

先生：待ちなさい。あんたたち、何のために私のレクチャーを聞いているの？

2人：とっつきにくい事例Ⅰで迷わないように、全体像をつかめるようになるためです！

先生：そうよ。だから厳密にどの問題がどのパーツに当てはまっているかを深追いしすぎ
　　　ないで。あくまで全体像をつかんで、設問ごとのつながりを意識することが大事。
　　　与件文解釈や解答構成にあたって、切り分けの一助にするためのものと思いなさい。

2人：は、はい！

先生：結局、まとめるとこんな感じね。

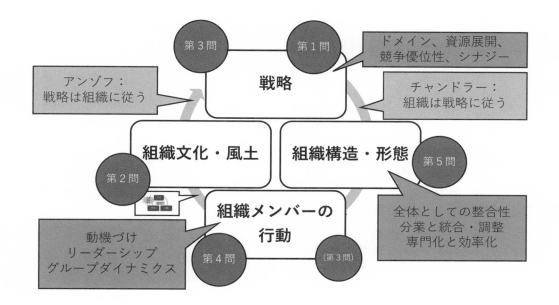

崎山：なるほど、こうやって全体像をイメージしながら個別の設問に取り組んでいくと、
　　　切り分けのミスが減るわけですね。僕はいつも設問ごとにばらばらに考えていて、
　　　こういう全体像をつかめていなかったな～！　勉強になります～！

先生：崎山はいつもシンプルに考えすぎて、全体のつながりが見えていないわ。せめてこ
　　　のサイクルくらいは意識しておきなさい。

崎山：はい！

先生：逆に悩里はややこしく考えすぎ。レイヤーにこだわるのもいいけど、使いこなせず
　　　に混乱するくらいなら、もう少しシンプルに考えるくらいがちょうどよいと思うわ。

悩里：はい！　僕が先生とお付き合いするには1,000年早いとよくわかりました。

先生：何言ってんの？　1,000年経ってもあんたとは付き合わないわよ。

~試験に持って行ってよかったもの~
　ファイナルペーパー。持っているだけで、心の気休めになりました。

ふぞろい流ベスト答案　　　　　　　　　　　　　事例Ⅰ

第1問（配点20点）　96字　　　　　　　　　　　　　　【得点】20点

受	動	喫	煙	問	題¹	な	ど	に	よ	り	市	場	が	縮	小⁴	す	る	中	、
コ	ア	技	術	を	生	か	せ	な	い¹	メ	ン	テ	ナ	ン	ス	事	業	に	お
い	て	、	過	度	の	個	別	対	応	に	よ	り	部	品	在	庫	を	増	加⁴
さ	せ	て	し	ま	っ	た	こ	と	で	、	結	果	的	に	、	売	上	減	少⁵
と	費	用	増	大⁵	を	招	い	て	し	ま	っ	た	か	ら	。				

第2問（配点20点）　100字　　　　　　　　　　　　　　【得点】20点

参	入	障	壁	が	高	く⁵	補	助	金	に	守	ら	れ	た⁴	た	ば	こ	業	界
を	顧	客	と	し	売	上	は	好	調	だ	っ	た²	た	め	切	迫	感	が	な
く⁴	コ	ス	ト	削	減	意	識	が	低	い³	。	ま	た	、	古	参	社	員	の
影	響	力	が	強	く²	硬	直	化	し	た	変	革	し	に	く	い	企	業	風
土⁵	で	あ	り	全	社	的	な	計	数	管	理	が	行	わ	れ	な	か	っ	た。¹

第3問（配点20点）　99字　　　　　　　　　　　　　　【得点】20点

要	因	は	、	多	様	な	潜	在	市	場	の	見	え	な	い	顧	客⁴	に	用
途	を	問	い²	、	①	タ	ー	ゲ	ッ	ト	を	絞	り	込	み²	、	営	業	部
隊	の	活	躍	に	つ	な	が	っ	た⁴	事	、	②	さ	ま	ざ	ま	な	市	場
と	結	び	つ	き⁴	、	販	売	チ	ャ	ネ	ル	を	構	築²	し	た	事	、	③
ニ	ー	ズ	を	収	集⁴	し	、	製	品	開	発	に	活	用¹	し	た	事	。	

第4問（配点20点）　96字　　　　　　　　　　　　　　【得点】20点

要	因	は	、	①	コ	ア	技	術	の	明	確	化³	お	よ	び	事	業	領	域
の	共	有²	に	よ	り	、	一	体	感	が	醸	成²	さ	れ	た	事	、	②	古
参	社	員	の	人	員	削	減³	に	よ	り	、	危	機	感	が	醸	成¹	さ	れ、
組	織	が	活	性	化²	し	た	事	、	③	成	果	型	賞	与	の	導	入⁴	に
よ	り	、	従	業	員	の	士	気	が	向	上⁴	し	た	事	。				

第5問（配点20点）　99字　　　　　　　　　　　　　　【得点】20点

最	大	の	理	由	は	、	経	営	改	革	を	さ	ら	に	進	め	て⁵	コ	ア
技	術	戦	略	を	強	化⁶	し	て	い	く	た	め	に	、	同	族	経	営	の
メ	リ	ッ	ト	で	あ	る	意	思	決	定	の	迅	速	さ⁵	を	生	か	し	、
社	長	が	大	所	高	所	か	ら	す	べ	て	の	部	門	に	目	配	り	を
す	る⁵	機	能	別	組	織	が	適	し	て	い	た	か	ら	で	あ	る	。	

ふぞろい流採点基準による採点

100点

第1問：メンテナンス事業が成功しなかった理由について、原因だけではなく、結果も
　　　　セットにして記述しました。
第2問：高コストな企業体質となった企業風土とその形成要因について、外部要因や内
　　　　部要因の観点から多面的に記述しました。
第3問：HP の活用が、市場開拓の成功につながった流れを中心に構成しました。
第4問：組織改革の施策と効果を、組織文化醸成と人事の観点で多面的に記述しました。
第5問：A社の戦略が変化したなかで組織再編せずに機能別組織が適していた理由につ
　　　　いて、与件文からの根拠と1次知識を紐づけて多面的に記述しました。

Column

受験生支援団体のセミナーに参加する？　参加しない？

　2次試験の学習って何から始めたらいいの？　他の受験生はどんな勉強しているの？
合格者はどんな勉強していたんだろう？　などなど1人で勉強していると気になることが
たくさんあります。そんなときお勧めなのが、受験生支援団体のセミナーです。開催時期は、
団体によってマチマチです。かくいう私も昨年いくつかのセミナーに参加しました。参加
するまでは、みんなできる人ばかりだったらどうしよう、質問されたらどうしようとか、
あれこれと想像していましたが、いざ参加してみると、同じような悩みを抱えた受験生が
多く、いらぬ心配でした。いろんな人に相談したり、合格者に話を聞くことで、不安要素
を取り除くことができました。もちろん、セミナーに合う人、合わない人もいますので、
参加がマストとはいいませんが、勉強に行き詰まったり、気分転換したいときは、一度勇
気を出して参加してみるのもいいと思います。意外な発見があったりするかもしれません。
　ネット社会のいま、情報を足で稼ぐのは古いといわれるかもしれませんが、人と人との
つながりは、最終的には会って話すことが大事だと思っています。「百聞は一見に如かず」
で、セミナーに気軽に参加してみてはいかがでしょうか。　　　　　　　　　　（テリー）

~試験に持って行ってよかったもの~

座布団。夏にパーカーとストール（冷房直撃寒すぎ）、マスク（周囲のにおい）。

▶事例Ⅱ（マーケティング・流通）◀

令和元年度 中小企業の診断及び助言に関する実務の事例Ⅱ
（マーケティング・流通）

　B社は資本金200万円、社長を含む従業者2名の完全予約制ネイルサロンであり、地方都市X市内の商店街に立地する。この商店街は県内では大規模であり、週末には他地域からも来街客がある。中心部には小型百貨店が立地し、その周辺には少数ではあるが有名ブランドの衣料品店、宝飾店などのファッション関連の路面店が出店している。中心部以外には周辺住民が普段使いするような飲食店や生鮮品店、食料品店、雑貨店、美容室などが出店している。X市は県内でも有数の住宅地であり、中でも商店街周辺は高級住宅地として知られる。X市では商店街周辺を中核として15年前にファミリー向け宅地の開発が行われ、その頃に多数の家族が入居した（現在の人口分布は図1参照）。当該地域は新興住宅地であるものの、桜祭り、七夕祭り、秋祭り、クリスマス・マーケットなどの町内会、寺社、商店街主催のイベントが毎月あり、行事が盛んな土地柄である。

　B社は2017年に現在の社長が創業した。社長と社員Yさんは共に40代の女性で、美術大学の同級生であり、美大時代に意気投合した友人でもある。社長は美大卒業後、当該県内の食品メーカーに勤務し、社内各部署からの要望に応じて、パッケージ、販促物をデザインする仕事に従事した。特に在職中から季節感の表現に定評があり、社長が提案した季節限定商品のパッケージや季節催事用のPOPは、同社退職後も継続して利用されていた。Yさんは美大卒業後、X市内2店を含む10店舗を有する貸衣装チェーン店に勤務し、衣装やアクセサリーの組み合わせを提案するコーディネーターとして従事した。2人は同時期の出産を契機に退職し、しばらくは専業主婦として過ごしていた。やがて、子供が手から離れた頃に社長が、好きなデザインの仕事を、家事をこなしながら少ない元手で始められる仕事がないかと思案した結果、ネイルサロンの開業という結論に至った。Yさんも社長の誘いを受け、起業に参加した。なお、Yさんはその時期、前職の貸衣装チェーン店が予約会（注）を開催し、人手が不足する時期に、パートタイマーの同社店舗スタッフとして働いていた。Yさんは七五三、卒業式、結婚式に列席する30〜50代の女性顧客に、顧客の要望を聞きながら、参加イベントの雰囲気に合わせて衣装の提案を行う接客が高く評価されており、同社に惜しまれながらの退職であった。2人は開業前にネイリスト専門学校に通い始めた。当初は絵画との筆遣いの違いに戸惑いを覚えたが、要領を得てからは持ち前の絵心で技術は飛躍的に向上した。

　技術を身に付けた2人は、出店候補地の検討を開始した。その過程で空き店舗が見つかり、スペースを改装して、営業を開始した。なお、当該店舗は商店街の中心部からは離れた場所にあり、建築から年数がたっており、細長いスペースが敬遠されていた。そのため、商店街の中では格安の賃貸料で借りることができた。また、デザインや装飾は2人の得意

〜試験に持って行ってよかったもの〜
　クッション、使い捨てスリッパ。若い方は大丈夫かもしれませんが疲労対策も大事です。セロハンテープ。

とするところであり、大規模な工事を除く内装のほとんどは手作業で行った。2人が施術すれば満員となるような狭いスペースではあるものの、顧客からは落ち着く雰囲気だと高い評価を得ている。また、Yさんが商店街の貸衣装チェーン店で勤務していた経緯もあり、商店街の他店ともスムーズに良好な関係を構築することができた。

　ネイルサロンとは、ネイル化粧品を用いて手および足の爪にネイルケア、ネイルアートなどを施すサービスを行う店舗を指す。一般にネイルサロンの主力サービスは、ジェルネイルである（図2参照）。ジェルネイルでは、ジェルと呼ばれる粘液状の合成樹脂を爪に塗り、LEDライトもしくはUV（紫外線）ライトを数十秒から1分程度照射してジェルを固める。この爪にジェルを塗る作業と照射を繰り返し、ネイルを完成させる。おおむね両手で平均1時間半の時間を要する（リムーブもしくはオフと呼ばれるジェルネイルの取り外しを含める場合は平均2時間程度である）。サービスを提供する際に顧客の要望を聞き、予算に基づき、要望を具体化する。ただし、言葉で伝えるのが難しいという顧客もおり、好きな絵柄やSNS上のネイル写真を持参する場合も多くなっている。またB社の価格体系は表のようになっている。

　ネイルサロン市場は2000年代に入り需要が伸び、規模が拡大した。近年、成長はやや鈍化したものの、一定の市場規模が存在する。X市の駅から商店街の中心部に向かう途中にも大手チェーンによるネイルサロンが出店している。また自宅サロンと呼ばれる、大手チェーンのネイルサロン勤務経験者が退職後に自宅の一室で個人事業として開業しているサロンも、商店街周辺には多数存在する。

　開業当初、B社にはほとんど顧客がいなかった。あるとき、B社社長が、自分の子供の卒業式で着用した和服に合わせてデザインしたジェルネイルの写真を写真共有アプリ上にアップした。その画像がネット上で話題になり拡散され、技術の高さを評価した周辺住民が来店するようになった。そして、初期の顧客が友人達にB社を紹介し、徐々に客数が増加していった。ジェルネイルは爪の成長に伴い施術から3週間～1カ月の間隔での来店が必要になる。つまり固定客を獲得できれば、定期的な来店が見込める。特に初来店の際に、顧客の要望に合ったデザイン、もしくは顧客の期待以上のデザインを提案し、そのデザインに対する評価が高ければ、固定化につながる例も多い。この際には社長やYさんが前の勤務先で培った提案力が生かされた。結果、従業者1人当たり25名前後の固定客を獲得するに至り、繁忙期には稼働率が9割を超える時期も散見されるようになった。なお、顧客の大半は従業者と同世代である。そのうちデザイン重視の顧客と住宅地からの近さ重視の顧客は半数ずつとなっている。後者の場合、オプションを追加する顧客は少なく、力を発揮したい2人としてはやや物足りなく感じている。

　B社店舗の近隣には、数年前に小型GMSが閉店しそのままの建物があった。そこを大手デベロッパーが買い取り、2019年11月に小型ショッピングモールとして改装オープンすることが決定した。当初、一層の集客を期待したB社社長であったが、当該モール内への、大手チェーンによる低価格ネイルサロンの出店が明らかになった。B社社長は、これまで

自宅から近いことを理由に来店していた顧客が大幅に流出することを予想した。B社社長とYさんは大幅に減少する顧客数を補うための施策について思案したが、良い案も出ず、今後の方針について中小企業診断士に相談することとした。

（注）貸衣装業界で行われるイベント。百貨店、ホール、ホテル、大学、結婚式場などの大規模な会場で、顧客が会場でサンプルを確認、試着し、気に入ったものがあれば商品を予約することができる。支払いは後日行う。

図1　全国とX市の年齢別人口構成比

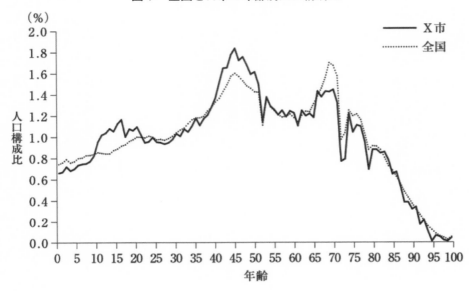

図2　ジェルネイルの参考イメージ

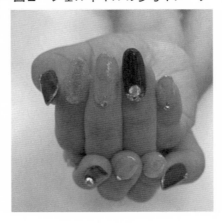

表　B社の価格体系

		価　格	説　明
基本料金		10本当たり 7,000円	ケア＋単色のジェルネイル
オプション	デザイン・オプション	1本当たり 500円〜2,000円	グラデーションなどの2色以上のデザインを施すオプション
	ストーン・オプション	1本当たり 300円〜1,000円	ガラスやストーンなどを爪に乗せるオプション
	アート・オプション	1本当たり 1,000円〜6,000円	より凝ったデザインの絵を爪に描くオプション

第1問（配点20点）

小型ショッピングモール開業を控えた2019年10月末時点のB社の状況について、SWOT分析をせよ。各要素について、①〜④の解答欄にそれぞれ40字以内で説明すること。

第2問（配点30点）

B社社長は初回来店時に、予約受け付けや確認のために、インスタント・メッセンジャー（インターネットによるメッセージ交換サービス）のアカウント（ユーザーID）を顧客に尋ねている。インスタント・メッセンジャーでは個別にメッセージを配信できる。

このアカウントを用いて、デザインを重視する既存顧客の客単価を高めるためには、個別にどのような情報発信を行うべきか。100字以内で助言せよ。

第3問（配点50点）

B社社長は2019年11月以降に顧客数が大幅に減少することを予想し、その分を補うために商店街の他業種との協業を模索している。

（設問1）

B社社長は減少するであろう顧客分を補うため、協業を通じた新規顧客のトライアルが必要であると考えている。どのような協業相手と組んで、どのような顧客層を獲得すべきか。理由と併せて100字以内で助言せよ。

（設問2）

協業を通じて獲得した顧客層をリピートにつなげるために、初回来店時に店内での接客を通じてどのような提案をすべきか。価格プロモーション以外の提案について、理由と併せて100字以内で助言せよ。

〜ファイナルペーパーに書いた一言〜

与件文に寄り添う。設問文には真正面から答える。

第１問（配点20点）【難易度　★☆☆　みんなができた】
　小型ショッピングモール開業を控えた2019年10月末時点のB社の状況について、SWOT分析をせよ。各要素について、①〜④の解答欄にそれぞれ40字以内で説明すること。

●出題の趣旨
　B社内外の経営環境を分析する能力を問う問題である。

●解答ランキングとふぞろい流採点基準

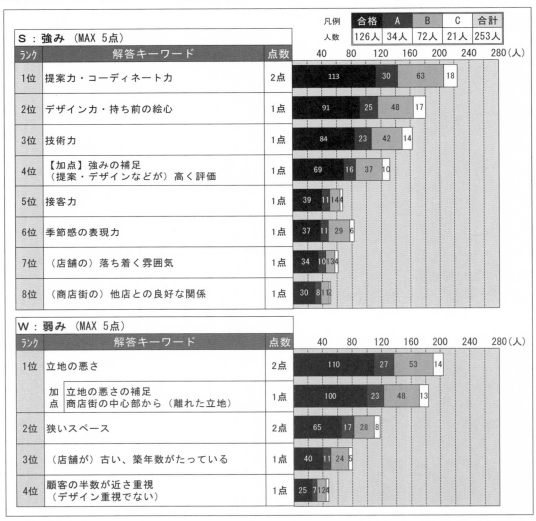

凡例	合格	A	B	C	合計
人数	126人	34人	72人	21人	253人

S：強み（MAX 5点）

ランク	解答キーワード	点数	合格	A	B	C
1位	提案力・コーディネート力	2点	113	30	63	18
2位	デザイン力・持ち前の絵心	1点	91	25	48	17
3位	技術力	1点	84	23	42	14
4位	【加点】強みの補足（提案・デザインなどが）高く評価	1点	69	16	37	10
5位	接客力	1点	39	11	14	4
6位	季節感の表現力	1点	37	11	29	6
7位	（店舗の）落ち着く雰囲気	1点	34	10	13	4
8位	（商店街の）他店との良好な関係	1点	30	8	11	2

W：弱み（MAX 5点）

ランク	解答キーワード	点数	合格	A	B	C
1位	立地の悪さ	2点	110	27	53	14
加点	立地の悪さの補足 商店街の中心部から（離れた立地）	1点	100	23	48	13
2位	狭いスペース	2点	65	17	28	8
3位	（店舗が）古い、築年数がたっている	1点	40	11	24	5
4位	顧客の半数が近さ重視（デザイン重視でない）	1点	25	7	12	4

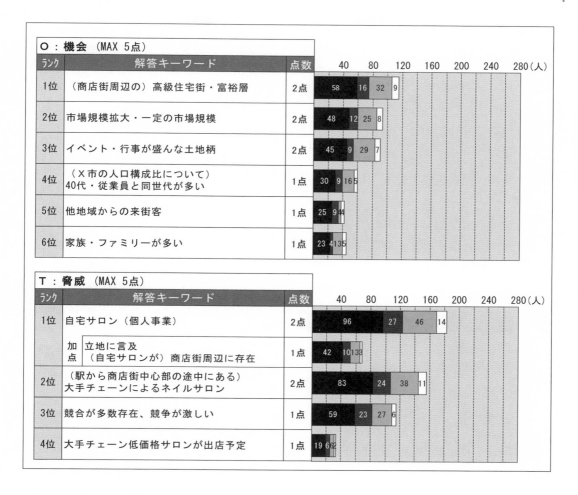

●再現答案

S：強み

区	再現答案	点	文字数
合	<u>季節感の表現</u>や<u>技術</u>の<u>高さ</u>、高い<u>提案力</u>と、手作りの内装による<u>落ち着く雰囲気</u>である。	5	40
A	①<u>季節感の表現</u>に定評がある<u>デザイン力</u>②顧客ニーズに応じた<u>提案力</u>③<u>落ち着く店舗</u>。	5	40
B	前職で培った社長の<u>季節感の表現力</u>、Yさんの衣装の<u>コーディネート提案力</u>、が強み。	3	39
C	前の勤務先で培った、<u>デザイン</u>や衣装・アクセサリーとの<u>コーディネートの提案力</u>。	3	38

〜ファイナルペーパーに書いた一言〜
ストーリーを読み取れ。

W：弱み

区	再現答案	点	文字数
合	店舗は商店街の中心地から[1]離れた[2]立地で、築年数古く[1]狭い[2]。デザイン重視の顧客が少ない[1]。	5	40
A	商店街の中心部から[1]離れた立地[2]、住宅地からの近さ重視の顧客が[1]半分である。	4	35
B	店舗が商店街の中心部から[1]遠く[2]集客力が低く、ネイルの時間がかかる点である。	3	36
C	①2人が施術すれば満員となる狭い店舗スペース[2]②両手で平均1時間半を要する施術時間。	2	40

O：機会

区	再現答案	点	文字数
合	行事が盛んな土地柄[2]かつX市には社長・Yと同世代の40代が多く[1]、高級住宅地がある[2]こと。	5	40
A	ネイルサロン市場は一定の市場規模があり[2]、商店街の近くは高級住宅地[2]となっている。	4	39
B	機会は、一定の市場規模の存在[2]と、X市が40代の人口が多い[1]こと。	3	31
C	ネイルサロン市場が2000年代に入り需要が伸び、一定の市場規模が存在[2]すること。	2	36

T：脅威

区	再現答案	点	文字数
合	商店街中心部近くの大手チェーン[2]、周辺[1]の個人事業主のサロン[2]等競合が多く競争が激しい[1]。	5	40
A	大手チェーンのネイルサロン[2]や個人事業のサロン[2]が商店街周辺[1]に多数存在[1]している。	5	40
B	商店街付近の大手チェーンのネイルサロン[2]や個人事業で開業している自宅サロン[2]がある。	4	40
C	大手チェーンによる低価格ネイルサロンの出店予定[1]があり現在の顧客流出の危機がある事。	1	40

~試験1週間前からの過ごし方~

　マスク着用、2時間に1回うがい手洗い、マヌカハニーをなめる、など体調管理の徹底。

●解答のポイント

> 　B社の経営環境について、第2問以降との関連や時制もふまえてキーワードの優先順位づけを行い、限られた文字数のなかで要点を過不足なく盛り込めるかがポイントだった。

【S：強み】

先生：さぁ、続いて事例Ⅱを見ていくわ。私、事例Ⅱも失敗しないので。第1問は「SWOT分析」で、前回（平成30年度）の「３Ｃ分析」と同様にストレートに環境分析が問われたわ。まず「強み」についてはどう対応した？

崎山：与件文にあった社長の「季節感の表現力」やＹさんの「提案力」「店舗の落ち着いた雰囲気」を拾いました。与件文に答えがあるって最高！　環境分析あざーす！

悩里：僕は、強みの候補がありすぎて字数が足りず、取捨選択に時間をかけてしまいましたよ……。

先生：確かに強みの記載は多くあったけど、何を選んだかでそこまで点差はついていないようね。事例Ⅱは後半の問題で「強みを機会に生かす」提案を求められることが多いけど、今回も例外じゃなく、ここで挙げた強みはそのまま第2問以降で使えるようになっていたわ。後の問題を意識してキーワードの優先順位づけを行いながら、時間をかけずに確実に点数を取りたいわね。

【W：弱み】

先生：次に「弱み」だけど、何を盛り込むべきかわかった？

崎山：立地の悪さは確実に弱みですよね！　ほかはあまりピンと来なかったので、低価格ではないことやネイルに時間がかかることなどを書いて字数を稼ぎました。

悩里：それは踏み込んじゃいけないサンクチュアリ。ネイルに時間がかかるのは他店も同じでしょ？　価格だって技術やデザイン提案力の高さの裏返しでもあるし、弱みとはいい切れないと思います。

先生：悩里、やるじゃない。本当に弱みとしてよいか、多面的な見方や競合との比較をふまえた判断が求められたといえるわ。

【O：機会】

先生：「機会」は後の問題との関連も深くて重要だったけど、何がポイントだと考えた？

崎山：イベントからの〜？　強みを生かして顧客獲得！　が真っ先に思い浮かんだので、「行事が盛んな土地柄」は最優先で書きました。デザイン重視の顧客を集めたいことを考えると、高級住宅街に住む富裕層も欠かせないですね。加点くる〜！

悩里：あと、グラフの読み取りは外せないですね。40代と10代が多く、与件文に記載のと

おりファミリーが多いことが読み取れます。

先生：いい着眼点ね。イベントは後の問題でも重要になるキーワードよ。さらに、高付加価値のオプションと相性のよい富裕層、従業員と同世代の40代、イベントとの親和性が高いファミリーは顧客になる可能性が高いと考えられるから、どれも加点対象となっているでしょうね。逆に「10代が多い」というだけの指摘は少数派だったわ。多くの受験生が、デザイン重視でオプション追加要望のある顧客に注力したいというB社の意向をふまえて、「機会」の優先度を判断できていたようね。やるじゃない！

【T：脅威】

先生：最後は「脅威」だけど、ここが最も見解の分かれたところだと思うわ。

崎山：「10月末時点」と設問文にあるので、あまり深く考えず、11月に出店予定の大手チェーンによる低価格ネイルサロンは省いて、商店街中心部に向かう途中の大手チェーンネイルサロンと、商店街周辺に多い自宅サロンを挙げました。

悩里：近さ重視の顧客を奪われる可能性を考えると、低価格ネイルサロンが最も脅威になりそうですけど、書かなくていいんでしょうか？　時制は気になりましたが……。

先生：受験生でも判断は分かれたようね。ただ、もし「10月末時点」という制約がなければ、ほとんどの受験生が大手チェーンによる低価格ネイルサロンを脅威として書いたでしょうし、やはり意図はあったと考えられるわ。少なくとも、これから出店予定であることを明記するなど、時制を意識した解答が求められた可能性は高いわね。

崎山：なるほど〜！　やっぱり素直と元気が一番ですね〜！

悩里：（元気関係ないだろ。帰りにガム踏め。電柱に頭ぶつけろ。）

Column　先人の失敗情報を集め、自身の経験へと変えて同じ失敗を防ごう！

　私は2次試験3回目でやっと合格できました。努力の甲斐あって、2年目の夏以降から成績が急激に伸び、絶対合格できると思っていました。ですが本番の事例Ⅲで終了時間を10分長く設定する痛恨のミスを犯し、1.5問分の解答が白紙となり敗北しました。今でも「試験終了5分前です」という試験官のアナウンスが忘れられません。パニックになったあの瞬間も鮮明に覚えています。一生懸命勉強したのに、こんなミスで合格を逃すなんて、家族に申し訳が立ちませんでした。もうやめようと思いましたが、この失敗を今後に生かすには合格する以外にはないと考え、再挑戦を決意しました。3年目はこの失敗があったからこそ、合格をつかみ取れました。皆さんは先人の失敗情報を集めてしっかり対策してください。本番でのミスをわざわざ自分で経験しなくてもよいと思いませんか？　（まっつ）

〜試験1週間前からの過ごし方〜

特に意識せず、普段どおりに。ただ、計算問題は毎日解いて感覚を鈍らせない。

第2問（配点30点）【難易度　★★☆　勝負の分かれ目】

　B社社長は初回来店時に、予約受け付けや確認のために、インスタント・メッセンジャー（インターネットによるメッセージ交換サービス）のアカウント（ユーザーID）を顧客に尋ねている。インスタント・メッセンジャーでは個別にメッセージを配信できる。

　このアカウントを用いて、デザインを重視する既存顧客の客単価を高めるためには、個別にどのような情報発信を行うべきか。100字以内で助言せよ。

事例Ⅱ

●出題の趣旨

　B社顧客個々の状況に合わせたコミュニケーション方法を提言する能力を問う問題である。

●解答ランキングとふぞろい流採点基準

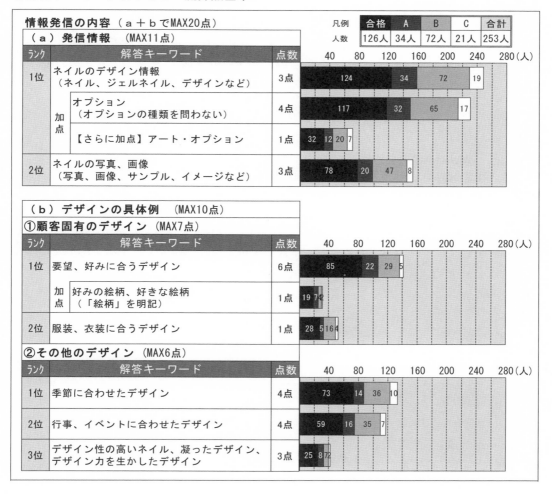

顧客の状況　（MAX8点）

ランク	解答キーワード	点数	40	80	120	160	200	240	280（人）
1位	次回来店時期、次回施術時期、次回施術のタイミング、爪の成長度合い	4点	37　8 140						
2位	過去の施術、施術履歴	4点	30　88						

効果　（MAX2点）

ランク	解答キーワード	点数	40	80	120	160	200	240	280（人）
1位	買上点数の増加（オプションの追加、施術本数の増加など）	1点	49　11 27 5						
2位	商品単価の向上（より高単価なオプションへの誘導）	1点	17 35						

●再現答案

区	再現答案	点	文字数
合	<u>交換が必要となってきた時期</u>を狙い、<u>初回来店時に注文した</u>デザインや、聞き取った<u>要望を踏まえ</u>た、<u>季節の行事に合わせ</u>た<u>凝ったデザイン</u>を<u>写真</u>付きで提案し、<u>高額なアート・オプションの追加</u>を促し、客単価を高める。	30	100
A	<u>アート・オプション</u>等を<u>依頼</u>されるよう各顧客の<u>初回来店時</u>要望を顧客DBに記録し、それぞれの<u>好みに合ったデザイン</u>を継続的に提案、発信する。<u>季節、イベントに合わせ</u>て、デザイン変更提案。<u>サンプル写真</u>を添付する。	25	100
B	X市で人口構成比が多く高級住宅地に住むファッション重視の子離れ40代女性に対して、卒業式や結婚式等の<u>イベントに合わせ</u>た<u>季節感を表現</u>した<u>ジェルネイル</u>の<u>写真</u>を発信し、関係性を強化し<u>オプション</u>選択を促す。	17	99
C	B社の強みを活かし、ネイルの<u>季節限定デザイン</u>情報やそれに合うファッションコーディネート情報を発信しデザインを重視する既存顧客の客単価向上を図る。事前にニーズ把握できるメニューを発信し回答してもらう。	7	100

●解答のポイント

　写真共有アプリによる顧客獲得の成功体験を応用し、個々の既存顧客に合わせて情報発信することで、より高価格なオプションへの誘導、オプションの追加につなげているかがポイントだった。

【第一印象】

崎山：いや〜。100字で配点が30点もあってびっくりしたよ〜。

悩里：ええ、僕も怖くて慎重に解こうと思いました。

先生：そうね。それだけ冷静に判断できるのは素晴らしいわ。ここで強みや機会、与件文に素直になることも意識できれば第3問以降も一貫した解答を作りやすいわ。また、この設問は合格＋A答案とC答案との差が最も大きかったのよ。そのような意味でも重要な設問だったといえるわ。

【第3問（設問2）との切り分け】

悩里：第3問（設問2）まで読んだとき、切り分けに迷いましたね。そこで2つの設問文を比べてみて「インスタント・メッセンジャーでの発信」と「店内での接客を通じて」の違いは意識しました。

崎山：そうだねー。あと、目的が「客単価を高める」と「リピートにつなげる」の違いがあるなぁって。ターゲットも「デザイン重視の既存顧客」と「協業を通じて獲得した」「初来店の顧客」で違うでしょ。だから第2問はすでに好みを把握しているお客さんに凝ったデザインを頼んでもらって、もっとお金を使ってもらえばいいのかなと思いました。

先生：2人ともさすがね。崎山が話したターゲットや目的の違いがわかれば方向性が決まるわ。そして悩里が話した制約条件に注意して解くのがポイントよ。

【どのような情報を発信するのがよいか】

先生：どのような情報を発信すればよいか、目的とターゲットに基づいて考えてみて。

悩里：客単価を高める情報……あえて「客単価」と書いてあるので「買上点数×商品単価」を高める情報がよいのではないかと思います。

先生：そうね。目的の観点からはそれでいいわ。ではターゲットから思い当たることは？

悩里：第6段落に「近さ重視の顧客はオプションを追加する顧客は少ない」とありますね。つまり、デザイン重視の顧客にはオプションの追加が期待できると思います。

崎山：からの〜？

悩里：オプションといえば「表　B社の価格体系」がありますね。僕は図や表が出たらタイトルに着目して、できるだけ解答に使うようにしていますよ！

崎山：なやまちゃんはさすがだ。あ、見て見て！　最も高いアート・オプションは「より凝ったデザインの絵を爪に描く」と書いてあるよ。これは美術大学卒の強みを生かせるね！　これを買ってもらおうよ！　いやー、試験中は気づかなかったなぁ。

先生：確かに試験中にそこまで気がつくのは難しいかもしれないわね。ではオプションを追加してもらうために参考にできそうな販売促進の成功体験がなかった？

崎山：写真共有アプリの例を応用できると思います！　オプションを使ったデザインを写

〜試験前日の過ごし方〜

事例Ⅳを解く。勉強してきた知識の確認。

真付きで紹介すればデザイン重視のお客さんはオプションを頼みに？　くる〜！

先生：そのとおりよ！　写真の発信はサービス特性の1つ「無形性」への対応としても有効ね。

悩里：あのー、先生。買上点数を増やすために第4段落に書かれている足のネイルを追加してもらうのはどうですかね。

先生：そうね。足のネイルは買上点数増加の観点としては悪くないけれど、B社の狭く細長い店舗で足のネイルは難しそうだし、需要があるかどうかも与件文からはわからないわ。それよりはB社が提供していることが与件文に書かれていて、需要も見込めるオプションのほうが解答として妥当ではないかしら。データ的にも足のネイルを解答した答案はごく少数でC答案のみだったのよ。

【どのようなネイルデザインを発信するか】

崎山：設問文に「個別に」と書いてあるから、それぞれのお客さんの要望や好みに合わせたデザインがいいんじゃないかな。

悩里：僕も同感です。また、インスタント・メッセンジャーなのでタイムリーなデザインもよろしいのではないでしょうか。たとえば、第1段落に書かれている地域の行事に合わせたデザインや季節に合わせたデザインもよいと思います。

先生：ええ、多面的に考えられていていい提案だと思うわ。

【より効果的に発信するには】

崎山：施術予定時期に合わせて3週間〜1カ月の間隔で発信するのがいいんじゃないかな。「あ、いいなー」と思ったデザインでも時間が経っちゃうと忘れちゃうもんねー。

先生：そのとおりよ。またせっかく季節感のあるデザインを発信しても、来店する頃に合わなくなってしまっては効果が薄れるものね。

悩里：先生、逆に施術予定時期より早めに送り、来店頻度を高めるのはどうでしょうか？

先生：そうね。まず、施術時期についてだけど、「爪の成長に伴い」と書かれていることを考えると、来店頻度を高めることは難しいのではないかしら。また、さっき悩里が話したとおり客単価に来店頻度は含まれていないでしょう。来店頻度について解答した答案は少なく、合格＋A答案の割合も高くなかったことから加点対象外だったと考えられるわ。なお、客単価については平成26年度の事例Ⅱでも出題されているので確認するといいわ。

【キーワードさえ書いていれば加点される？】

悩里：僕はインスタント・メッセンジャーと聞いたとき、インターネット活用といえば過去問で定番の双方向コミュニケーションだと思い、顧客に好みの絵柄を送ってもらったり、要望を聞いたりするのがよいのではないかと考えたんです。

崎山：それはどうかなぁ。だって「発信」って書いてあるじゃん。B社からお客さんに向けた……たとえば、要望に合うデザインの発信とかじゃないかな。

先生：設問文を素直にとらえるなら崎山の言うとおりね。そして、受験生の答案を見てみると、悩里の言う「要望の把握」を解答した答案は全体の約1割しかなかったの。そこで「要望の把握」について解答した答案を得点区分ごとで表にまとめてみたわ。

表① 「要望（※）の把握」を解答した答案　※「ニーズ」などの同意語を含む。以下同じ

合格＋A（160件）	B（72件）	C（21件）	合計（253件）
16 ／ 160（10.0%）	7 ／ 72（9.7%）	7 ／ 21（33.3%）	30 ／ 253（11.9%）

先生：得点区分ごとに「要望の把握」を解答した割合を見ると、合格＋A答案やB答案では約1割しか解答していないのに対して、C答案では3割以上が解答していたことから加点されていない可能性が高いわ。

悩里：（やっぱり設問文に素直に答えることが重要なのかぁ。まいったなぁ）

先生：一方で崎山の言う「要望に合うデザインの発信」については次のとおりよ。

表② 「要望に合うデザインの発信」を解答した答案

合格＋A（160件）	B（72件）	C（21件）	合計（253件）
107 ／ 160（66.9%）	29 ／ 72（40.3%）	5 ／ 21（23.8%）	141 ／ 253（55.7%）

先生：合格＋A答案では7割近くが「要望に合うデザインの発信」を解答していたのよ。そして、割合が合格＋A答案からC答案まで一貫して減少していることから加点されていたと推定できるわ。最後に「要望」を含む答案についてまとめてみたわ。

表③ 「要望」を含む答案　※上記、表①と表②のいずれか、または両方を解答した答案

合格＋A（160件）	B（72件）	C（21件）	合計（253件）
111／ 160（69.4%）	32 ／ 72（44.4%）	12 ／ 21（57.1%）	155 ／ 253（61.3%）

崎山：割合が高い順に、合格＋A答案、C答案、B答案ですね。これでは単に「要望」と書かれた答案に加点されているかどうかはわからないんじゃないですか？

先生：そうなるわね。つまり、キーワードだけを見て加点していない可能性があるということよ。また、写真や画像についても同様の傾向があったわ。今後は、キーワードを書くだけではなく、設問文に素直に答えることもちゃんと意識しなさいね。

〜試験前日の過ごし方〜

　友人の結婚式に出席してました。1日後だったら出席できなかったけれど前日だったおかげで出席できました。

第3問 （配点50点）

B社社長は2019年11月以降に顧客数が大幅に減少することを予想し、その分を補うために商店街の他業種との協業を模索している。

（設問1）【難易度 ★★☆ 勝負の分かれ目】

B社社長は減少するであろう顧客分を補うため、協業を通じた新規顧客のトライアルが必要であると考えている。どのような協業相手と組んで、どのような顧客層を獲得すべきか。理由と併せて100字以内で助言せよ。

●出題の趣旨

B社の状況や目的に応じて、協業相手やターゲットを提言する能力を問う問題である。

●解答ランキングとふぞろい流採点基準

凡例	合格	A	B	C	合計
人数	126人	34人	72人	21人	253人

協業相手 （MAX5点）

ランク	解答キーワード	点数	
1位	貸衣装チェーン店	5点	63 / 23 / 28 / 2
2位	ファッション関連の路面店（宝飾店・衣料品店）	2点	63 / 11 / 38 / 14
3位	美容室	2点	36 / 6 / 18 / 5

顧客層の年齢以外の特徴 （MAX4点）

ランク	解答キーワード	点数	
1位	高級住宅地に住んでいる・富裕層	2点	53 / 17 / 27 / 11
2位	デザイン重視・おしゃれに関心のある	2点	53 / 15 / 31 / 10

顧客層の年代・家族構成 （MAX6点）

ランク	解答キーワード	点数	
1位	40代または30〜50代	4点	94 / 31 / 45 / 9
2位	若年層を家族に持つことに言及	2点	44 / 16 / 27 / 8

事例Ⅱ

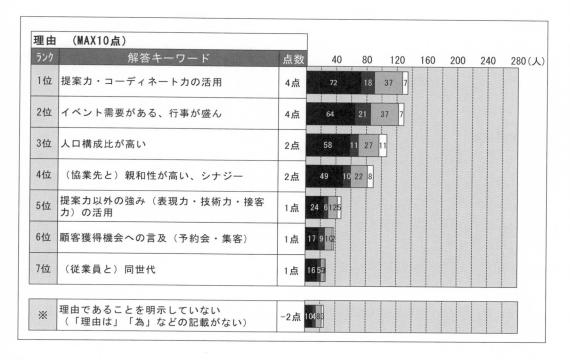

●再現答案

区	再現答案	点	文字数
合	美容室や貸衣装チェーン店と連携して、高級住宅地に住む 10 代の子供を持つ40 代の親を標的とする。理由は、七五三、卒業式、結婚式などの需要が見込め、衣装に合わせた提案が可能であるためである。	21	91
A	Ｙさんの前職の貸衣装チェーン店と組んで、人口の多い10 代・40代の親子世帯獲得をすべき。前職とは関係が良好であり、商店街のイベントも盛んであるため、卒業式・七五三等の提案をすることで、固定客化が図れる。	21	99
B	Ｘ市の商店街周辺の高級住宅地の 40代の富裕層をターゲットにする。商店街の有名ブランドの衣料品店や宝石店等を協業先にする。理由は社長や社員Ｙと同世代で好みも合い、両名の技術力や提案力が活かせるため。	14	97
C	協業相手は、有名ブランド衣料品店である。顧客層は、近隣や他地域からの40代富裕層である。理由は、①貸衣装勤務の経験から、良い関係を築ける、②衣装とジェルネイルのシナジーが高く、写真映えする、からである。	11	100

● 解答のポイント

> B社の経営資源から新規顧客に対して訴求力のある強みや機会を選択し、整合性の
> とれた協業相手や顧客層を解答できたかがポイントだった。

【顧客層選定】

先生：それでは第3問ね。ひとまずここまでの設問を整理していこうかしら。第2問では
　　　既存顧客の客単価を高める方法について助言をしたじゃない。一方で、第3問では
　　　既存顧客の40代の半数が流出するリスクのあるB社が、新たな顧客層にアプローチ
　　　していかないといけないわね。さっそくだけど、既存顧客はどのような人たちだっ
　　　たか覚えてる？

崎山：従業員と同年代の40代の人たち！　あ！　先生も、もしかして～？　仕事終わりか
　　　らの～？　プライベートでは案外派手なネイルとかしちゃったり～？

先生：いたしません‼　では低価格サロンに流出するのはどのような顧客？

崎山：なんだ、しないんだぁ。近さ重視の顧客ですね。

先生：家から近いことに価値を感じている顧客たちね。では流出しないのは？

悩里：デザイン重視の顧客ですね、先生がしてそうな。

先生：（もはや何も言わない）このことから、B社としてはデザインを重視する既存顧客
　　　と属性が近い新規顧客を取り込むことで、効率的な資源配分ができるといえるわ
　　　ね。ここまでの話をまとめて、他の設問との切り分けを表すと以下のようになるわ。

	どのような層		会社の方針
	年齢層	その他	
既存顧客	40代	近さ重視	低価格ネイルサロンへ大幅流出、注力せず
		デザイン重視	客単価を上げる　　→第2問
新規顧客	第3問（設問1）		固定客化を目指す　→第3問（設問2）

先生：次は、第1問からB社にとって有効そうな機会を整理していきましょう。B社はど
　　　のような機会から新規顧客を獲得できる？

悩里：デザイン重視の顧客が今後も来店し続けることを考えると、必然的にB社は高付加
　　　価値なサービスに力を入れていくと思うんです。なので高級住宅地が近隣にあると
　　　いう機会をとらえられるとよいのではないでしょうか。

崎山：あと、行事が盛んな土地柄だから毎月のイベントはいい機会でしょう。

先生：そうね。ではイベントに参加する機会の多い年代とは？

悩里：七五三や卒業式や結婚式とか若い世代向けのイベントが多くて本当に悩みました。
　　　それに人口構成比が高いのは40代と10代だから本当は10代を選択したかったんで

す。でも10代をターゲットにして、イベントに合わせたようなデザイン性の高いネイルを提供することに違和感があって……。

先生：イベントに列席するのは10代だけとは限らないわ。たいていの場合、保護者がいるでしょう。10代が多いのは、親世代が多いことの結果なんだから、若年層を子供に持つ40代もしくは30〜50代というようなターゲティングができるわ。

【協業相手の選定】

先生：ところで、たくさんあるB社の強みのなかでも特に新規顧客に訴求しやすい強みとは何？　B社が開業後に現在の顧客を獲得したきっかけを考えるといいわ。

悩里：提案力（コーディネート）だと思います。開業当初も卒業式で着用した和服に合わせたジェルネイルをデザインして、それが新規顧客の獲得につながったんだし、シチュエーションや服装に合わせた提案力は社長とYさん両方の得意分野だと思います。ちなみに僕は貸衣装チェーン店にしましたよ。Yさんの提案力もより生かすことができるし、新規顧客との接触機会が得られる予約会もあるので。

崎山：それならファッション関係の路面店でもよさそうじゃない？　実際僕そう書いたし。

先生：いいと思うわ。でも貸衣装チェーン店の顧客は30〜50代であることからより幅広い年齢層の顧客を補うこともできるの。発揮できる強みも多くなる貸衣装チェーン店との協業がベストな選択だといえるわ。

【理由】

崎山：僕、顧客層の年代は人口構成比の高い10代にしたし、総合的な提案力が活用できると思ったから協業先もファッション関連の路面店にしたんだよね。4つしかない設問のうち1つで失敗したので合格点に達するのは難しいと思っていたけど、得点開示請求をしたところ、事例Ⅱの得点区分はAだったんだよね。どうしてだろう？

先生：それはきっと、理由で重要な人口構成比や提案力を外さなかったので一定の得点が確保できたことと、この設問で強みである提案力の活用を意識できていたように、ほかの設問でもしっかり強みを意識した解答を書いて得点できていたからじゃないかしら。たとえ協業相手や顧客層がベストな選択をできていなかったとしても、しっかりB社の強みと向き合っていれば合格点に到達できるわ。

崎山：ちなみに協業相手の理由なのか顧客層の理由なのか明示するべきでしたかねぇ？

先生：そんなことはないわ。理由の一番重要な要素であるイベントに合った提案力の活用って、協業相手の理由でもあるしターゲットの理由にもなりうるでしょ。顧客層について「イベントに参加する人」と書いたうえで提案力を挙げるような答案でも得点は入ると考えられるわ。ただ論理的に飛躍せず、段階を踏んで説明した解答ほど点数が高い傾向があったわ。

〜試験の朝の過ごし方〜

　米を食べる（いつもはパン食だが、米のほうが腹持ちがよく、試験中にお腹がすかないと思ったから）。

（設問2）【難易度 ★★★ 難しすぎる】

協業を通じて獲得した顧客層をリピートにつなげるために、初回来店時に店内での接客を通じてどのような提案をすべきか。価格プロモーション以外の提案について、理由と併せて100字以内で助言せよ。

●出題の趣旨

B社の強みを活かし、新規顧客との長期的関係性を築く施策を提言する能力を問う問題である。

●解答ランキングとふぞろい流採点基準

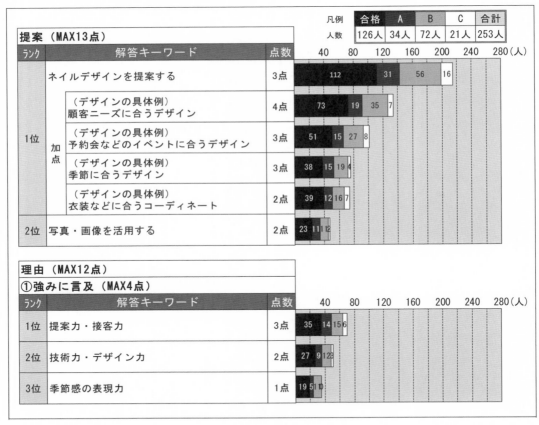

凡例	合格	A	B	C	合計
人数	126人	34人	72人	21人	253人

提案（MAX13点）

ランク		解答キーワード	点数	グラフ
1位		ネイルデザインを提案する	3点	112　31　56　16
	加点	（デザインの具体例）顧客ニーズに合うデザイン	4点	73　19　35　7
		（デザインの具体例）予約会などのイベントに合うデザイン	3点	51　15　27　8
		（デザインの具体例）季節に合うデザイン	3点	38　15　19　4
		（デザインの具体例）衣装などに合うコーディネート	2点	39　12　16　7
2位		写真・画像を活用する	2点	23　11　12

理由（MAX12点）
①強みに言及（MAX4点）

ランク	解答キーワード	点数	グラフ
1位	提案力・接客力	3点	35　14　15　6
2位	技術力・デザイン力	2点	27　9　12　8
3位	季節感の表現力	1点	19　5　10

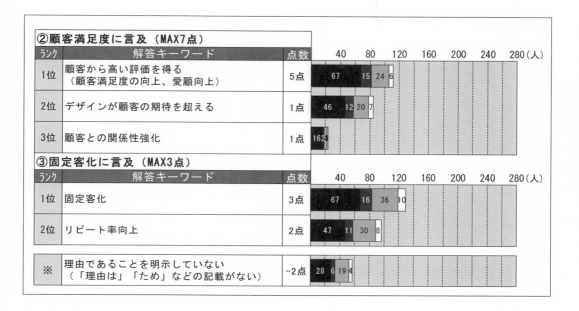

事例Ⅱ

●再現答案

区	合格	点	文字数
合	提案は毎月開催される**イベントの雰囲気**に合わせ**季節感のある表現**で**衣装・アクセサリー・ネイル・髪型をトータルコーディネイト提案**する。理由は**顧客の期待を超えるデザイン**提示により**愛顧向上**し**固定客化**が見込める為。	22	100
合	**顧客の要望に合った、もしくはそれ以上のデザインを提案**するべき。理由は、①B社の強みである**技術力・提案力**を活用でき、②**顧客満足度を高める**ことで再来店意欲が高まり、**固定客化**が見込まれる為である。	19	95
A	提案は、**顧客の要望**や予算等のヒアリングを通じ**顧客の期待以上の****デザインを提案**する事。理由は、①社員2人の**デザイン力や装飾力**を活かせ、②**デザインの評価が高ければ**愛顧やCSが向上し**固定客化**に繋がる為。	18	97
B	提案は、顧客の来店理由や今後の予定を伺い、**行事や服装に合わせたネイルデザインを提案**する。理由は、**顧客の期待以上**のデザインを行うことで、**固定客化**を図るため。また、再来店の必要性も伝える。	16	92

B	提案は、貸衣装店で選んだ<u>衣装</u>[2]や<u>参加イベントに合う</u>[3]デザインや<u>顧客の要望</u>[4]を丁寧に聞いて、<u>顧客の期待以上のデザイン</u>[3]にすること。理由は、施術に長時間を要するので、顧客の要望を丁寧に聞くことができるからである。	13	100
C	提案内容は、毎月の<u>イベントの雰囲気</u>[3]に合わせた<u>季節感のあるデザイン</u>[3]を提供する、である。理由は、①当社の強みを活かして差別化できる、②1ヶ月程度の定期来店に合わせて毎月提案でき、<u>固定化</u>[3]に繋がる、からである。	12	100

●解答のポイント

B社の強みに言及しつつ、デザインを重視する顧客の要望に対応した施策を具体的に提案できたかどうかがポイントだった。

【提案について】

先生：さあ、事例Ⅱの最終問題よ。（設問2）では（設問1）で答えたターゲットに対してどのような提案をするかという内容だったわね。また、今回は「価格プロモーション以外」という制約条件がついていて、例年と違った出題傾向だったわ。この設問に対して、どのような提案を行うと答えたかしら。

崎山：ネイルデザインを提案すると答えました。与件文に「デザインしたジェルネイルの写真を写真共有アプリ上にアップした。その画像がネット上で話題になり拡散され、技術の高さを評価した周辺住民が来店するようになった」と記載があり、デザインを提案することは顧客に対するアピールとしても有効ではないかと考えたからです。わかりやすい与件文あざーす！

悩里：僕も同じくネイルデザインと答えました。価格プロモーションに言及できれば、もっといろいろな提案を検討できたのに……。今回は対応が難しかったです……。

先生：確かにネイルデザインを提案している答案は全体のほとんどを占めていたわね。一方、出題の趣旨には、施策の目的として「B社の強みを活かし、新規顧客との長期的関係性を築く」ことが求められていたわ。これについては言及できたかしら？

悩里：はい！　B社の強みはデザイン力や技術力、そして何より提案力が高いことだから、これらを生かしてネイルデザインを顧客に提案すると答えました！

崎山：でも、強みを生かすだけだと、顧客との長期的関係性を構築するのは難しいんじゃない？　やっぱり顧客の要望に着目して、それに合った提案をしないといけないんじゃないのかな？　与件文にも「特に初来店の際に、顧客の要望に合ったデザイン、もしくは顧客の期待以上のデザインを提案し、そのデザインに対する評価が高ければ、固定化につながる例も多い」って書いてあるじゃん。

先生：2人とも正しいわ。まず骨子として「ネイルデザインを提案する」というのがあり、提案の具体的な内容として、「顧客の要望に合うもの」であること、また、その理由として「B社の強み」や「顧客満足度」について言及する必要があったといえるわね。合格＋A答案は上記の具体的な提案内容と理由のうち3つすべて、または2つ以上満たす答案が多かった一方で、B答案以下はあまり言及できていない答案が多かったわ。

【理由について】

先生：今回の設問では「ネイルデザインを提案する」ことが結果として「リピートにつながる」ことを論理的に説明する必要があったわ。私だったら下の図のように整理するわ。なぜなら私、失敗しないので。

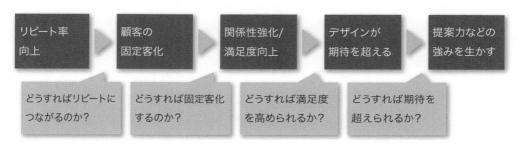

先生：こうやって「リピート率向上」という結論から、なぜ？　なぜ？　と遡って考えていくと、うまく整理できるようになるかもしれないわね。

崎山：なるほど〜！　論理的に考えることはとても大切ですね。時々閃きなどの感覚頼りになることが多いので、この考え方はとても勉強になります〜！

悩里：（閃きとか愚かすぎるだろ。だがしかし、一方で）僕もついつい知識偏重型になってしまうので、このようにシンプルに考えることの大切さを思い知らされます。ところで、顧客との関係性を強化させるには、顧客満足度を高めるほかにも、DM送付やSNSでのデザイン配信などで接触回数を増やすことも方法として考えられるのではないでしょうか？

崎山：それは違うんじゃないかなぁ。今回は設問の制約上「初回来店時に店内での接客を通じて」とあるから、かえって答えとしておかしくなっちゃうんじゃないのかな？

先生：崎山の言うとおり！　確かに、顧客との関係性強化には顧客との単純接触回数を増加させることも一般的には有効よ。でも今回は設問の制約上、この知識は使えないわ。戸惑った受験生が多かったようだけど、知識に縛られて答えを導き出せないようではプロとはいえないわ。今回の設問に限っていえば、与件文の内容に従って、素直にデザインを重視する顧客に対して最適な提案をすることができたかが勝負の分かれ目だったといえるわね。

―――〜会場で緊張をほぐす方法〜 ―――――――――――――――――――――――――――

伸びをする、ストレッチをする、天井を見ながら深呼吸をする。腹式呼吸をする。

▶事例Ⅱ特別企画 ◀

小規模のB社が採るべきマーケティング戦略とは？
〜マーケティングフレームワークを活用した考え方〜

崎山：先生！　サービス業が出題されたときの対応方法を教えてください！　前回は老舗日本旅館でサービス業、今回のネイルサロンもサービス業、次回もサービス業がくる〜！　からの〜、高得点いただきます、あざーす！

悩里：ザキさん、切り替えが早くて前向きですね。その姿勢を見習いたいなぁ。

先生：崎山、あんた、2次試験を甘く見てない？　私は付け焼刃みたいな対応方法の受験指導はいたしません。教える以上、きっちり本質を理解してもらうわよ。

【環境分析が事例Ⅱ攻略の鍵。業種や問われ方が違ってもやるべきことは同じ】

先生：まず、事例企業は例年と業種や従業員数などの設定が違うことがあるけど、考えるべきことは同じよ。焦ってはだめ。業種にかかわらず、事例Ⅱでは環境分析が大事ね。第1問のとき（51ページ〜）で話したとおり、第2問以降の設問の解答要素になるため、事例Ⅱ全体を攻略する鍵になるわ。私は失敗しないので大丈夫だけど、環境分析で失敗したら合格点を取るのは難しいわよ。

崎山：問われ方は、今回は「SWOT」、前回は「3C」、前々回は「B社の強みと競合の状況」でしたよね。次回はどんな聞き方が、くる〜？

先生：（崎山を無視）今回も第2問以降で外部環境「機会」に対してB社固有の「強み」を生かした、大手などの同業他社が模倣できないサービスを具体的に示した答案は、合格＋A答案に多い傾向があったわ。小規模企業のB社にしかできないこと、大手など競合が模倣できないB社固有の強みや経営資源を生かして他社と差別化することを意識しなさいね。そうすれば、あんたたちも私みたいに失敗しないので。

【マーケティングフレームワークを活用した考え方】

崎山：先生！　ネイルサロンって行ったことないしイメージが湧かないんですけど、今回みたいにサービス業の場合は具体的にどのように対応すればいいですかー？

悩里：僕は今回、サービスマーケティング特性の知識を意識しながら対応しようと与件文を深読みしてしまって時間が不足し、要点をとらえた答案を書けませんでした。

先生：悩里。あんたどうせ「僕の豊富な知識を生かして、他の受験生と差別化してやる」とか思ってたんでしょ？　結局、どういう答案を書いたの？

悩里：（ぎくっ。この女、人の心が読めるのか。もしかして、いつも「失敗しないので」って言った瞬間に「失敗しろ」って心の中で思ってるのもばれてるのかな）はい。第3問（設問2）で「サービスの特性である無形性に対応するためサービスを提供前

に可視化して、顧客に安心感や満足感を与える」と書きました。ネイル施術はサービス財で形がなく購入前に実体として確認できませんが、Physical Evidence（物的証拠）を提供して可視化することで、顧客が安心して頼めて、顧客満足度が高まるはず、と考えたのですが。あ、そうか、7Pのことを書けばよかったのか！

崎山：なやまちゃん。7Pって何？　僕、よくわかんないんだけど、それは違うんじゃないかなぁ？　与件文にそんなこと書いてないじゃん⁉　具体的にB社は何するの？　そんな説明の仕方で社長やYさんは何をすればいいのかわかるのかなぁ？

先生：崎山、あんた、なかなかのセンスしてるわね。悩里、あんたみたいに知識としてサービス特性や7Pが思い浮かぶのはいいけれど、問われたことに具体的に答えないと得点にはならないわ。あんたの答案はB社の与件文を読まなくても書けそうじゃない。

悩里：（くそ、崎山のやつ。7P知らないくせになんで褒められてるんだ。ザキヤマの分際で）先生。では、サービス業のときはどのように考えるとよいでしょうか。

先生：どのような業種が出ても基本的な考え方は変わらないわ。ただ、サービス業の場合は汎用的なフレームワークの4Pに加えて、3P（Personnel（人、要員）、Process（プロセス）、Physical Evidence（物的証拠））の観点を加えると与件文の整理がしやすくなるわ。B社の情報をフレームワークで整理するとこんな感じかしら。

表：マーケティングフレームワーク（とらえるべき機会と生かすべき強み）

7P	サービスマーケティング特性	内部環境（S強み、W弱み）	外部環境（O機会、T脅威）		だなどこ
Product	非貯蔵性（B社は完全予約制で対応）	【S】技術・デザイン性が高いネイル施術			②何を
Price				【T】B社近くに、大手低価格チェーン出店予定	
Place	不可分性（B社は自社以外の場所ではサービス提供できない）	【W】商店街中心から遠い、顧客の半数が近さ重視	【O】40代多い、毎月イベントあり、周辺は高級住宅地		①誰に
Promotion		【S】個別に配信できるインスタント・メッセンジャー			③どのように
Personnel	変動性（B社は従業員2名とも高い能力を有するため問題ない）	【S】技術力・デザイン力・提案力、季節感表現力、接客力			
Process	無形性（B社は顧客にサービス提供前に写真で可視化しながら提案すると効果的）	【S】顧客の要望を聞き参加イベントの雰囲気に合わせて提案する接客			
Physical Evidence		【S】写真共有アプリで話題のネイル写真			
					④効果

サービス業の場合、3Pを加えると考えやすくなる

第3問（設問1）
とらえたい機会。このターゲットのニーズと、接触できる機会（予約会）を与件文から探す

第3問（設問2）
生かしたい強み。はっきり具体的に書くとわかりやすい

第2問
「個別」の「要望・好み」に応じた「高価格オプション・ネイルデザイン」の「写真」を送信

崎山：なるほど～勉強になります～！

悩里：マーケティング特性を7Pのフレームワークで考えるとすっきりしますね。これに重要な環境分析と2次試験では定番の「だなどこ（①誰に、②何を、③どのように、④効果）」を加えていて取り組みやすそうですが、試験中にここまで書けませんよ。

～会場で緊張をほぐす方法～

偶然会った勉強仲間に話しかける（迷惑だったかな……）。

先生：試験中のメモは自分が試験時間80分以内に思い出せるレベルで十分。ラフに記号とか単語を書くだけで大丈夫よ。では、図を見ながら設問ごとに見ていくわね。

〈第2問〉

先生：だなどこのフレームで考えると「（①デザイン重視の既存顧客に）②高価格高付加価値のアート・オプションを利用してもらうため③インスタント・メッセンジャーで顧客の要望や好みに合うネイルデザインの写真を個別送信し、④商品単価向上」という流れになるわ。そして7Pやサービスマーケティングの知識があれば、サービスであるネイルデザインを可視化した写真送信が有効だとすぐに気づけるはずよ。

崎山：先生！　知識とかフレームワークとか、よくわかんないんですけど、僕、ネイルデザインのオプションを写真で送付するって書けましたよ！

先生：そうね、それも大切なことよ。与件文を素直に読めば、合格答案を書くことは十分可能だわ。たとえば、今回は「言葉で伝えるのが難しい顧客が好きな絵柄や写真を持参」したり、「ジェルネイル写真を写真共有アプリ上にアップ」したことをきっかけに顧客獲得した成功体験があるから、それらをB社固有の強みや機会に結びつけることを意識して具体的な施策を助言すれば、「写真」というキーワードを使うことができるわ。知らない知識を問われたときでも、焦らずに与件文と設問文を読みなさい。

〈第3問（設問1）〉

先生：「協業相手」「獲得すべき顧客層」「理由」が問われたわ。悩里、獲得すべき顧客層を考えるときに有効な切り口は何かしら。

悩里：（表のO機会Placeを確認しつつ）ジオ（地理的）、デモ（人口動態）、サイコ（心理的）の切り口で市場を切り分けターゲットを絞るのがセオリーです。40代が多く、周辺の高級住宅地に住む富裕層、かつ毎月あるイベントへの参加者、が獲得すべき顧客層だと思います。で、その顧客層はどのようなニーズを持っているのだろう？

崎山：与件文には「行事が盛んな土地柄」、（Yさんがパートとして働いた商店街の）「貸衣装チェーン店の予約会で人手が不足」「七五三、卒業式、結婚式に列席する30〜50代の女性顧客に、顧客の要望を聞きながら、参加イベントの雰囲気に合わせて衣装の提案を行う接客が高く評価」とあるから、行事やイベントに出掛ける際に高いデザインを求める、ってのがニーズじゃん！　あ、じゃあ、貸衣装チェーン店と協業すればYさんの接客力と提案力が生かせて、予約会に来る貸衣装チェーン店の顧客と接触できるね。それって、よく考えたらB社が獲得すべき顧客層そのものだね。

悩里：そうか！　行事が盛ん、毎月イベント、というのは、新規顧客獲得機会が多い、ということを表しているのですね。

先生：悩里、素晴らしい視点だわ。実際に言及できた受験生は多くなかったものの、高得

点者の答案にはそのことをはっきり書いている傾向があったわ。

崎山：そういえば、小規模のＢ社は必要な経営資源が自前で賄えず、提携や協業などを通じた外部資源で補うことが多いですよね。でもいずれにしてもターゲットを設定するのが先で、その後に設定したターゲットに接触できる外部資源（協業相手）がないかを与件文から探す、という順で解答の方向性を考えていけばよさそうですね！

先生：そうよ。そして協業を通じてターゲットに接触してＢ社のサービスを知って体験してもらえるかを考えたいわね。接触した後に継続的に利用してもらうためにターゲットのニーズを満たせる経営資源（強み）をＢ社だけが保有していることも重要よ。

悩里：貸衣装チェーン店としてもＹさんがいるＢ社となら協業したいと思ってくれそうですね。なるほど、獲得すべき新規顧客層はこうやって探せばよかったのですね。

〈第３問（設問２）〉

先生：だなどこのフレームで考えると「（①は（設問１）で解答）②顧客の要望や参加イベントの雰囲気や季節に合うネイル施術を、③デザイン力や接客力や提案力を生かしサービス提供前に写真メニューを見せながら提案することで、④高評価を得て顧客満足度が向上し、固定客化につながるから」という流れかしら。これは一例だけど。

崎山：提供するネイルサービス（Product）は、（設問１）で設定したターゲットとニーズに対応するために、７Ｐで整理した強み（人、要員：Personnel と販売プロセス：Process）を生かしたものにすることがポイントなんですね〜！　そうでないと大手とか自宅サロンなどの競合に真似されちゃうから。差別化、からの〜？

悩里：（何が「からの〜？」だ、意味わからんから無視）なるほど。無形性への対応はこうやって与件文を引用したうえで具体的なＢ社の事例に即して書かないといけないのですね。こうして写真メニューを作ってサービスを可視化すれば、接客時に顧客の要望を認識のずれなく把握できるから、Ｂ社従業員２名の提案力や接客力やデザイン力を生かして、要望に合った、または期待以上のデザインが提案しやすいですね。本当に勉強になります。

崎山：僕はこの設問では写真は使わなかったなぁ。Ｂ社の強みは生かせたんだけれど。

先生：知識やフレームワークは、正しく使えるならあったほうが早く解答の方向性を想起できて役に立つわ。フレームワークの表を見ながら考えたらわかりやすかったでしょ？　でも、悩里がこの設問でやってしまったみたいに、知識や学んだ経験を生かす意識が強すぎると逆効果よ。崎山みたいに知識がなくても与件文に素直に寄り添って「具体的な」提案や助言をするほうがよっぽどいいわ。

崎山：フレームワークで与件文を整理しやすくなることがよくわかりました。あざーす！

~試験の休憩時間の過ごし方~ ────────────────────────

教室の外の空気を吸って頭と身体のリフレッシュ。

ふぞろい流ベスト答案 ——————————————— 事例Ⅱ

第1問（配点20点）

S　　　　　　　40字　　　　　　　　　　　　　【得点】5点

高評価な[1]従業者の組み合わせ提案力[2]や季節感の表現力[1]、技術力[1]、店舗の落ち着く雰囲気[1]。

W　　　　　　　40字　　　　　　　　　　　　　【得点】5点

商店街の中心部から[1]離れた場所に立地[2]し古く[1]狭い[2]店舗と、半数が近さ重視の顧客[1]なこと。

O　　　　　　　40字　　　　　　　　　　　　　【得点】5点

周辺に高級住宅地[2]があり、従業者と同世代の40代[1]や家族[1]が多く、行事も盛ん[2]であること。

T　　　　　　　40字　　　　　　　　　　　　　【得点】5点

駅と商店街中心部間の大手チェーンサロン[2]や商店街周辺[1]に多い自宅サロン[2]との激しい競争[1]。

第2問（配点30点）　100字　　　　　　　　　【得点】30点

前回の施術[4]から3週間～1カ月後[4]に顧客の要望に合わせ[6]た季節感ある[4]デザイン[4]や地域行事に合わせ[4]たデザイン性の高い[3]ネイルを写真[3]つきで発信し、オプション[4]の追加[1]やアート・オプション[1]への誘導[1]を促し客単価向上を図る。

第3問（配点50点）

（設問1）　　　　93字　　　　　　　　　　　　　【得点】25点

B社は、貸衣装チェーン店[5]と協業して10～20代の子供を持つ[2]30～50代[4]のデザイン重視[2]の富裕層[2]を獲得すべき。理由は、予約会等の顧客獲得機会[1]があり、イベント[4]に合わせた提案力[4]や技術力[1]を活用できるため。

（設問２）　　　　92字　　　　　　　　　　　　　　　【得点】25点

Ｘ	市	内	の	季	節	毎	の	イ	ベ	ン	ト	や	、	顧	客	の	要	望	に
合	わ	せ	た	デ	ザ	イ	ン	を	提	案	す	る	。	理	由	は	、	強	み
で	あ	る	提	案	力	を	生	か	し	、	顧	客	か	ら	高	評	価	を	獲
得	す	る	こ	と	に	よ	り	、	顧	客	関	係	性	が	強	化	さ	れ	、
固	定	客	化	が	見	込	ま	れ	る	た	め	。							

事例Ⅱ

ふぞろい流採点基準による採点

100点

第１問：強み・弱み・機会・脅威について、時制や第２問以降とのつながりを考慮しな
　　　　がら、重要度が高いと考えられる要素を絞り込んで記述しました。

第２問：個々の顧客の好みや施術が必要となる時期を考慮しながら、デザイン重視の顧
　　　　客のニーズやサービス特性の１つである無形性をふまえた情報を発信すること
　　　　でオプション追加を促し、客単価向上につながるよう意識して記述しました。

第３問（設問１）：協業相手や獲得すべき顧客層について、限られた字数内でできるだ
　　　　け多面的に述べつつ、一貫性・整合性のある理由を挙げるよう工夫しました。

第３問（設問２）：デザイン提案の内容をより具体的に記述しつつ、当該提案がなぜ新
　　　　規顧客のリピートにつながるかについて、与件文の内容を意識しながら記述し
　　　　ました。

~試験の休憩時間の過ごし方~

　トイレ→糖分補給→水分補給。必ずやっていました。

▶**事例Ⅲ（生産・技術）**━━━━━━━━━━━━━━━━━━━━━◀

令和元年度　中小企業の診断及び助言に関する実務の事例Ⅲ
（生産・技術）

【企業概要】

　C社は、輸送用機械、産業機械、建設機械などに用いられる金属部品の製造業を顧客に、金属熱処理および機械加工を営む。資本金6千万円、従業員数40名、年商約5億円の中小企業である。組織は、熱処理部、機械加工部、設計部、総務部で構成されている。

　金属熱処理とは、金属材料に加熱と冷却をして、強さ、硬さ、耐摩耗性、耐食性などの性質を向上させる加工技術である。多くの金属製品や部品加工の最終工程として、製品品質を保証する重要な基盤技術である。金属材料を加熱する熱処理設備など装置産業の色彩が強く、設備投資負担が大きく、また素材や形状による温度管理などの特殊な技術の蓄積が必要である。このため、一般に金属加工業では、熱処理は内製せず熱処理業に外注する傾向が強い。C社は創業当初から、熱処理専業企業として産業機械や建設機械などの部品、ネジや歯車など他社の金属製品を受け入れて熱処理を行ってきた。

　その後、熱処理加工だけでなく、その前工程である部品の機械加工も含めた依頼があり、設計部門と機械加工部門をもった。設計部門は、発注先から指示される製品仕様をC社社内の機械加工用に図面化するもので、現在2名で担当している。機械加工は、多品種少量の受注生産で、徐々に受注量が増加し、売上高の増加に貢献している。

　約10年前、所属する工業会が開催した商談会で、金属熱処理業を探していた自動車部品メーカーX社との出会いがあり、自動車部品の熱処理を始めた。その後X社の増産計画により、自動車部品専用の熱処理工程を増設し、それによってC社売上高に占めるX社の割合は約20％までになっている。さらに現在、X社の内外作区分の見直しによって、熱処理加工に加え、前加工である機械加工工程をC社に移管する計画が持ち上がっている。

【生産の概要】

　C社の工場は、熱処理工場と機械加工工場がそれぞれ独立した建屋になっている。熱処理工場は、熱処理方法が異なる熱処理炉を数種類保有し、バッチ処理されている。機械加工工場では、多品種少量の受注ロット生産に対応するため、加工技能が必要なものの、切削工具の交換が容易で段取り時間が短い汎用の旋盤、フライス盤、研削盤がそれぞれ複数台機能別にレイアウトされている。

　熱処理は、加熱条件や冷却条件等の設定指示はあるものの、金属材料の形状や材質によって加熱・冷却温度や速度などの微調整が必要となる。そのため金属熱処理技能検定試験に合格し技能士資格をもつベテラン作業者を中心に作業が行われ品質が保持されている。また、機械加工も汎用機械加工機の扱いに慣れた作業者の個人技能によって加工品質

が保たれている。

　生産プロセスは、受注内容によって以下のようになっている。

　　・機械加工を伴う受注：材料調達→機械加工→熱処理加工→出荷検査

　　・熱処理加工のみの受注：部品受入→熱処理加工→出荷検査

　生産計画は、機械加工部と熱処理部それぞれで立案されるが、機械加工を伴う受注については熱処理加工との工程順や日程などを考慮して調整される。両部門とも受注生産であることから、納期を優先して月ごとに日程計画を作成し、それに基づいて日々の作業が差立てされる。納期の短い注文については、顧客から注文が入った時点で日程計画を調整、修正し、追加される。機械加工受注品に使用される材料の調達は、日程計画が確定する都度発注し、加工日の1週間前までに納品されるように材料商社と契約しており、材料在庫は受注分のみである。

【自動車部品機械加工の受託生産計画】

　C社では、自動車部品メーカーX社から生産の移管を求められている自動車部品機械加工の受託生産について検討中である。

　その内容は、自動車部品専用の熱処理設備で加工しているX社の全ての部品の機械加工であり、C社では初めての本格的量産機械加工になる。受託する金属部品は、寸法や形状が異なる10種類の部品で、加工工程は部品によって異なるがそれぞれ5工程ほどの機械加工となり、その加工には、旋盤、フライス盤、研削盤、またはマシニングセンタなどの工作機械が必要になる。この受託生産に応える場合、機械加工部門の生産量は現在の約2倍になると予想され、現状と比較して大きな加工能力を必要とする。

　また、この機械加工の受託生産の実施を機会に、X社で運用されている後工程引取方式を両社間の管理方式として運用しようとする提案がX社からある。具体的運用方法は、X社からは3カ月前に部品ごとの納品予定内示があり、1カ月ごとに見直しが行われ、納品3日前にX社からC社に届く外注かんばんによって納品が確定する。これら納品予定内示および外注かんばんは、通信回線を使用して両社間でデータを交換する計画である。

　外注かんばんの電子データ化などのシステム構築は、X社の全面支援によって行われる予定となっているが、確定受注情報となる外注かんばんの社内運用を進めるためには、C社内で生産管理の見直しが必要になる。この後工程引取方式は、X社自動車部品の機械加工工程および自動車部品専用の熱処理工程に限定した運用範囲とし、その他の加工品については従来同様の生産計画立案と差立方法で運用する計画である。

　生産設備面では、現在の機械加工部門の工程能力を考慮すると加工設備の増強が必要であり、敷地内の空きスペースに設備を増設するために新工場の検討を行っている。C社社長は、この新工場計画について前向きに検討を進める考えであり、次のような方針を社内に表明している。

　1．X社の受託生産部品だけの生産をする専用機化・専用ライン化にするのではなく、

　　将来的にはX社向け自動車部品以外の量産の機械加工ができる新工場にする。

2．これまでの作業者のスキルに頼った加工品質の維持ではなく、作業標準化を進める。

3．一人当たり生産性を極限まで高めるよう作業設計、工程レイアウト設計などの工程
　　計画を進め、最適な新規設備の選定を行う。

4．近年の人材採用難に対応して、新工場要員の採用は最小限にとどめ、作業方法の教
　　育を実施し、早期の工場稼働を目指す。

　現在C社社内では、各部の関係者が参加する検討チームを組織し、上記のC社社長方針
に従って検討を進めている。

第1問 （配点20点）

　C社の事業変遷を理解した上で、C社の強みを80字以内で述べよ。

第2問 （配点20点）

　自動車部品メーカーX社からの機械加工の受託生産に応じる場合、C社における生産面
での効果とリスクを100字以内で述べよ。

第3問 （配点40点）

　X社から求められている新規受託生産の実現に向けたC社の対応について、以下の設問
に答えよ。

（設問1）

　C社社長の新工場計画についての方針に基づいて、生産性を高める量産加工のための新
工場の在り方について120字以内で述べよ。

（設問2）

　X社とC社間で外注かんばんを使った後工程引取方式の構築と運用を進めるために、こ
れまで受注ロット生産体制であったC社では生産管理上どのような検討が必要なのか、
140字以内で述べよ。

第4問 （配点20点）

　新工場が稼働した後のC社の戦略について、120字以内で述べよ。

Column

自分のやり方で、自分のペースで、自分にしかなれない診断士に

　私は2回目の2次試験受験で合格することができました。合格するまでの期間を思い返すと、不安な思いからか、ときどき自分がすごく情けない存在に思える瞬間がありました。先輩診断士が特別に優秀に思えたり、2年目のときはストレート受験生の勢いが輝いて見えたりしました。しかし、いざ合格した今、感じることは「他人と比較する必要なんてない」ということです。

　ふぞろい執筆メンバーにも本当にいろいろな人がいます。ストレートで合格した天才肌もかっこいいけど、想像を絶する時間を積み重ねて合格した努力家も同様にかっこいい。今チャレンジ中の人に目を向けても、大学生でこの試験に挑んでいる人もかっこいいけど、定年退職の年齢を過ぎてからチャレンジしている人もかっこいい。

　今この本を手に取っている方も十人十色だと思います。心身の健康、家庭、仕事、趣味……これらのバランスを取りながら、勉強時間を捻出されていることでしょう。もちろん、他人から刺激を受けるのは大事ですし、他人のよいところを盗むのも重要です。でも、置かれている環境が違う人と単純に比較するのはあまり意味がありません（と1年前の自分に教えてあげたい）。

　せっかく自らの意志で、自らの見識を広めるために取り組んでいる試験勉強です。自分をしっかりと認めてあげたうえで、いろいろな勉強法を試しながら楽しく勉強に臨んでいけば、あなたにしか出せないかっこよさがにじみ出てくるはずですよ。　　　　　（じょーき）

~当日、試験終了後の過ごし方~

帰宅してラグビー日本代表戦のテレビ観戦！（失敗して落ち込んでたのが妻にバレバレだったけど）

第1問（配点20点）【難易度 ★☆☆ みんなができた】

C社の事業変遷を理解した上で、C社の強みを80字以内で述べよ。

●出題の趣旨

金属熱処理業として創業し事業拡大を図ってきたC社のこれまでの事業変遷を把握して、C社の強みを分析する能力を問う問題である。

●解答ランキングとふぞろい流採点基準

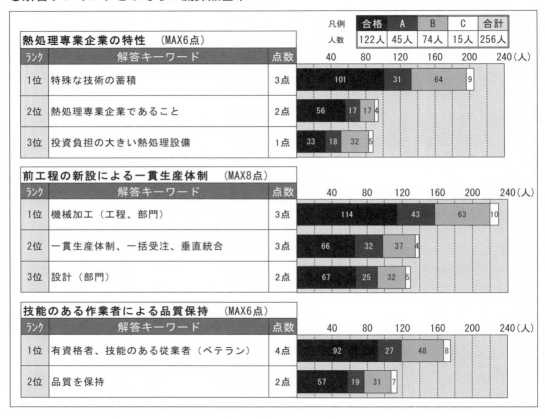

●再現答案

区	再現答案	点	文字数
合	強みは①機械加工部、設計部を設置し、一貫生産体制があり②熱処理専業企業として特殊な技術を蓄積③技能士資格を持つ従業員により品質が保持されていることである。	19	77

A	強みは①設計部門²と機械加工部門³を持ち、機械加工と熱処理を一括で受注できる体制²②技能士資格を有するベテラン作業者⁴や汎用機械の扱いに慣れた作業者による製品品質の確保²。	14	80
B	強みは①X社との出会いと関係性②X社の増産による安定受注③ベテラン作業者による技術力⁴や特殊な技術の蓄積³④熱処理や機械など複数工程³技術を持っていること。	10	75
C	強みは熱処理を外注する企業が多い中、創業当初から、熱処理専業企業²として営み、その後前工程である部品の機械加工の依頼があり、設計部門²と機械加工部門³も設置している。	7	80

●解答のポイント

> 金属熱処理の特性を理解したうえで、顧客の要望を受けて事業領域を拡大したこと、作業員の技能を高め品質を保持してきたことを簡潔にまとめられるかがポイントだった。

【金属熱処理業界の特性】

先生：さあ後半戦！　事例Ⅲの始まりよ。製造業って助言しがいがあって、大好き！

悩里：今回も第1問は「事業変遷」を理解したうえでの強みを聞いてきましたね。

崎山：あのぉ。そもそもなんですが、熱処理加工って初耳で、強みってよくわかりませんでした。なので、C社のすげーなって感じた記述をそのまま書きました。

悩里：ザキさん、与件文の第2段落に書いてありますよ。金属部品の基盤技術とか装置産業は一般論だから、ひと通り読んだら次段落以降で強みを探しました。

先生：ちょっと待って2人とも！　ここはすごく大事な段落よ。①設備投資負担が大きい、②特殊な技術の蓄積が必要、という理由から金属加工業では熱処理を外注する傾向が強く、C社は創業当初から熱処理専業企業として事業を行ってきたのよ、つまり？

崎山：……熱処理専業企業だから当然熱処理設備を持ち、技術を蓄積してきたのか！

悩里：熱処理企業だから設備は持っていて当たり前すぎて強みとは思わず、解答に入れなかったな。でも技術面の切り口として「ノウハウの蓄積」は書こうかと悩んだんです。この問題はずるいよ……。

先生：なに甘えたこと言ってんの。第5段落では、熱処理炉を複数保有するとも書かれているし、経営資源の限られる中小企業であるC社にとって、この2つは熱処理専業企業として明らかに武器となる強みよ。友達のマイケルが「参入障壁」って呼んでるわ。

崎山：なるほど～！　主力事業のコア技術とそれを実現する設備が新規参入業者や同業他社に模倣困難であればそれは強みですね。技術は事業変遷のなかで蓄積されたんだ！

悩里：（マイケルってまさかポーター？）悔しいけど気を取り直して次に行きましょう！

~当日、試験終了後の過ごし方~
すぐに帰宅して、家族と過ごす。これまでありがとう。

【顧客の依頼に応じて事業領域を拡大】

悩里：第3段落に「依頼があり設計部門と機械加工部門をもった」とあります。過去問に一貫生産体制という強みもあったな。強みは顧客のコストダウンが図れることです。

崎山：さっすが、なやまちゃんは知識が広いなぁ。僕は「売上高の増加に貢献」という表現でピンと来たよ！　設計部門には触れずに、多品種少量の受注生産が可能な機械加工により、お客様からの注文を一括で受けられることを強みとして書いたよ。

先生：2人ともいい線いってるわ。熱処理部門の前工程の新設については、合格答案やA、B、C答案を問わず全体的に書かれていたわ。

崎山：先生、僕は第4段落にあるX社との安定した大きな取引関係も記述しました。

悩里：ザキさん、X社との取引拡大は部門新設の結果だから内容が重複しますよ。

先生：そう、顧客の要望に応えることで差別化を図ったという意味では一緒ね。

崎山：C社への影響が大きいから強みとしたけど、漏れなくダブりなくは難しいなぁ。

【高品質を保持している要因】

先生：ほかにはないかしら？

悩里：実は第1問はQCDで切り分けました。Q（品質面）は第6段落、C（コスト面）は第3段落の一貫生産と第8段落の材料を受注分しか在庫しないこと、D（納期面）は第8段落の統制された生産計画による納期遵守ですね。

崎山：僕も第6段落に着目したよ。なやまちゃんとは違って技能ある作業者をチョイスしたけど。町工場の職人さんって日本の宝だよね。第8段落は気づかなかったな。

悩里：ザキさん、職人さんは宝かもだけど属人的で持続可能じゃないですよ。

先生：2人とも惜しいわね。第6段落で記載されている作業員の技能も一朝一夕で身につけられるものではないわ。つまり短期的に見ると模倣困難性があり強みになるわね。さらにそれによって品質が保持されているのであれば、製品力あるいは加工技術力も競争優位性となるわ。2人の答えを足し合わせれば正解に近づくと思わない？

崎山：あざーす。なやまちゃんの解答要素イタダキまーす。

悩里：（こいつ本当に図々しいな）先生、第8段落の納期面の切り口はどうでしょうか。

先生：あ、これね。採用いたしません。理由は、まずこの納期管理じゃ強みとまで呼べないわ。次に、後の設問との関係ね。第3問で説明するけど、生産計画と納期は改善するよう助言をすべきだからよ。つまり、80字という文字制限があるなか、事例としての一貫性を重視し優先順位をつけることが大切なの。切り口に頼るのはいいけど、こだわりすぎるとうわべだけの解答になり、本当の強みに気づけないわよ。

崎山：なるほど〜肝に銘じます！　事例問題は1つの提案書ですもんね。一貫一貫〜♪

悩里：（こいつなぜこんなに理解が早いんだ……。）優先順位がつけられないからつい悩んで全部盛り込んでしまうんですよね。次こそ見返してやる！

〜当日、試験終了後の過ごし方〜

勉強仲間と焼き肉店に行き、手ごたえがなかったので早速来年の予備校について相談。

第2問（配点20点）【難易度　★★☆　勝負の分かれ目】

自動車部品メーカーX社からの機械加工の受託生産に応じる場合、C社における生産面での効果とリスクを100字以内で述べよ。

●出題の趣旨

X社からの新規受託生産に応じる場合のC社の生産面における効果とリスクについて、分析する能力を問う問題である。

●解答ランキングとふぞろい流採点基準

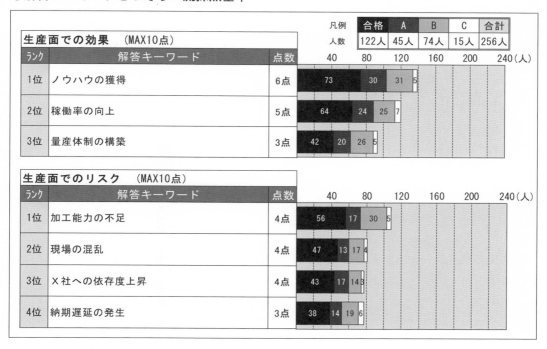

凡例	合格	A	B	C	合計
人数	122人	45人	74人	15人	256人

生産面での効果　（MAX10点）

ランク	解答キーワード	点数
1位	ノウハウの獲得	6点
2位	稼働率の向上	5点
3位	量産体制の構築	3点

生産面でのリスク　（MAX10点）

ランク	解答キーワード	点数
1位	加工能力の不足	4点
2位	現場の混乱	4点
3位	X社への依存度上昇	4点
4位	納期遅延の発生	3点

●再現答案

区	再現答案	点	文字数
合	効果は①生産量の増加による**稼働率上昇**[5]・経験効果によるコスト削減②**生産ノウハウの蓄積**[6]。リスクは①**X社依存の生産**[4]となり、生産設備が陳腐化②後工程引取方式の導入で生産方式が混在し、**現場の混乱**[4]・**納期遅延**[3]。	20	98

合	効果は①本格的量産機械加工によって工場の**稼働率が上がり**[5]コスト低減が図られ②**機械加工のノウハウが蓄積される**[6]事。リスクは①生産量が倍増して**生産能力で対処できない**[4]②後工程引取方式に対応できず**納期遅延**[3]が生じる。	17	100
A	効果は、①**量産生産体制の確立**[3]、②外注かんばん方式等**ＪＩＴの生産管理ノウハウ獲得**[6]、③他社との更なる差別化。リスクは、①設備投資の負担リスク、②新工程開発や**納期遵守ができない**[3]等のリスク、である。	12	95
B	効果は、自動車部品機械加工の**新たな技術力や生産ノウハウが習得できる**[6]事。リスクは、①**新たな工程が増えることに対応できない**[4]リスク、②加工設備の増強が必要で設備投資負担が過剰となるリスクである。	10	94
C	生産面での効果は、本格的量産可能な機会であり、多くの部品に対応し、**各種工作機械を使い、現在の２倍の生産量が可能**[3]な事。リスクは、外注かんばんが条件で従来の方法と２方法に対応必要で、**現場の混乱**[4]リスクある事。	7	100

●解答のポイント

> 　X社からの新規受託生産に応じる場合のC社の「生産面での」効果とリスクを、与件文から多面的に指摘できるかがポイントだった。

【設問文の制約条件から解答を絞り込めたか？】

先生：次、第2問よ。どんどん行くわよ。

崎山：「効果とリスク」って、何が聞かれてるんだろうね？

悩里：効果は平成20年度に問われたけど、リスクはここ10年聞かれていないですね。平成20年度も生産面での効果が問われる設問だったけど、解答のポイントは……。

先生：あんた、試験中にそんなこと考える暇あるの？　目の前の設問文と与件文に集中しなさい。

悩里：あ、はい。

崎山：なやまちゃん、相変わらず考えすぎだよー。与件文の第9段落以降をまとめればいいのでは。「初めての」本格的量産機械加工で「マシニングセンタなどの工作機械が必要」っていうんだから、X社からの受託生産に応じると新しい生産ノウハウを獲得することになるでしょ。それを書くだけ！

先生：そうね。後工程引取方式の導入も新たなノウハウといえるわ。ほかは？

崎山：「生産量は現在の約２倍」になるから、人や設備の稼働率が上がる、とかかなー。

先生：そのとおり。あと、量産体制を構築できるという効果も考えられるわ。

～試験当日のアクシデント～

　隣の人が消しゴムをやたらと使う人で、机の揺れが半端なかったです。これは事前に想定していませんでした。

崎山：なるほど〜。

悩里：ザキさん、第4段落を見落としてますよ。「熱処理加工に加え、前加工である機械加工工程をC社に移管」して受注が増えるわけだから、売上増加の効果がありますよね。多面的に書かないとダメですよ。

崎山：あれ、でもそれは売上の話でしょ。設問文には「生産面での」って書いてあるから、それ書いたらまずいんじゃない？

先生：そう。もちろん売上増加の効果はあるけど、設問文の制約条件に合わないときは書いてはダメ。多面的な解答を意識しつつ、設問要求に対応する解答を目指すのよ。

【見慣れない設問にどう対応するか？】

先生：じゃありスクについてはどう？

崎山：第10段落に「初めての本格的量産機械加工」で「マシニングセンタなどの工作機械が必要」、「機械加工部門の生産量は現在の約2倍」になり「大きな加工能力を必要とする」と書いてある。でもよく考えたら、加工能力ってそんな簡単に整うのかな。

悩里：そうですね。中小企業は一般に経営資源が限られているから、加工能力が不足して新規受託生産に対応できず、納期遅延につながる可能性がありますね。

先生：そう、よい視点よ。ほかにはない？

悩里：後工程引取方式の導入後も「その他の加工品については従来同様の生産計画立案と差立方法で運用する」から、異なる管理方式が併存することになる。そうすると生産現場が混乱する可能性があるんじゃないでしょうか。

先生：そのとおり！　与件文をヒントによく考えられているわ。

悩里：先ほどの第4段落はどうでしょうか。熱処理工程の増設で「C社売上高に占めるX社の割合が約20％までに」なっており、前工程である機械加工工程のC社移管でさらに割合が増えることが予想されます。そうすると、X社への依存度が高まるリスクがあるといえませんか。

先生：そうね。「生産面での」という制約条件があるから、生産量がX社に左右される点を上手に書いてね。

崎山：新工場を建設すると、設備投資負担が増加するリスクもありそうっすね。

先生：もちろん考えられるわ。でも生産面というより財務面の話なので、解答に盛り込まない判断をしてほしいの。実際に合格＋A答案で書いた人は2割台と少なかったわ。

悩里：「効果とリスク」という見慣れない問いに戸惑いましたが、与件文をヒントに考えれば解答を導けるんですね。

先生：そうよ。与件文のヒントと「生産面での」という設問文の制約条件から解答を絞っていくことが大切よ。くれぐれも知識だけで解こうとしないでね。

~試験当日のアクシデント~
マーカーで問題用紙に色を塗ったら裏写りが激しく、どうしようか途方にくれました。

第3問（配点40点）

　X社から求められている新規受託生産の実現に向けたC社の対応について、以下の設問に答えよ。

（設問1）【難易度　★★☆　勝負の分かれ目】

　C社社長の新工場計画についての方針に基づいて、生産性を高める量産加工のための新工場の在り方について120字以内で述べよ。

●**出題の趣旨**

　C社社長の方針に基づいた新規受託生産のための新工場の在り方について、助言する能力を問う問題である。

●**解答ランキングとふぞろい流採点基準**

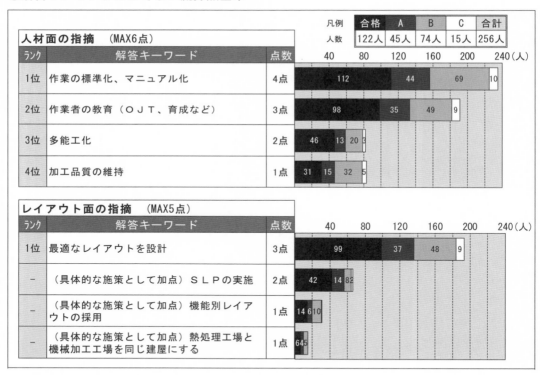

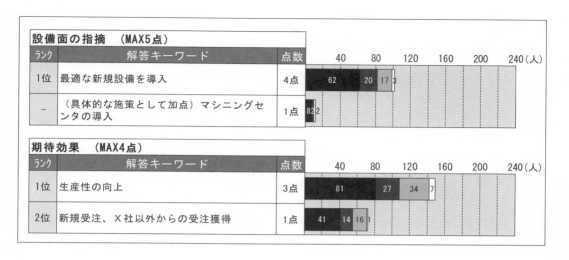

●再現答案

区	再現答案	点	文字数
合	在り方は、①量産の機械加工が可能な汎用機やマシンングセンタを導入し、②ＳＬＰによりレイアウトを最適化し、③ベテラン作業員の金属熱処理加工技能や汎用機機械加工機の作業者の個人技能を標準化し、④新工場要員をＯＪＴで教育し、⑤生産性を高めること。	19	120
A	新工場は①熱処理工場と機械加工工場を同じ建屋配置にして移動を効率化し②将来Ｘ社以外の機械加工ができるように柔軟な機械配置とし③作業を標準化、マニュアル化し④マシンングセンタなどの最新設備を配置して省人化し⑤ＯＪＴで工員の早期育成を行う。	19	118
B	現在は、資格を持つベテラン作業者等の個人技能によって加工品質を保っているが、作業標準化を進めて個人に頼らず高品質を実現可能とする。また、熱処理工程と機械加工工程を同じ建屋に配置し、レイアウトを最適化して、一人当たりの生産性を高める。	12	116
C	新工場は、①機械加工部と熱処理部それぞれの生産計画立案を全社的に見直し、②顧客の注文時に変更する日程計画を日次に変更し、③ＳＬＰを活用し適正な設備配置を実施し、④通信回線を利用し他の工場の進捗状況をリアルタイムで把握し、全体の生産性を高める。	8	120

〜試験当日のアクシデント〜

　朝、試験会場近くのコンビニで昼食を買おうとしたら長蛇の列。あらかじめ買っておくべきだった。

●解答のポイント

> 　C社社長の方針をもとに、新工場と現工場のギャップを分析し、新工場の在り方を多面的かつ具体的に盛り込めたかどうかが解答のポイントであった。

【設問をどのように読み解く？】

先生：「新工場の在り方」って問われ方で解答の方向性に困った受験生は多かったんじゃないかな。2人はまずどう考えた？

悩里：「生産性を高める」ためと書いてあったので、この設問は生産管理の問題ではなく「生産性が低い原因が与件文にあるのでは？」と考えました。

崎山：設問文に「C社社長の新工場計画についての方針に基づいて」とあったから、おそらく与件文には「C社社長の新工場計画の方針」が書いてあると考えましたよー。

先生：生産性を高める問題は人の作業が標準化されていないことが事例Ⅲでは頻出のテーマだけど、今回は「新工場の在り方」を求められているから、解答の方向性として「人の作業の話だけではなく、生産方式やレイアウトなど工場全体の助言を行う必要がありそう」という想定をしたうえで与件文を読みにいくことが必要ね。崎山が言うとおり「C社社長の新工場の方針」に加えて、もう少し踏み込んで「新規受託生産の内容」や「現工場の実態」まで事前に意識できれば失敗しないわね。

【解答の方向性は？】

先生：実際に与件文を読んだときにどんなことに気づいた？

悩里：現工場では「熱処理も機械加工もベテラン作業者や作業者の個人技能によって品質が保たれている」と書いてありました。方針のなかにも「近年の人材採用難に対応して、新工場要員の採用は最小限にとどめ、作業方法の教育を実施し、早期の工場稼働を目指す」ことが打ち出されているので、必然的に「作業の標準化・マニュアル化を進めて多能工化する」って書きました。やっぱり標準化・マニュアル化は過去の事例Ⅲでも頻出のテーマですな。

崎山：でもさー、それだけだと120文字も埋めることが難しくない？

悩里：いやー、ザキさん。正論という刀でぶった切られた気分ですよ。

崎山：「C社社長の新工場計画の方針」では「作業標準化を進める」「作業設計、工程レイアウト設計」「最適な新規設備の選定」などいろいろなことが書いてあって、これって要は新工場の在り方でしょ。もうこの内容をそのまま書けばいいのではないかと思いましたよー。本当にこれでいいんですか？　あざーす！　って感じ。

悩里：気持ちはわかりますけど、さすがにそれだと解答になっていないんじゃないですかねぇ。方針に込められた社長の思いを読み取って、具体的な助言をすることが中小企業診断士の役割でしょ？

～試験当日のアクシデント～

　1次試験初日の帰りが江戸川区花火大会で最寄り駅が激込み。リア充に生気まで奪われました……。

崎山：ですよねー。

先生：悩里、診断士の心得が身についてきたわね。もう1回設問文に戻ると、新工場計画についての方針に「基づいて」と書いてあるわよ。これは問題を解くうえでの制約条件や解答を考えるうえでの切り口を示唆してくれているとも考えられない？

2人：なるほどー！

先生：「作業標準化」や「作業方法の教育」から作業を行う人材面での指摘、「作業設計、工程レイアウト設計」から工場のレイアウト面での指摘、「X社向け自動車部品以外の量産の機械加工ができる」や「最適な新規設備の選定」から工場の設備面での指摘、という3つの切り口ができたわね。

悩里：人材面での切り口は想定できたけど、そうやって考えていけばよいわけですね。

崎山：うーん。それじゃあ新工場の在り方を考えるうえで、「新規受託生産の内容」と「現工場の実態」を改めて検討する必要があるわけですね。

【C社のこれからと現状は？】

悩里：えーっと、C社の現工場についての与件文を読むと、機械加工工程は「機能別にレイアウトされている」と書いてあるぞ。対比で新工場では製品別レイアウトを採用すればよいのかな。

崎山：ちょっとちょっとー！　X社からは「10種類の部品で、加工工程は部品によって異なるがそれぞれ5工程ほどの機械加工」の新規受託、さらに社長の方針でX社以外の量産加工も視野に入れているから、製品別レイアウトを採用したら投資も設備も大変なことになるんじゃないの？

悩里：（ザキさんが正論の刀を振り回して無双状態だ）ほかに着目すると、C社は今までX社から熱処理加工を受託していて、これからは機械加工工程も移管されるのに、熱処理工場と機械加工工場が独立している現在のレイアウトだと非効率だなぁ。

先生：よい視点ね。ただし、熱処理と機械加工の具体的なレイアウトについて指摘している解答は意外と少なく、「SLPを実施して最適なレイアウト配置を考える」という解答が多く見られたわね。

崎山：解釈に困ったりした場合、割り切りも時には大事なんですね。

悩里：設備面を考えるうえでの根拠として、機械加工には「旋盤、フライス盤、研削盤、またはマシニングセンタなどの工作機械」が必要になるって書いてあるなぁ。「または」って書いてあるから、旋盤、フライス盤、研削盤をそれぞれ導入するより、マシニングセンタを導入したほうが生産性は上がりそうですね。

先生：そのとおりね。この設備面の指摘ができている受験生は少なかったことから、今回の設問はとても難しかったことがわかるわね。けど多面的に考えることはどの設問でも本当に重要だから、失敗しない考え方としてぜひ身につけてほしいわ。

~試験当日の失敗・反省~

風邪をひいた。

（設問2）【難易度　★★☆　勝負の分かれ目】

　X社とC社間で外注かんばんを使った後工程引取方式の構築と運用を進めるために、これまで受注ロット生産体制であったC社では生産管理上どのような検討が必要なのか、140字以内で述べよ。

●出題の趣旨

　X社とC社間で後工程引取方式の構築と運用を進めるために、C社で必要な生産管理上の検討内容について、助言する能力を問う問題である。

●解答ランキングとふぞろい流採点基準

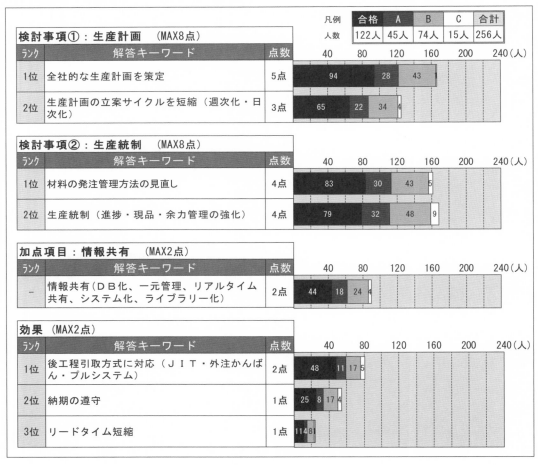

凡例	合格	A	B	C	合計
人数	122人	45人	74人	15人	256人

検討事項①：生産計画　（MAX8点）

ランク	解答キーワード	点数
1位	全社的な生産計画を策定	5点
2位	生産計画の立案サイクルを短縮（週次化・日次化）	3点

検討事項②：生産統制　（MAX8点）

ランク	解答キーワード	点数
1位	材料の発注管理方法の見直し	4点
2位	生産統制（進捗・現品・余力管理の強化）	4点

加点項目：情報共有　（MAX2点）

ランク	解答キーワード	点数
－	情報共有（ＤＢ化、一元管理、リアルタイム共有、システム化、ライブラリー化）	2点

効果　（MAX2点）

ランク	解答キーワード	点数
1位	後工程引取方式に対応（ＪＩＴ・外注かんばん・プルシステム）	2点
2位	納期の遵守	1点
3位	リードタイム短縮	1点

　事例Ⅱの最後の問題、いつも書いていた戦略的キーワードを書き忘れていたことに終了後に気がつき焦った。

●再現答案

区	再現答案	点	文字数
合	必要な検討は①生産管理専任部署の設置。②X社の納品予定内示、見直し、確定情報に合せた大日程、中日程、小日程計画を立案する。③納期基準の材料在庫の管理、現品、余力進捗管理の実施。④生産計画の一元管理とデータ交換に基づく計画の随時更新を行い社内共有化を進める事。以上で納期遵守する。	19	139
合	C社は①機能加工部と熱処理部全体で生産計画を立案し②日程計画と材料の調達計画を連動させ短サイクル化し③後工程引取方式と従来同様の生産計画立案と差立方法が併存するため複数工程への対応を行い④生産統制を強化することで、納品3日前に届く外注かんばんによる納品確定に対応する検討が必要。	18	139
A	C社は、①月ごとに作成する日程計画に対し、外注かんばんに合わせた生産計画の短サイクル化や、②材料加工部と熱処理部が各自で立案する生産計画に対して、全工程での生産計画の立案、③日程計画の都度発注する材料調達に対し、内示に基づく計画的な発注、等を検討することで、外注かんばんに対応する。	14	140
B	検討する点は①熱処理加工を中心に機械加工部と熱処理部が別々に立案している生産計画の作成と進捗管理方法の変更、②受注だけの材料在庫確保ではなく、安全在庫を加えた手段への変更、③マシニングセンタの設置による作業効率化、④データ交換に向けた生産管理データベースの構築とデータ整備。	10	136
C	検討点は、①機械加工の部品注文を都度注文ではなく全社的な管理の発注方法を、②材料在庫を受注分のみから安全在庫を考慮した適正な管理をし、③受注状況に応じた人員を配置、④短納期を実現する為に繰り返し受注部品の見込生産の実施、⑤作業工程をECRSの原則で見直し。	9	127

事例Ⅲ

●解答のポイント

> 　与件文からC社の生産管理の現状を読み取り、後工程引取方式に対応するための計画策定や統制方法を助言できたかどうかがポイントだった。

【生産管理上の検討事項を解答できたか】

先生：第3問（設問2）ではC社の生産管理上で必要な検討事項が問われたわ。2人はちゃんと対応できた？

崎山：生産管理ときたら生産計画と生産統制！　この2つを軸に、納期を遵守するための計画策定と進捗・現品・余力管理の徹底がマストでしょ。あざーす！

~試験当日の失敗・反省~

　事例Ⅳで手元の計算用紙で出た答えと違う数字を解答用紙に書き込んだことに、答案回収の瞬間に気づいた。

悩里：ザキさん、「後工程引取方式の構築と運用を進めるため」の制約条件があることを忘れちゃっていませんか？　Ｃ社が後工程引取方式を構築するには、現状をどう変えていくかを指摘しないとダメだと思います。

先生：悩里、いいところに気づいたわね。前回までのＣ社の事例だと、現状で改善すべき問題点が明記されていたから、比較的解答を書きやすいケースが多かったの。一方、今回のＣ社は現段階で明らかな問題点を与件文から見つけにくく、多くの受験生が悩んだようね。今後Ｃ社が後工程引取方式を運用していくうえで、対応すべき方向性を指摘しないといけないという意味では、難易度が上がったといえるわ。

崎山：今回は参ったよ、生産計画については第12段落にＣ社としての方向性がすでに明記されちゃってるんだもの。それを「変えて！」とは書きづらいし……。

先生：確かに与件文には、後工程引取方式はＸ社の受託生産に限定した運用範囲とし、その他は従来同様の生産計画立案と書かれていて、どう指摘すべきか迷った受験生も多かったようね。悩里はどう対応した？

悩里：僕は、第８段落の「生産計画は、機械加工部と熱処理部それぞれで立案される」に着目し、「全社的な生産計画を作成すること」と書きました。

先生：そう！　「生産計画を統合し全体を管理する」という内容は、合格者に限らず受験生の多くが解答できていたわ。さらに、合格＋Ａ答案では「立案サイクルを短縮すること」まで記述できていた答案が多かったの。Ｃ社が後工程引取方式に対応するには、現状月ごとに日程計画を作成していることを改め、立案頻度をもっと高めるべきであることに気づけたかどうかが、ポイントの１つだったといえるわね。

崎山：同じ視点で生産統制の検討事項を考えてみると、与件文の「後工程引取方式」では「納品３日前にＸ社からＣ社に届く外注かんばんによって納品が確定する」ことや、現状は材料を「都度発注し、加工日の１週間前までに納品」されていることから、材料発注管理方法を見直すことを指摘すればよかったのかな？

先生：やるじゃない！　今回の解答キーワードのなかで、合格＋Ａ答案とそれ以外で最も差がついたのはまさにここだったのよ。現状の材料調達では、今後の後工程引取方式を進めていくうえで対応できないことを与件文から読み取り、ズバリ指摘できたかが、勝負の分かれ目だったようね。

悩里：（ザキさん、またもや理解が早すぎるだろ……）

【新規受託生産の生産体制は？】

先生：もう１つの制約条件である「これまで受注ロット生産体制であったＣ社」については、どう考えた？

悩里：今後は見込みの量産となるため、在庫管理が重要になるんじゃないでしょうか？

崎山：なやまちゃん、その考えは甘いよ。Ｘ社から新規受託する以上、いわゆる一般的な見込生産とはいい切れないじゃない。

悩里：でも、X社の代わりにC社が見込みで生産するようなものなんじゃ……。

先生：ここに関しては、受験生の間で解釈が分かれたようね。この設問への解答として「今後は見込生産」と書いた受験生は一定数いたのよ。でも、見込生産と受注生産の違いについては、JISによると「製品の仕様を誰が定めるか」によって定義されているの。生産者側が定めた場合に見込生産となるわけなんだから、今回のケースでC社の「見込生産」と書いて加点対象になった可能性は低いと考えられるわ。

悩里：「見込生産と受注生産の両生産体制を構築すること」が課題だった過去の事例もあったのですが……。

先生：平成23年度の第3問（設問2）ね。このときのC社は、売上高の60％がX社へのOEM製品という状況で、新しく自社ブランド製品の事業を成功させるための課題が問われていたの。今回のC社とはまったく別よ。過去の解答フレーズをそのまんま引用するなんて、通用しないんだから。これまでの事例をよく研究することは大事だけど、常に現在のC社に寄り添って与件文に忠実に答えることを忘れちゃだめよ。

【効果まで言及できたか？】

先生：この設問で直接問われているのは「検討」事項だけど、解答要素としてほかに書くべきことは何かしら？

崎山：そりゃ効果でしょ！　「後工程引取方式への対応」まで書かないと締まんないよ。

悩里：同感です。「提案した検討事項の結果、どうすべきか」を考慮して、「納期の遵守」と書きました。

先生：そうね、出題の趣旨を見てわかるとおり、この設問は「助言する能力を問う問題」なのよ。答案のなかには、検討事項を並列して最大8つも述べたものもあったけど、助言問題に対しては因果関係をはっきりと示すことも大事なの。C社にとって必要な検討事項を指摘したうえで、その結果まで明記してあげてこそ、助言といえるわ。

悩里：出題の趣旨を見ると、同じ第3問（設問1）も「助言する能力を問う問題」だね。

崎山：（設問1）の効果が「生産性の向上」で、（設問2）の効果が「後工程引取方式への対応」なんて、設問文に書いてあることの使い回しじゃん！

先生：そうね、設問文の言葉をそのまま解答に盛り込むべきか、判断に迷った受験生は多かったみたい。でも結果的には、合格＋A答案の多くの人が書いているため、加点対象になった可能性が高いと思われるわ。どんなときも設問文の言葉を引用すればいいってわけではないけど、解答として理屈の通る効果を添えてあげることが大事ね。

~試験中に起きた面白エピソード~

　2次筆記試験当日に、隣のビルでネイリスト検定が開催中。事例Ⅱの設定がネイルサロンでびっくり。

第4問（配点20点）【難易度　★☆☆　みんなができた】
新工場が稼働した後のC社の戦略について、120字以内で述べよ。

●出題の趣旨
新工場が稼働し、X社からの新規受託生産が開始された後のC社の戦略について、助言する能力を問う問題である。

●解答ランキングとふぞろい流採点基準

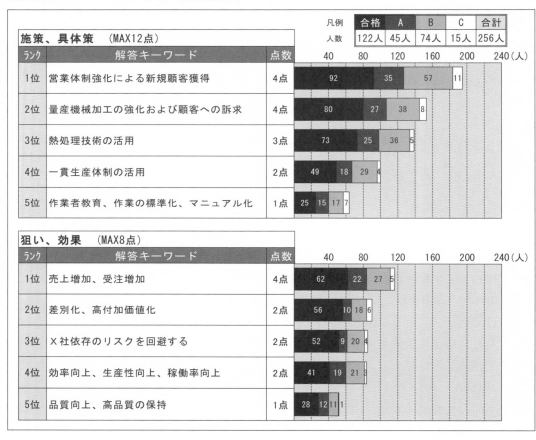

凡例	合格	A	B	C	合計
人数	122人	45人	74人	15人	256人

施策、具体策　（MAX12点）

ランク	解答キーワード	点数					
1位	営業体制強化による新規顧客獲得	4点	92	35	57	11	
2位	量産機械加工の強化および顧客への訴求	4点	80	27	38	8	
3位	熱処理技術の活用	3点	73	25	36	5	
4位	一貫生産体制の活用	2点	49	18	29	4	
5位	作業者教育、作業の標準化、マニュアル化	1点	25	15	17	7	

狙い、効果　（MAX8点）

ランク	解答キーワード	点数					
1位	売上増加、受注増加	4点	62	22	27	5	
2位	差別化、高付加価値化	2点	56	10	18	6	
3位	X社依存のリスクを回避する	2点	52	9	20	4	
4位	効率向上、生産性向上、稼働率向上	2点	41	19	21	3	
5位	品質向上、高品質の保持	1点	28	12	11	1	

●再現答案

区	再現答案	点	文字数
合	<u>熱処理加工</u>について設備や温度管理等の<u>特殊な技術の蓄積</u>[3]があり、前工程の備品の<u>機械加工の量産もできる</u>ことを強み[3]に<u>差別化</u>を図り、X社向けの<u>売上の向上</u>[4]だけでなく、<u>X社向け自動車部品以外の量産の機械加工の受注を獲得</u>[4]し、<u>X社への売上依存を回避</u>する。	19	118
合	戦略は<u>新工場設立</u>で構築する<u>量産体制を活用</u>[4]し、<u>高度な熱処理加工技術</u>[3]・機械加工技術やX社向け実績を訴求し<u>新規顧客の開拓を進める</u>[3]ことで、受注量を確保、<u>工場稼働率を向上</u>[2]し、<u>売上・利益の拡大</u>及び<u>X社依存度を低下</u>し<u>経営リスクの分散</u>[2]を図る。	19	113
A	新しい汎用機械加工機の導入と高い能力を持つ<u>多能工の養成</u>[1]により、<u>高い加工技術と加工品質</u>を確保した<u>量産機械加工体制を構築</u>[2]し、自動車部品メーカー以外の<u>新規顧客獲得</u>[4]して<u>売上向上</u>[4]。また<u>生産効率を高める</u>[2]設備、作業設計でコスト削減による収益改善も図る。	16	119
B	設計部門を保有し、<u>熱処理</u>[3]から機械加工までの<u>一貫生産体制</u>を保有する強みを活かし、<u>営業部門を新設して、X社以外の取引先を開拓</u>[4]する。垂直統合度を高め、熱処理加工のみの受注割合を減らし、自動車部品以外の顧客開拓を通じた<u>高付加価値品</u>[2]の受注を高める。	11	119
C	X社の受託生産部品だけの生産をする専用機化、専用ライン化にするのではなく、X社向け自動車部品以外の<u>量産の機械加工</u>[4]ができる新工場にする。近年の人材採用難に対応するために、新工場要員の採用は最小限にとどめ、<u>作業方法の教育</u>[1]を実施する。	5	114

●解答のポイント

> 　与件文から新工場稼働後のC社の「ありたい姿」と「強み」を適切につかみ、C社がとるべき施策を多面的かつ一貫性を持って提示できたかどうかがポイントだった。

【論点と制約条件について】

先生：最後の設問、気を抜かずにいくわよ。問われているのは、新工場が稼働した後のC社の戦略。戦略ってどういう意味？

崎山：特に意味はないんじゃないっすかね。

悩里：そんなわけないでしょう。戦略とは、組織が向かうべき方向性を実現するための全社的な計画や作戦のことです。

先生：そう。つまり、C社の今後の「ありたい姿」があり、そこに全社が向かっていくイメージ。大きな方向転換は、1つの部署だけじゃできないでしょ？

悩里：なるほど。1人じゃできないことも……。

崎山：先生！　「新工場が稼働した後の」っていう制約条件がありますよね？

～休憩中に食べたおすすめのおやつ・ドリンク剤～

　果実グミとラムネ。ドリンクはC．C．レモン。脳への栄養分を補うには最適だと勝手に信じてました。

先生：そうね。で、新工場が稼働すると、従来と何が変わるの？

崎山：X社から生産の移管を求められている、自動車部品機械加工の受託生産が始まりますね！　C社では初めての本格的量産機械加工になります！

【具体的な解答要素は？】

悩里：そうはいっても、全社的って、何から書けばいいんでしょう。

崎山：やるとよさそうなこと、手当たり次第ぜーんぶ書けばいいんじゃないですかね！

先生：いたしません。手当たり次第手術したら患者はどうなる？　大切なことは、1本の筋道に沿って、シンプルな戦略を立てること。そのほうが従業員にも伝わりやすいわ。

悩里：（しゅ、手術？）それなら、抜け漏れダブりなく、いわゆるMECEが使えそうです。

崎山：うーん、やっぱりMECEって難しいなー。

先生：MECEで考えるメリットは、全体像が把握できて、抜け漏れがなくなること。戦略を問う問題では何かと役に立つわね。切り口はいろいろあるけど、たとえば会社をMECEに分解すると、どんな切り口があると思う？

悩里：会社をMECEに……えーと、部署で分けるのはどうでしょうか？

先生：珍しく冴えてるじゃないの。部署で区切れば、社内の機能が漏れなく検討できて、全社の姿や他部署とのつながりも整理できるわ。

悩里：「珍しく」は余計じゃないかな……。

先生：さあ、各部署がやるべきことは？

崎山：えーっと、まず工場は、新工場で量産機械加工の強化っすかね？

悩里：当然、そこで作ったものを売るために、営業体制を整える必要があると思います。「将来的にはX社向け自動車部品以外の量産の機械加工ができる新工場にする」って書いてあるから、X社以外の顧客を開拓するためにも営業部隊は必須ですね。

崎山：技術面は、強みの熱処理技術を生かしたらいいっすね！　あとは多能工育成とか！

悩里：熱処理技術って、新工場の稼働と関係ないですよね？

先生：だからC社の戦略に入らないってこと？　本当にそうかしら？　戦略の前提となるC社の「ありたい姿」は何？　量産機械加工専門の会社になりたいわけ？

崎山：違いまーす！　旧工場は残して、従来の生産方式を続けるって書いてあるもん！

悩里：そうか、つまり、従来の熱処理および機械加工の強みは残しつつ、量産機械加工もできる会社になろうとしてるんですね。ということは、従来からC社の強みである、一貫生産体制も生かすべきだと思います。

【施策＋効果を、因果関係に気をつけて書く】

先生：2人とも、社長が何をしたいか、だいぶわかってきたようね。

悩里：うーん、いわゆる「施策」は整理できてきたんですけど、試験のセオリーとしては

~休憩中に食べたおすすめのおやつ・ドリンク剤~ ─────────

①カロリーメイト②コカ・コーラ（糖分＆カフェインの最強タッグ）。

「狙い」や「効果」も必要ですよね。

崎山：いつも思うんだけど、効果って書かなきゃだめなの？

先生：確かに試験では字数の制限もある。でも実際の診断業務を考えてみて？　あんた、社長に「施策」だけ言って、説明したつもりになって帰ってくるわけ？　ふざけんじゃないよ。そんなのは中小企業診断士っていわないんだよ。

悩里：(キ、キレすぎだろ……) おっしゃるとおりです。僕が社長だったら、理由とか、効果、狙いを説明してもらわないと、不安で決断できないよ。

崎山：なるほど〜。わーっした！　効果もセットで書くようにしゃーす！

先生：じゃ、さっそく聞くけど、「営業体制強化」の効果は何？

崎山：受注とか売上を増やすこと！

悩里：それもあるけど、新規顧客を開拓して、X社依存のリスクを回避する狙いもあるんじゃないですかね。

先生：よい着眼点ね。さっきも見たように、X社以外の量産機械加工を受け入れようとしている工場の動きとも、整合性があるわね。

崎山：熱処理技術や一貫生産体制があって、量産機械加工もできるとなれば、他社との差別化ができる効果がある！　これも旧工場と新工場の2工場体制と整合性がある！

悩里：「全社的な計画や作戦」ってそういうことか！　悩みが晴れてきました！

【合格＋A答案の特徴は？】

先生：まとめるわよ。合格＋A答案では、「施策」と「効果」の両要素があり、「営業」と「生産」がある、というように、C社の戦略を多面的に書けている答案が多かったわ。具体的には、「施策」と「効果」をそれぞれ2つ以上盛り込んでいるイメージね。

悩里：文字数も120字だし、やはり4つくらいは要素を入れたほうがよいですね。

先生：一方でB答案以下は、「施策」か「効果」に偏っていたり、営業面しか言及していなかったりする答案の割合が高かったわ。さらに合格＋A答案は単にキーワード数が多いだけではなく、優先順位や因果関係、文章の一貫性なども整っていて、わかりやすい解答が多かったの。ここに気をつければ、失敗しないわね。

〜休憩中に食べたおすすめのおやつ・ドリンク剤〜

チョコレートは大好きだけど歯磨きしたくなるのでガムやグミが個人的にはお勧め。

▶事例Ⅲ特別企画

損益で考える事例Ⅲ

崎山：いやー、事例Ⅲってよくわかんないっすよー。強みを答えるみたいな単純な問題なら、「あざーす！」って感じでいけるんすけどー。

悩里：僕も、与件文の生産方法や計画の記述の意味をつかむのに悩んでしまいがちです。

崎山：そもそも僕、メーカー勤務じゃないから工場のイメージができないんですよねー。

先生：ちょっとあんたたち、難しく考えすぎ。じゃあ聞くけど企業の目的はなんなの？

崎山：そりゃやっぱり、もうけることでしょー！

先生：そう！　企業の目的は利益を出すことだと、友達のエリヤフも言っているわ。

悩里：（さっきはマイケルで今度はエリヤフって、まさか『ザ・ゴール』のゴールドラット？）じゃあ、利益を出すために費用削減だけを考えればよいですね。

崎山：だよね、売上を増やすのは事例Ⅱで考えるもんね。

先生：はあ⁉　2人とも何言ってんのよ、両方あるでしょ。この図を見なさい。

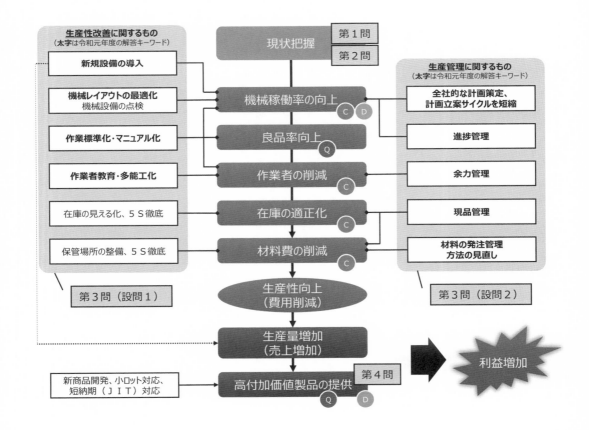

先生：これは工場における利益改善の流れを示したものよ。本当に費用だけで十分？

崎山：確かに「費用削減」と「売上増加」がありますね！　生産性が向上することで生産可能な量も増えて、結局は売上増加につながっているんだ！

悩里：「事例ⅢはQCDで考えろ」と教えられてきたけど、**Qは高品質な製品が市場で差別化できるから売上増加につながるし、Cは言わずもがな費用のこと、Dの納期短縮は売上と費用の両方に影響している**のか。

先生：そう、事例Ⅲは売上と費用の両面、つまり**損益で考えなきゃいけない**のよ。だけど一般的な事例Ⅲのストーリーはこの図の流れに沿っているから、まずはこの図を頭に叩き込んで私の言うことについてきなさい。大丈夫。私、失敗しないので。

【損益で考える設問文の捉え方】

先生：それでは、令和元年度の問題を例に説明していくわ。

〈第1問〉

先生：第1問の設問文を見て。この問題、何を要求されていたのかしら。

崎山：「強み」だから、C社の経営資源を与件文から拾えば答えがくる〜！

先生：なんでも拾えばいいわけじゃないわよ。企業は経営資源を活用して損益を改善し、利益最大化を図るのよね。その観点で「一貫生産体制」や「技能士資格を持つ従業員」「高品質」のような**売上向上に寄与する強み**を選び取ることが重要なのよ。

崎山：なるほど〜、勉強になります〜！

〈第2問〉

先生：第2問も同じように考えて。悩里、どう？

悩里：（待ってよ、まだ考えているのに！）えっと、X社からの受託生産に応じる場合の生産面での効果とリスクだから、**効果は売上の増加や費用の減少につながりそうなこと、リスクは逆に売上の減少や費用の増加につながりそうなこと**、でしょうか？

先生：そのとおりよ。あとは「生産面」という条件に沿って「稼働率向上（→費用減少）」や、「納期遅延（→売上減少・費用増加）」という事象を選び取ればいいのよ。

悩里：（よし、なんとかなったぞ）闇雲に事象を並べてもダメ、ということですね。

〈第4問〉

先生：第3問は後で解説するから、第4問にいくわよ。毎年恒例の戦略問題だけど。

崎山：市場と製品の2軸で考えるのがいいっすね〜。

先生：アンゾフの成長マトリクスで考えるのも悪くないわ。だけどここは損益の視点から考えてみて。損益の改善に至る道筋、それこそが戦略だけど、机上の空論ではない実現可能な戦略を経営者に説明するにはC社の実情に寄り添った経営資源の観点が欠かせないわ。ここまで言って、何か思い出すことはない？

悩里：なるほど、第1問との整合性ですね。第1問でSWOT分析を行って、戦略問題では最適な経営資源をもとに戦略を立てて……。そうか！　「売上」と「費用」の目

　　　　線で第1問を情報整理すれば、おのずと採るべき戦略とその効果がつながるのか！

先生：よく気づけたわね。**損益で考えることによって、採るべき戦略とその効果に一貫性を持たせることができるのよ。**

【損益で考える業務改善】

先生：第3問は、例年どおり（設問1）が作業内容について、（設問2）が生産管理についての問題よ。ただ、その対象が新工場だったことで戸惑う受験生が多かったようね。だけど、この問題も損益で考えれば何も難しくないわ。

崎山：そんなことができたらそれこそ「あざーす！」ですよ。教えてくださーい！

先生：その前に1つ、重大な問いかけをするわ。なぜ毎年のように作業内容と生産管理についての問題が、しかも戦略問題の前に出るのか、考えたことある？

悩里：（あるわけないだろ！）先生、降参です。教えてください。

先生：それじゃあ質問を変えるわ。「工場を大きくして、じゃんじゃん新しい機械を購入して、たくさん作っちゃいましょう」という提案を中小企業にしたらどうなる？

崎山：「そんなのできるわけないじゃーん！」て言われるでしょうね。

先生：そう。ヒト・モノ・カネが決して潤沢でない中小企業にとって、固定費の増加につながる投資はおおげさでなく命がけの判断よ。だけど今と同じことをしていたら成長は見込めない、というのも事実。なんとかして元手を作らないといけないのよ。

悩里：それで現在の業務を見直す必要が出てくるんですね。

先生：今の現場のムダを改善して生産性を向上させ、適切な生産計画と生産統制、つまり生産管理を行う。生産性向上と生産管理はC社の損益を改善するうえで重要な取り組みなのよ。今回のC社は新工場を建設するという方針がすでに定まっている状態。だけど損益の悪化につながるような非効率的な工場運営が許されないことには変わりないわ。そのことを忘れずに設問を解いてみて。

〈第3問（設問1）〉

先生：設問文を読んで、悩里はどんなことを考えた？

悩里：そんなの決まっていますよ！　「作業者のスキルに頼っている」状態から作業の標準化・マニュアル化を進めて多能工化を図る、です。僕の豊富な知識によれば……

先生：ちょっと待って。もう1回、設問文を読んでみて。「生産性を高める量産加工のための」とあるわね。量産加工ができるようになると損益はどうなる？

悩里：え、損益は良くなるに決まっているじゃないですか！

先生：本当にそうかしら。売上が増えても費用がそれ以上に増えたら損益は悪化するわ。だからこそ設問に「生産性を高める」と条件がつけられているんじゃないかしら。

崎山：それじゃあ生産性を高めるためには何をすればいいんですかー？

悩里：ザキさん、そりゃ作業の効率を上げて短時間でたくさん作ればいいんだよ。

先生：それだけじゃないわよ。「生産性」は工場の状況を定量的に把握するものであり、

費用削減を行うために重要な考え方なの。そして作業方法に関することだけでなく、「機械稼働率の向上」「人員の多能工化」「在庫の適正化」「材料費の削減」などの４Ｍに関することはすべて生産性向上のための取り組みなのよ。

崎山：何すかそれー、なんでもありじゃないですかー。

先生：設問に「新工場の」と書いているし、ほかの設問との切り分けもあるから、どれでも点が入るわけではないわ。この設問に限らず、助言問題は設問の制約条件に沿って適切な助言内容を選択することが重要よ。

〈第３問（設問２）〉

先生：設問文にある「後工程引取方式の構築と運用を進める」ことは損益改善を狙ってのものね。そのために必要な生産管理上の検討項目はどういったこと？

崎山：お決まりの生産計画と生産統制！　からの〜？

悩里：（僕にふるなよ！）えーと、そうですねえ。受注ロット生産体制だけなら納期も守れているし材料在庫も適正だから現時点の費用管理は問題ない。だけど将来に目を向けたら、Ｘ社の自動車部品だけは後工程引取方式で運用されるので、短納期対応ができないと残業などで費用が増加して、損益が悪化しそう……。

崎山：材料だって切らしちゃったら「さーせんした！」じゃすまないから調達期間の見直しが必要だね。こう考えるとＸ社の高い要求に応えようとするＣ社って、芸人、じゃない、企業として生き残るうえで大きな節目を迎えているのかもー。

先生：そうよ。ちゃんと与件文からＣ社の状況が読み取れているようね。

崎山：あざーす！

悩里：（なぜ、いつもザキさんがおいしいところをもっていくんだ……）

【設問先生によるまとめ】

先生：事例Ⅲを解くときに覚えておいてほしいことを、財務的な観点で以下にまとめたわ。

1. Ｃ社の目的は損益の改善。工場のことを理解できなくても、損益、つまり「売上」と「費用」の両方で考えれば何が求められているかがわかる。
2. 工場が取り組むあらゆる改善策や投資は生産性向上のためであり、そして生産性を向上させることがすなわち損益の改善につながっている。
3. 助言問題は「どうすれば損益改善につながるか」の観点をベースに、与件文に沿ったＣ社の状況と制約条件に基づく解答構成を心掛ける。

先生：「メーカー勤務じゃないから事例Ⅲはわからない」という声をよく聞くわ。でもね、利益を生まないと存続できない点はどの企業も共通していること。事例企業に寄り添い、どうやれば損益改善できるかを考えることができれば、正解はすぐそこよ。

~こだわりの文房具~

　モノグラフ（シャーペン）は、お尻に MONO 消しゴムが付いていて便利！

ふぞろい流ベスト答案 ——————————————— 事例Ⅲ

第1問（配点20点）　79字 　　　　　　　　　　　　　　　　　　　　　【得点】20点

強	み	は	①	熱	処	理	専	業	企	業²	と	し	て	設	備	を	保	有¹	し
特	殊	な	技	術	を	蓄	積³	②	機	械	加	工³	、	設	計	部	門²	を	設
置	し	一	貫	生	産	体	制³	が	あ	り	③	技	能	士	資	格	を	持	つ
従	業	員⁴	に	よ	り	品	質	が	保	持²	さ	れ	て	い	る	こ	と	。	

第2問（配点20点）　100字 　　　　　　　　　　　　　　　　　　　　　【得点】20点

効	果	は	、	①	量	産	機	械	加	工	導	入	に	よ	る	ノ	ウ	ハ	ウ
獲	得⁶	と	量	産	体	制	構	築³	、	②	生	産	量	倍	増	に	よ	る	稼
働	率	向	上⁵	で	あ	る	。	リ	ス	ク	は	、	①	加	工	能	力	不	足⁴
に	よ	る	現	場	の	混	乱⁴	や	納	期	遅	延³	の	発	生	②	X	社	
向	け	生	産	量	増	加	で	依	存	度	が	高	ま	る⁴	こ	と	で	あ	る 。

第3問（配点40点）

（設問1）　　119字 　　　　　　　　　　　　　　　　　　　　　【得点】20点

①	作	業	の	標	準	化⁴	や	教	育³	に	よ	り	多	能	工	化²	を	進	め
②	S	L	P²	に	よ	り	、	機	能	別	レ	イ	ア	ウ	ト	を	維	持¹	し
熱	処	理	部	門	と	機	械	加	工	部	門	を	同	じ	建	物	に	配	置
す	る¹	な	ど	最	適	な	レ	イ	ア	ウ	ト	を	設	計³	、	③	最	適
な	設	備³	と	し	て	マ	シ	ニ	ン	グ	セ	ン	タ	を	導	入²	、	生	
産	性	を	高	め³	、	X	社	以	外	の	受	注	も	獲	得¹	す	る	。	

（設問2）　　140字 　　　　　　　　　　　　　　　　　　　　　【得点】20点

①	生	産	計	画	面	で	は	、	機	械	加	工	部	と	熱	処	理	部	の
計	画	を	統	合⁵	し	、	全	体	を	管	理	す	る	。	ま	た	月	毎	に
作	成	し	て	い	る	日	程	計	画	の	立	案	頻	度	を	増	や	す³	。
②	生	産	統	制	面	で	は	、	材	料	調	達	の	時	期	や	発	注	量
を	見	直	し	て⁴	現	品	管	理	し	、	情	報	共	有	を	徹	底²	し	て
進	捗	・	余	力	管	理⁴	を	実	施	。	以	上	で	、	生	産	リ	ー	ド
タ	イ	ム	を	短	縮¹	し	後	工	程	引	取	方	式	に	対	応²	す	る	。

第4問（配点20点）　　115字　　　　　　　　　　　　　　　　　　【得点】20点

戦	略	は	、	量	産	機	械	加	工	体	制	を	強	化⁴	す	る	と	と	も
に	、	作	業	の	標	準	化¹	に	よ	り	生	産	性	を	高	め²	、	新	規
顧	客	獲	得	の	た	め	に	営	業	部	を	新	設⁴	し	て	高	度	な	熱
処	理	技	術³	と	一	貫	生	産	体	制²	を	保	有	す	る	強	み	を	訴
求	す	る	。	こ	れ	に	よ	り	高	付	加	価	値	化²	、	売	上	増	加⁴
と	Ｘ	社	依	存	リ	ス	ク	の	回	避²	を	図	る	。					

ふぞろい流採点基準による採点

100点

第1問：後の設問との解答の一貫性を意識しながら、他社に模倣困難で参入障壁になりうる強みを第2、3、6段落からそれぞれ抜き出しまとめました。

第2問：「効果」については経営資源の獲得とその結果を、「リスク」については大幅な受注増による社内と社外への影響を、与件文の要素を盛り込み具体的に記述しました。

第3問（設問1）：与件文からC社社長の新工場計画についての方針と現工場のギャップを分析し、人材面、レイアウト面、設備面から新工場の在り方を記述しました。

第3問（設問2）：生産管理上の検討事項という制約条件をもとに、現在のC社で後工程引取方式に対応するために改善すべき計画および統制の方法を与件文から読み取って記述しました。

第4問：第1問との整合性を意識しながら、C社が従来から保有する強みと新工場稼働によって生まれる強みをふまえて、今後の戦略を営業面、生産面、技術面など多面的にまとめました。

~使ったペンの種類・本数~

シャープペン、フリクションボール3色、カラーマーカー5色（設問ごとに色分け）。

▶事例Ⅳ（財務・会計）◀

令和元年度　中小企業の診断及び助言に関する実務の事例Ⅳ（財務・会計）

　D社は、1940年代半ばに木材および建材の販売を開始し、現在は、資本金2億円、従業員70名の建材卸売業を主に営む企業である。同社は、連結子会社（D社が100％出資している）を有しているため、連結財務諸表を作成している。

　同社は3つの事業部から構成されている。建材事業部では得意先である工務店等に木材製品、合板、新建材などを販売しており、前述の連結子会社は建材事業部のための配送を専門に担当している。マーケット事業部では、自社開発の建売住宅の分譲およびリフォーム事業を行っている。そして、同社ではこれらの事業部のほかに、自社所有の不動産の賃貸を行う不動産事業部を有している。近年における各事業部の業績等の状況は以下のとおりである。

　建材事業部においては、地域における住宅着工戸数が順調に推移しているため受注が増加しているものの、一方で円安や自然災害による建材の価格高騰などによって業績は低迷している。今後は着工戸数の減少が見込まれており、地域の中小工務店等ではすでに厳しい状況が見られている。また、建材市場においてはメーカーと顧客のダイレクトな取引（いわゆる中抜き）も増加してきており、これも将来において業績を圧迫する要因となると推測される。このような状況において、同事業部では、さらなる売上の増加のために、地域の工務店等の取引先と連携を深めるとともに質の高い住宅建築の知識習得および技術の向上に努めている。また、建材配送の小口化による配送コストの増大や非効率な建材調達・在庫保有が恒常的な収益性の低下を招いていると認識している。現在、よりタイムリーな建材配送を実現するため、取引先の了解を得て、受発注のみならず在庫情報についてもEDI（Electronic Data Interchange、電子データ交換）を導入することによって情報を共有することを検討中である。

　マーケット事業部では、本社が所在する都市の隣接地域において建売分譲住宅の企画・設計・施工・販売を主に行い、そのほかにリフォームの受注も行っている。近年、同事業部の業績は低下傾向であり、とくに、当期は一部の分譲住宅の販売が滞ったことから事業部の損益は赤字となった。経営者は、この事業部について、多様な広告媒体を利用した販売促進の必要性を感じているだけでなく、新規事業開発によってテコ入れを図ることを検討中である。

　不動産事業部では所有物件の賃貸を行っている。同事業部は本社所在地域においてマンション等の複数の物件を所有し賃貸しており、それによって得られる収入はかなり安定的で、全社的な利益の確保に貢献している。

　D社の前期および当期の連結財務諸表は以下のとおりである。

~使ったペンの種類・本数~
　シャーペン3本（黒、赤、青）。ナノダイヤのカラー芯は、あくまで脇役に徹する絶妙な濃さです。

連結貸借対照表

（単位：百万円）

	前期	当期		前期	当期
＜資産の部＞			＜負債の部＞		
流動資産	2,429	3,093	流動負債	2,517	3,489
現金預金	541	524	仕入債務	899	1,362
売上債権	876	916	短期借入金	750	1,308
棚卸資産	966	1,596	その他の流動負債	868	819
その他の流動資産	46	57	固定負債	1,665	1,421
固定資産	3,673	3,785	長期借入金	891	605
有形固定資産	3,063	3,052	その他の固定負債	774	816
建物及び構築物	363	324	負債合計	4,182	4,910
機械設備	9	7	＜純資産の部＞		
その他の有形固定資産	2,691	2,721	資本金	200	200
無形固定資産	10	12	利益剰余金	1,664	1,659
投資その他の資産	600	721	その他の純資産	56	109
			純資産合計	1,920	1,968
資産合計	6,102	6,878	負債・純資産合計	6,102	6,878

連結損益計算書

（単位：百万円）

	前期	当期
売上高	4,576	4,994
売上原価	3,702	4,157
売上総利益	874	837
販売費及び一般管理費	718	788
営業利益	156	49
営業外収益	43	55
営業外費用	37	33
経常利益	162	71
特別利益	2	7
特別損失	7	45
税金等調整前当期純利益	157	33
法人税等	74	8
親会社に帰属する当期純利益	83	25

（以下、設問省略）

~こだわりの試験テクニック~

　設問の大事なキーワードは、マーカーを引くのではなく、線で囲む。

第1問 （配点25点）

（設問1）【難易度 ★☆☆ みんなができた】

　D社の前期および当期の連結財務諸表を用いて比率分析を行い、前期と比較した場合のD社の財務指標のうち、①悪化していると思われるものを2つ、②改善していると思われるものを1つ取り上げ、それぞれについて、名称を(a)欄に、当期の連結財務諸表をもとに計算した財務指標の値を(b)欄に記入せよ。なお、(b)欄の値については、小数点第3位を四捨五入し、カッコ内に単位を明記すること。

●出題の趣旨

　連結財務諸表を利用して、診断及び助言の基礎となる財務比率を算出する能力を問う問題である。

●解答ランキングとふぞろい流採点基準

凡例	合格	A	B	C	合計
人数	126人	41人	53人	35人	255人

悪化した指標①（MAX4点：指標2点、数値2点）

ランク	(a)指標	点数	(b)数値	点数	
1位	売上高総利益率	2点	16.76(%)	2点	77 / 21 / 30 / 18
2位	売上高営業利益率	1点	0.98(%)	1点	47 / 19 / 20 / 12

悪化した指標②（MAX4点：指標2点、数値2点）

ランク	(a)指標	点数	(b)数値	点数	
1位	当座比率	2点	41.27(%)	2点	30 / 10 / 9 / 7
2位	棚卸資産回転率	1点	3.13(回)	1点	33 / 12 / 19 / 13
3位	流動比率	1点	88.65(%)	1点	20 / 10 / 6 / 4
4位	負債比率	1点	249.49(%)	1点	24 / 5 / 9 / 5

改善した指標（MAX4点：指標2点、数値2点）

ランク	(a)指標	点数	(b)数値	点数	
1位	有形固定資産回転率	2点	1.64(回)	2点	112 / 31 / 41 / 25

（設問2）【難易度　★☆☆　みんなができた】
　D社の当期の財政状態および経営成績について、前期と比較した場合の特徴を50字以内で述べよ。

●出題の趣旨
　連結財務諸表に基づいた財務比率を基礎に、財務的な特徴及びその変化について分析し説明する能力を問う問題である。

●解答ランキングとふぞろい流採点基準

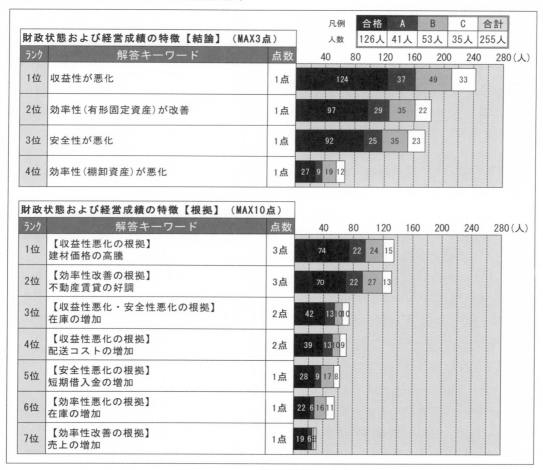

事例Ⅳ

●再現答案

区	再現答案	点	文字数
合	所有物件の賃貸収入が安定的で効率性改善。建材価格高騰・配送コスト増大で収益性、在庫増で短期安全性悪化。	13	50
A	建材の価格高騰、配送、在庫費用が高く収益性と安全性が低く、不動産賃貸の収益が良い為効率性が高い。	13	48
B	建材の価格高騰、流動負債の増加により収益性と短期安全性が低下し、有形固定資産の除却により効率性が向上。	7	50
C	売上は伸びたが販管費がかさみ収益性が悪く、非効率な在庫で効率性が悪化も有形固定資産は削減された。	3	48

●解答のポイント

> 50字と字数が少ない状況のなか、根拠の多い与件文から、重要なキーワードを選択して、財政状態、経営成績の結果を説明できていることがポイントだった。

【与件文のヒントと財務諸表のメッセージを見逃さずに、妥当な指標を選ぼう】

先生：第1問は例年どおり経営分析だったわ。2人はどう解答したの？

悩里：まず僕は、与件文の「配送コストの増大」「非効率な建材調達・在庫保有」で収益性が低下しているという記述に着目しました。配送コストは販売費、調達・在庫コストは売上原価と整理できるので、売上高営業利益率を選択しました。

先生：ちょっと待ちなさい！　悩里？　商品を販売する企業では、商品の配送コストは販売費になることが多いけど、D社の場合は、連結子会社が配送業務を担当しているのよ？　配送業においては、配送費は売上原価になっている可能性が高いの。一般論だけで、販売費だと考えるのは浅はかもいいところだわ。

悩里：え、売上原価なら売上高総利益率ってことになるんですか？　そんなの勉強していないよ……。難しすぎるでしょ、この問題……。

先生：……そうじゃないのよ。与件文や財務諸表にはっきりと費用構造が明記されていない以上、指標を選ぶ根拠は与えられた材料から判断するべきだってこと。

崎山：なるほど〜！　先生！　先生！　僕は、P／Lを見て、売上高売上原価比率の2.34％増加と、売上高販管費比率の0.09％増加を比較したうえで、売上高営業利益率よりも売上高総利益率が妥当だと思って解答しましたよ！

先生：やるじゃない。与えられたデータのなかから最適な解答を出すということが大事なのよ。今回は費用の詳細がわからなくても、P／Lにメッセージがあったといえるわ。

悩里：うぅ、やっぱり僕はこの試験に向いていないんだ……。（正論ばっかり言いやがって）

先生：もう、頭は自分のために使ってよ！　なら2つ目の悪化した指標はどう解答したの？

崎山：はい！　僕は棚卸資産の増加が顕著だったので、棚卸資産回転率と解答しました！

悩里：いやいやいやいや、ちょっと待ってくださいよ、ザキさん。だって改善している指標が有形固定資産回転率で効率性なんですよ？　経営分析は、収益性、効率性、安全性で解答するのが定石です。今回は短期借入金や仕入債務の増加に着目して、悪化で指摘する指標は安全性の当座比率で決まりじゃないですか。

先生：そうね、確かに悩里の言うとおり、流動負債に着目した受験生が多かったし、解答の方向性としては無難で正しいと思うわ。

崎山：え!?　確かに僕も改善している指標には有形固定資産回転率を選択しましたよ？　けど、これだけガッツリ増加している棚卸資産を無視するってマジっすか？　それは違うんじゃないかなー？

先生：鋭いわね。確かに崎山の言うことも一理あるわ。実際に、悪化した指標として棚卸資産回転率と解答した受験生も相当数いたのは事実だし、「棚卸資産の効率性は悪化・有形固定資産の効率性は改善した」というのも妥当な解答といえるわ。けれど本試験の場で、定石とは違う決断をするのは勇気が必要よね？　なのでオーソドックスに収益性、効率性、安全性を挙げた受験生のほうが多かったと考えられるの。結果として、どちらにも加点されている可能性は高いのよ。

【限られた字数のなかでもわかりやすく因果を示そう】

先生：（設問2）は（設問1）で選択した指標の特徴を指摘させる例年どおりの問題。与件文にも根拠が山ほど記述されていたから、多くの受験生が解答できたようね。ただ、50字という字数制限は私でも厳しかったと同情するわ。

崎山：そうなんですよー。3つの指標すべてに触れるのは難しかったなー。

悩里：僕もそう思いました。特に収益性については、与件文に収益性低下というストレートな記述と、その原因が多く記述されていました。それを素直に解答に書くだけでほかの指標の根拠が入らなくなるから、本当に困りましたよ。

先生：この問題、3つの指標をすべて解答できた人数が全体の7割もいたのに、平均点は合格＋A答案でも6割に届いていない。つまり、3つの指標をすべて書けたかというよりは、どれだけしっかりと根拠が盛り込めたかで差がついたと思うのよ。

悩里：すべての指標を詰め込むよりも、与件文の根拠を多く使ったほうがよいってことかなぁ。試験では割り切りも必要ってことでしょうか？

先生：そうね。今回は、コストの増加原因や、在庫の増加原因など、与件文から丁寧に拾って記述したうえで指標に触れることができた受験生は、高得点だったと考えられるわ。つまり得点にならないムダな記述は不要ってこと。

〜事例Ⅰのポイント・攻略法〜

標的顧客、顧客機能、経営資源の変化により戦略や組織が変わってくることを必ず意識する。

第2問（配点25点）

D社のセグメント情報（当期実績）は以下のとおりである。

（単位：百万円）

	建材 事業部	マーケット 事業部	不動産 事業部	共　通	合　計
売　上　高	4,514	196	284	－	4,994
変　動　費	4,303	136	10	－	4,449
固　定　費	323	101	30	20	474
セグメント利益	－112	－41	244	－20	71

注：セグメント利益は経常段階の利益である。売上高にセグメント間の取引は含まれていない。

（設問1）【難易度　★☆☆　みんなができた】

事業部および全社（連結ベース）レベルの変動費率を計算せよ。なお、％表示で小数点第3位を四捨五入すること。

●出題の趣旨

短期利益計画を検討するに当たって、基礎資料となる変動費率を事業部レベル及び全社レベルで算定する能力を問う問題である。

●解答ランキングとふぞろい流採点基準

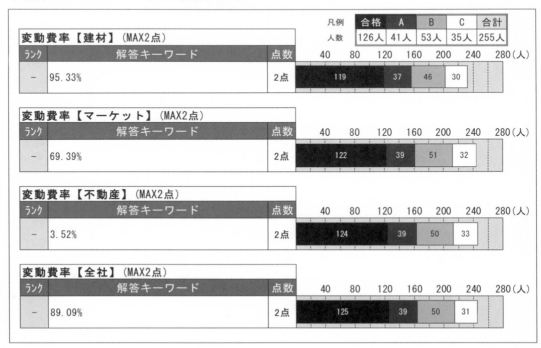

~事例Ⅰのポイント・攻略法~

与件の抜けてる部分を知識や因果で埋めて意味の通る文章にする。

●解答のポイント

> 　与えられたセグメント情報から、計算ミスや単位ミスをせず、各事業部の変動費率を正しく計算できたかがポイントだった。

【計算ミスが命取り!?】

崎山：これはいただき問題！　僕はばっちり解けました。

悩里：僕も問題なく、解けました。

先生：2人とも、ばっちりだったようね。各事業部の変動費率を計算するという、非常に基礎的な問題だったわね。

悩里：そうですね。みんな正解するだろうから「絶対にミスできない」と本番中は気を引き締めて計算しましたよ。ちゃんと検算もしました。

崎山：僕は、まあ大丈夫だろうと思って、スピード重視で進めたんだけど、1問だけ計算ミスしてしまいました……。

先生：2人とも、周りの受験生の様子を想像できるぐらい余裕があるのは、よいことよ。実際、この問題は受験生のうち約9割が正解できていたの。だから、ここで計算ミスや単位ミスをしてしまうと、他の受験生たちと差がついてしまう可能性があった設問ね。こういう基礎的な問題は絶対に落としてはいけないから、悩里のように計算ミスをしないよう、検算や見直しをして失点リスクを回避する対策をとることが大切よ。

崎山：うわー、約9割も正解者のいる設問なのかぁ……。凡ミスしている場合じゃないですね。勢いだけじゃ砕け散るっ！　肝に銘じます。

先生：そうね。特に、今回のような難問が少ない本試験では、みんなが正解できる問題でいかにミスをしないかが合格するための条件になってくるから、頑張ってね。

事例
Ⅳ

（設問2）【難易度　★☆☆　みんなができた】

　当期実績を前提とした全社的な損益分岐点売上高を(a)欄に計算せよ。なお、（設問1）の解答を利用して経常利益段階の損益分岐点売上高を計算し、百万円未満を四捨五入すること。

　また、このような損益分岐点分析の結果を利益計画の資料として使うことには、重大な問題がある。その問題について(b)欄に30字以内で説明せよ。

●出題の趣旨

　短期利益計画の策定に当たって必要となる損益分岐点売上高を算出する能力を問うとともに、その限界について理解していることを確認する問題である。

●解答ランキングとふぞろい流採点基準

凡例	合格	A	B	C	合計
人数	126人	41人	53人	35人	255人

(a) 損益分岐点売上高　（MAX4点）

ランク	解答キーワード	点数
1位	4,345（百万円）	4点
2位	4,343（百万円）	2点

(b) 理由について言及　（MAX2点）

ランク	解答キーワード	点数
1位	費用構造（変動費率、固定費なども含む）	2点
2位	利益構造・貢献利益・収益性など	2点
3位	損益分岐点分析、損益分岐点売上高など	2点

(b) 結果について言及　（MAX2点）

ランク	解答キーワード	点数
1位	実態を正しく把握・評価・判断できない	2点
2位	利益計画や目標設定が正しくない	2点
3位	収益性・採算性を分析できない	2点

戦略【誰に、何を、どのように、効果】と売上向上【売上＝顧客数×単価】を常に意識する。

●再現答案

区	再現答案	点	文字数
合	<u>事業部毎に収益性が異なる</u>中で、<u>全社集約での利益計画は不適切</u>。	4	30
A	<u>変動費の異なるセグメントごと</u>に<u>適切な目標設定が出来ない</u>こと	4	29
B	<u>各事業の変動費率が異なり</u>、全社レベルと事業の積上が異なるため。	2	30
C	売上高は企業の規模等を考慮しないため、重大な問題がある。	0	28

●解答のポイント

> 　(a)は設問文から問われている内容を正確に認識し、（設問1）で解答した変動費率を使って正しく計算できたかがポイントだった。
> 　(b)は費用構造や利益構造が異なるという原因と、その結果どのような問題につながるのかという2つの観点から記述できたかがポイントだった。

【与件文・設問文の条件を見逃さない】

先生：損益分岐点売上高が問われたわね。第2問（設問1）に続いて、みんなが勉強してきた基礎論点が問われたけど、ここはどうだったかしら。

崎山：もちろんばっちり解けました。計算ミスもなく！（ドヤ顔）

悩里：私は、（設問1）で解答した全社の変動費率を使わずに、全体の金額を使って計算したので解答が4,343百万円となり、間違ってしまいました……。

崎山：設問文に（設問1）の解答を利用して計算するようにって思いっきり書いてあるのに！

悩里：痛いところつきますね……。

先生：まあまあ、そんなに落ち込まないで。実は悩里と同じように設問要求を見落としてしまったと思われる解答をした受験生はとても多かったのよ。合格＋A答案のうち約4割は（設問1）で解答した変動費率89.09％を使わずに計算して、4,343百万円と解答しているの。このことから、悩里の解答も加点対象となった可能性が高いと思われるわ。逆にこれ以外の解答は、受験生の解答数がとても少ないことから、加点対象になったとは考えにくいわね。

崎山：間違っているのに0点にならないなんて、なやまちゃん、ラッキーだったね！　元気出しなよ！

―〜事例Ⅱのポイント・攻略法〜―――――――――――――――――――――――――

　ターゲットはジオ・デモ・サイコ・行動変数！　経営資源（有形・無形）を活用する！

悩里：（グサッ）……。

崎山：でも、なんで設問文に思いっきり「（設問1）の解答を利用して」って書いてある
のに読み飛ばしちゃうんだろう。不思議だなー。

悩里：（ザクッ）……。

先生：崎山の言葉が悩里の心に突き刺さる音が聞こえてくるような……。試験中は想像以
上にプレッシャーがかかるのよ。こればかりは普段の問題演習から意識して「与件
文に素直に、忠実に。」をすり込んでいくしかないわ。

悩里：はい……。練習あるのみですね。

【基本の因果を押さえよう】

先生：次行くわよ！　記述が出たわね。

悩里：これには自信があります。僕の知識を総動員するには足りなすぎる字数でしたが、
渾身の解答を残してきました。

先生：やるじゃない！

崎山：なやまちゃん、知識問題でちょっと元気になったな（笑）。僕はとりあえずセンス
で書きました。

先生：まったく、あんたは……。

悩里：僕はセグメントごとに費用構造が異なるため（原因）、実態の把握ができないから
（結果）、という形で原因と結果に分けた解答を意識しましたよ。

先生：さすがね。原因と結果の観点から解答している人は合格＋A答案に多く、どちらか
にしか言及できていない解答はB答案以下に多いという結果だったの。

崎山：なやまちゃんすごい！

悩里：場数が違いますから！

先生：崎山はどうだった？

崎山：僕はセグメントごとに費用構造の違いがあるから、という内容で原因部分のみの解
答しかできませんでした。

先生：崎山はもう一歩だったわね。セグメントごとに費用構造が異なることで、その結果
としてどんな問題が起きるか、という観点が欲しかったわね。具体的にどんな問題
があると思う？

崎山：うーん、全社的な利益計画に使うとセグメント別の利益が見えなくなってしまうか
ら、部門ごとの利益計画も明確にならないかな。あと、優秀な黒字部門があると、
全社的な数値で計算したときに、赤字部門が埋もれてしまう可能性もあるな。

先生：ちゃんとわかってるじゃない。ほかにはどうかしら。

悩里：そういった利益計画では、誤った経営判断や意思決定を誘発しかねないという重大
な問題があるといえると思います。（キリッ）

先生：そのとおりよ！

～事例Ⅱのポイント・攻略法～

与件文をそのまま写す。

崎山：な、なるほど。試験中はそこまで考えが及ばなかったなあ。

先生：因果関係を押さえるのは基本中の基本よ。徹底を心掛けてね。

【指示語に注意！】

先生：ところで、設問文に「このような損益分岐点分析の結果」とあるけど、こういった指示語は要チェックよ。まずは何が設問で問われているのかをはっきりさせることが大切ね。「このような」は何を指しているかしら。

悩里：(a)で解答する全社的な損益分岐点売上高のことですよね。

先生：そのとおり。全社的な損益分岐点分析の結果を使うことで、利益計画に重大な問題があることを指摘したいわね。

崎山：なるほど！　指示語の内容もしっかり読み解くことによって、設問要求を正しく理解して、聞かれていることに対して解答がズレてしまうことを回避できるんですね。

先生：さすが、飲み込みが早いわね。読み流してしまわないよう、設問文の一字一句を大切にして、無駄なく美しいどストライクな解答を目指すのよ！

2人：はい！

> ### （設問3）【難易度　★★☆　勝負の分かれ目】
> 　次期に目標としている全社的な経常利益は250百万円である。不動産事業部の損益は不変で、マーケット事業部の売上高が10%増加し、建材事業部の売上高が不変であることが見込まれている。この場合、建材事業部の変動費率が何%であれば、目標利益が達成できるか、(a)欄に答えよ。(b)欄には計算過程を示すこと。なお、（設問1）の解答を利用し、最終的な解答において%表示で小数点第3位を四捨五入すること。

●出題の趣旨

　事業部ごとに異なっている原価構造を理解することによって、実態に即した目標を設定する能力を問う問題である。

～事例Ⅲのポイント・攻略法～

悪い箇所を裏返しすれば解答になる。

●解答ランキングとふぞろい流採点基準

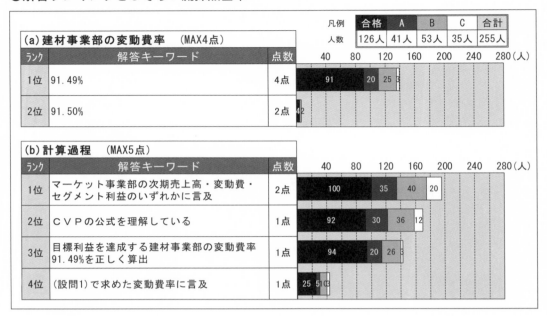

凡例	合格	A	B	C	合計
人数	126人	41人	53人	35人	255人

(a) 建材事業部の変動費率　（MAX4点）

ランク	解答キーワード	点数
1位	91.49%	4点
2位	91.50%	2点

(b) 計算過程　（MAX5点）

ランク	解答キーワード	点数
1位	マーケット事業部の次期売上高・変動費・セグメント利益のいずれかに言及	2点
2位	ＣＶＰの公式を理解している	1点
3位	目標利益を達成する建材事業部の変動費率91.49%を正しく算出	1点
4位	（設問1）で求めた変動費率に言及	1点

●再現答案

区	再現答案	点	文字数
合	マーケット事業部のセグメント利益 $196×1.1−196×1.1×\underline{0.6939}^{①}−101=\underline{−35.00484}^{②}$ 建材事業部の変動費率 x%とする $\underline{4,514（1−x）−323−35.00484+244−20=250}^{①}$ $\underline{x=91.49}^{①}$	5	－
C	変動費率：αとすると 建材事業部利益$=4,514−4,303α−323=4,191−4,303α$ $\underline{マーケット事業部利益=196×1.1−136×1.1−101=−35}^{②}$ 利益合計$=4,191−4,303α−35+244−20=250$ $∴α=0.95979$	2	－

●解答のポイント

（設問1）で算出した変動費率を用いて、建材事業部の変動費率を適切に求めることができたかどうかがポイントだった。

【設問の要求を意識して解答しよう】

先生：さて、CVP計算の問題は、2人とも最後まで解けた？

崎山：楽勝っす！　まずは、マーケット事業部のセグメント利益を求めて、次に建材事業部のセグメント利益と変動費を割り出して、売上で割ればOK！　しっかりと公式に当てはめれば余裕でしょ。

悩里：僕は、ザキさんと違って、全社予想売上高を求めて、目標利益250百万円を達成するための全社予想変動費を割り出し、そこから建材事業部の変動費を求めて解答したよ。ザキさんより僕の解き方が正しいと思う！

崎山：いやいや、それは違うんじゃないかなー！　僕の解き方が正しいよ！

先生：こらこら2人とも喧嘩しないの！　崎山の解き方も悩里の解き方もどちらも正解。合格＋A答案でも、解き方は半々に分かれてたわよ。この設問の要求は、建材事業部の変動費率だから、建材事業部の変動費を算出する過程が2通りあるの。崎山も、悩里も算出過程はわかっていて、着眼点はしっかりしてるわ。

崎山：あざーす！

先生：ところで、2人とも（設問1）で求めた変動費率はきちんと利用して解答してるわよね？

崎山：当たり前じゃないすかー！　僕は、ばっちり利用して解答しましたよ。あれれ。もしかしての、もしかしての、なやまちゃん、またやらかしたの？

悩里：……。だって、変動費率を利用しなくても、解答は導けたんだもん。

崎山：なやまちゃんは、詰めが甘いね。この設問文にも「なお、（設問1）の解答を利用し」って書いてあるじゃん。僕は、マーケット事業部のセグメント利益を求める際に、変動費が必要で、10％増加した売上高に（設問1）で求めた変動費率を掛けて、変動費を算出して求めました。

先生：崎山の言うとおりね。（設問2）でも同じように「（設問1）の解答を利用して」って書いてあったけど、そこに言及できた受験生は少なく、合格＋A答案でも2割弱しかいなかったわ。（設問1）で求めた変動費率を利用しなくても答えは導けるけど、設問の要求をしっかりと意識して解答するのが大事。1点で泣くことがないよう、ほかの事例と同様、事例Ⅳの設問解釈も抜かりがないように！

悩里：反省してます……。悔しいけど、ザキさんには一本取られちゃいました。

第3問 (配点30点)

　D社は、マーケット事業部の損益改善に向けて、木材の質感を生かした音響関連の新製品の製造販売を計画中である。当該プロジェクトに関する資料は以下のとおりである。

〈資料〉

　大手音響メーカーから部品供給を受け、新規機械設備を利用して加工した木材にこの部品を取り付けることによって製品を製造する。

・新規機械設備の取得原価は20百万円であり、定額法によって減価償却する（耐用年数5年、残存価値なし）。

・損益予測は以下のとおりである。

（単位：百万円）

	第1期	第2期	第3期	第4期	第5期
売　上　高	20	42	60	45	35
原 材 料 費	8	15	20	14	10
労　務　費	8	12	12	11	6
減 価 償 却 費	4	4	4	4	4
その他の経費	5	5	5	5	5
販　売　費	2	3	4	3	2
税 引 前 利 益	−7	3	15	8	8

・キャッシュフロー予測においては、全社的利益（課税所得）は十分にあるものとする。また、運転資本は僅少であるため無視する。なお、利益（課税所得）に対する税率は30％とする。

（設問1）【難易度　★★☆　勝負の分かれ目】

　各期のキャッシュフローを計算せよ。

●出題の趣旨

　新規プロジェクトの損益予測情報を利用して、プロジェクトの将来キャッシュフローを算定する能力を問う問題である。

●解答ランキングとふぞろい流採点基準

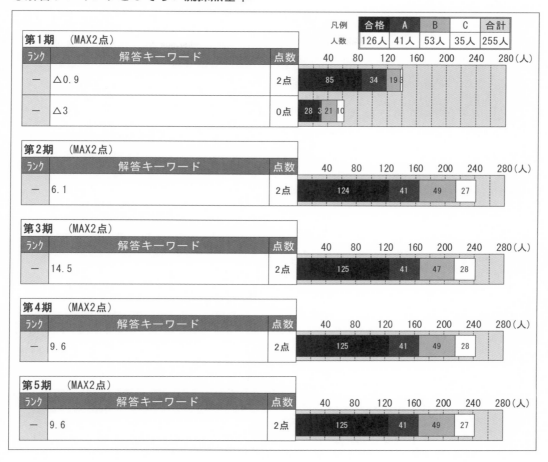

凡例	合格	A	B	C	合計
人数	126人	41人	53人	35人	255人

第1期　（MAX2点）

ランク	解答キーワード	点数
—	△0.9	2点
—	△3	0点

第2期　（MAX2点）

ランク	解答キーワード	点数
—	6.1	2点

第3期　（MAX2点）

ランク	解答キーワード	点数
—	14.5	2点

第4期　（MAX2点）

ランク	解答キーワード	点数
—	9.6	2点

第5期　（MAX2点）

ランク	解答キーワード	点数
—	9.6	2点

事例Ⅳ

●解答のポイント

> 　新規プロジェクトの将来キャッシュフローの算出について、与件文に注意しながら正しく算出することができたかがポイントだった。

【与件文の条件を見逃さない】

先生：第3問（設問1）は将来キャッシュフローを算出する問題よ。

崎山：過去にも何度も問われている問題なのでサービス問題でした！　あざーす！

悩里：（こちらは何年も勉強してきて難しい問題にも対応できるように準備してきたのに、簡単な問題を出題されるとストレート受験生と差がつかないんだよな〜）

先生：ちょっと悩里、ゆがんだ表情を見ーせーなーい。

悩里：すみません、ちょっと心の声が漏れ出ちゃったようで。

先生：悩里が思うほど簡単な問題じゃなかったわ。第2期から第5期までは合格＋A答案

~事例Ⅳのポイント・攻略法~

　毎日少しでも計算問題を解くことが重要。

はほぼ満点を取っているけど、第1期の正答率が低いわ。理由はわかる？

崎山：じーつーはー？　僕も間違えてました。スイヤセーン！

悩里：もしかして、表の注記にある「キャッシュフロー予測においては、全社的利益（課税所得）は十分にあるものとする」を読み落としたんじゃないですか。

先生：そうね。間違いのなかでも、税引前利益−7に減価償却費4を足してキャッシュフロー−3としたものが多かったわ。つまり法人税が発生しないものとして計算している。

悩里：ちょっと待ってくださいよ、この問題を間違えると、次の（設問2）や（設問3）も間違えてしまいますよ。まるで設問のドミノ倒しやー。

先生：確かに試験会場で初めてこの記述を見たら混乱しそうね。でも、このパターンで出題されることも多いわ。同情はいたしません。

悩里：先生、厳しい。

先生：与件文に記載されている記述はなんらかの意味があるものとみなすべきね。ましてや後続の設問に影響が出る設問は慎重に検討すべきだったわね。

崎山：（白目をむいて気絶）

（設問2）【難易度　★★☆　勝負の分かれ目】

　当該プロジェクトについて、(a)回収期間と(b)正味現在価値を計算せよ。なお、資本コストは5％であり、利子率5％のときの現価係数は以下のとおりである。解答は小数点第3位を四捨五入すること。

	1年	2年	3年	4年	5年
現価係数	0.952	0.907	0.864	0.823	0.784

●出題の趣旨

　プロジェクトの安全性・収益性評価のために、予測情報に基づいて回収期間及び正味現在価値を算定する能力を問う問題である。

●解答ランキングとふぞろい流採点基準

凡例	合格	A	B	C	合計
人数	126人	41人	53人	35人	255人

(a) 回収期間　（MAX5点）

ランク	解答キーワード	点数	
1位	3.03（年）	5点	65　28　14
2位	3.35（年）	3点	114 2 2
－	3.25（年）	0点	22 3 14 6

(b) 正味現在価値　（MAX5点）

ランク	解答キーワード	点数	
1位	12.63（百万円）	5点	80　30　15 3
－	10.63（百万円）	0点	25 3 18 6

事例Ⅳ

●解答のポイント

　（設問1）のCFを正しく導き、回収期間法、正味現在価値法の計算公式を理解したうえで、正しい数値を算出できたかがポイントだった。

【基本的な問題を落とさない】

先生：回収期間と正味現在価値を求める基本的な問題だったわ。2人とも正解できた？

悩里：へへーん、両方ともちゃんと正解しましたっ！

先生：さすが悩里、基本的な問題は外さないわね。崎山はどうだったの？

崎山：えーっと、僕は（設問1）の第1期のCFを間違えたんで両方とも不正解でした。

悩里：ひえー、ひとつ間違えただけなのにこんなに影響が大きいんだ。怖いなー。

先生：そうね、こういう問題は過去にもたくさん出題されているわ。慎重に解かないとね。あと、この問題は合格＋A答案とB答案以下で正答率に大きく差が出た問題だったの。60点の合格基準に到達できるか明暗を分けた問題ともいえるわ。問題自体はそんなに難しくないから、設問要求の見落としや計算ミスをせずにしっかりと得点したかったわね。今後もこのような問題は出題されると思うから、基本的な公式や間違えそうなポイントをしっかり復習しておくように。

2人：はい！　了解しました!!

~事例Ⅳのポイント・攻略法~

第1問（経営分析）は20分以内に正確に解く。

（設問3）【難易度　★★★　難しすぎる】
　〈資料〉記載の機械設備に替えて、高性能な機械設備の導入により原材料費および労務費が削減されることによって新製品の収益性を向上させることができる。高性能な機械設備の取得原価は30百万円であり、定額法によって減価償却する（耐用年数5年、残存価値なし）。このとき、これによって原材料費と労務費の合計が何％削減される場合に、高性能の機械設備の導入が〈資料〉記載の機械設備より有利になるか、(a)欄に答えよ。(b)欄には計算過程を示すこと。なお、資本コストは5％であり、利子率5％のときの現価係数は（設問2）記載のとおりである。解答は、％表示で小数点第3位を四捨五入すること。

●出題の趣旨
　代替的プロジェクトが存在する場合について、差額キャッシュフローを利用することによって合理的にプロジェクトの選択を行う能力を問う問題である。

●解答ランキングとふぞろい流採点基準

凡例	合格	A	B	C	合計
人数	126人	41人	53人	35人	255人

(a)原材料費と労務費の削減率　（MAX5点）

ランク	解答キーワード	点数
1位	10.52（％）	5点
2位	10.53（％）	3点

(b)計算過程　（MAX5点）

ランク	解答キーワード	点数
－	減価償却費を算出	1点
－	投資額を算出	1点
－	各期のCFを算出	2点
－	正味現在価値を算出	1点

　検算！　人はミスをする生き物という意識を常に持っておく。

●再現答案

区	再現答案	点	文字数
合	原材料費と労務費の削減率を x%とする。**各期の減価償却費の増加は** **(30÷5)－4＝2(百万円)**。**各期のキャッシュフローの増加額**は以下の通り。 **第1期：(16x－2)×0.7＋2＝11.2x＋0.6** **第2期：(27x－2)×0.7＋2＝18.9x＋0.6** **第3期：(32x－2)×0.7＋2＝22.4x＋0.6** **第4期：(25x－2)×0.7＋2＝17.5x＋0.6** **第5期：(16x－2)×0.7＋2＝11.2x＋0.6** **キャッシュフローの現在価値の増加額：(11.2x＋0.6)×0.952＋** **(18.9x＋0.6)×0.907＋(22.4x＋0.6)×0.864＋(17.5x＋0.6)×** **0.823＋(11.2x＋0.6)×0.784＝70.3416x＋2.598** **設備投資の増加額 30－20＝10 百万円**を上回ることから、 70.3416x＋2.598＞10　x＞10.523	5	－

●解答のポイント

> 設問文に与えられている条件を正しく読み取り、差額CFを利用して原材料費および労務費の削減額を求めることができたかがポイントだった。

【難問への対応はどうすれば？】

先生：この問題は255人中9人しか正しい数値が解答できなかった超難問だったわよ。2人はどのように対応したの？

悩里：僕は頑張って解こうとしたんですが、時間切れになって計算過程も無茶苦茶に書いて終わってしまいました。

崎山：僕はよくわからなかったんで、飛ばしちゃいましたー。

悩里：え？　何も解答しなかったの？　ダメじゃないかー。

崎山：てへへ、やっちまいましたー。

先生：いいえ、崎山の対応は悪くないかもよ。この問題、合格＋A答案の4割以上の人が白紙で出したそうよ。難問と判断して、ほかの問題を解く時間に割り当てたってことじゃないかしら。

悩里：なんですと⁉　でも確かに、ほとんどの人が解けない問題を無理して解くより、ほかの問題の見直しなどに時間を使ったほうがよさそうですね！　でも、試験当日に難問って見極められるのかなー？

先生：それについては、また後で教えるわ。（238ページから特別企画で解説）

~事例Ⅳのポイント・攻略法~
　経営分析と文章問題は先に解く。その後は簡単な問題から解いていく。

第4問 （配点20点）

（設問1）【難易度　★★☆　勝負の分かれ目】

D社は建材事業部の配送業務を分離し連結子会社としている。その(a)メリットと(b)デメリットを、それぞれ30字以内で説明せよ。

●出題の趣旨

子会社化された配送業務について助言するために必要となる、子会社化のメリットとデメリットに関する理解を確認する問題である。

●解答ランキングとふぞろい流採点基準

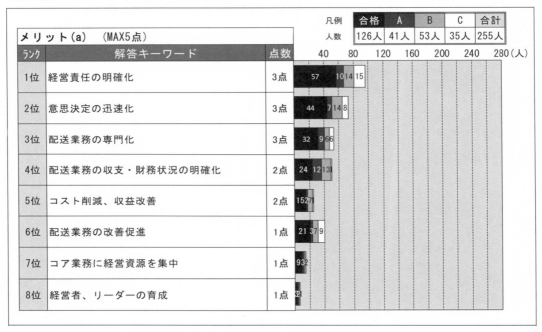

凡例	合格	A	B	C	合計
人数	126人	41人	53人	35人	255人

メリット（a）　（MAX5点）

ランク	解答キーワード	点数	
1位	経営責任の明確化	3点	57　10 14 15
2位	意思決定の迅速化	3点	44　7 14 8
3位	配送業務の専門化	3点	32　9 6 6
4位	配送業務の収支・財務状況の明確化	2点	24 12 13 1
5位	コスト削減、収益改善	2点	15 2 7
6位	配送業務の改善促進	1点	21 3 7 9
7位	コア業務に経営資源を集中	1点	9 3 2
8位	経営者、リーダーの育成	1点	2 2

デメリット(b)　(MAX5点)			40　80　120　160　200　240　280(人)
ランク	解答キーワード	点数	
1位	管理業務等機能重複による管理コスト増加	3点	43　10107
2位	セクショナリズムの発生	3点	29　446
3位	経営成績悪化時、D社への財務状況への悪影響発生	2点	15 8 62
4位	情報共有や連携の遅滞	2点	135 98
5位	経営資源分散による非効率化	1点	14244
6位	子会社への統制、ガバナンスコスト発生	1点	1239

●再現答案

(a)

区	再現答案	点	文字数
合	<u>専門化</u>による<u>配送効率向上</u>、<u>利益責任明確化</u>による<u>収益性向上</u>。	5	29
A	<u>迅速な意思決定</u>が可能となり、また<u>経営者の育成</u>が可能。	4	26
B	経営を分離することで<u>収支の明確化</u>が図れる	2	20
C	<u>収益性を見える化</u>するため。	2	13

(b)

区	再現答案	点	文字数
合	<u>本社と重複した管理コスト発生</u>、<u>全社的な一体感が失われる</u>可能性	5	30
A	①<u>資源の重複によるコスト増大</u>②<u>伝達にタイムラグ</u>があり非効率的	5	30
B	親会社が管理を怠ると<u>子会社に全社的な意向が伝わらなくなる</u>。	2	29

~事例Ⅰのおすすめ勉強法~

【1次試験の知識補充】と【合格＋A答案の再現答案を見る】こと。

| C | デメリットは、<u>業績不振に陥った場合親会社の経営リスクになる</u>[2]。 | 2 | 30 |

●解答のポイント

> 　既存業務の一部を分離し連結子会社とすることについて、与件文を考慮しつつ、財務的観点に加え組織・人事面など多様な視点から想定し、指摘できたかがポイントだった。

【過去問題を検討し尽くそう】

先生：悩里はこの設問に対して何を思った？

悩里：平成29年度には、関連会社を子会社化することによる財務面と財務面以外の観点の影響を問う出題がありました。過去問を繰り返し解いている僕にとってはラッキーな問題でした。

先生：そう。それで、出来は良かったのね？

悩里：それが、今回は自社事業の一部を連結子会社化するっていうことで、平成29年度のシチュエーションとは逆なので戸惑っちゃってですね（ブツブツブツ）。

先生：ちょっと！　あんた、何のために過去問に取り組んでいるかわかってるの？

悩里：同じ問題が出たときに間違えないように、でしょうか……。

先生：まったく同じ問題なんか出るわけないじゃないの！　同じ問題は出ないけれど、あるトピックに対して違った切り口、似た観点で出題されるかもしれない。本番で何が出題されるかなんてわからないけど、出題される可能性を事前に検討し尽くすために過去問を使うのよ。「今回は関連会社の子会社化が問われたけれど、逆に自社組織の一部が子会社化する場合にどんなメリット・デメリットがあるだろう」って考えるの。過去問に取り組むってそういうことよ。

崎山：先生が失敗しない理由は、その入念な事前準備なんですね。勉強になります〜！

【多面的な観点で検討しよう】

崎山：僕は連結子会社化なんてまったく勉強していなかったら、苦し紛れに人事・組織の観点で解答しちゃいました。

悩里：次の（設問2）が「財務的」と記載しているから、逆にこの設問はそれでよいと思いますよ。

先生：そうね。人事・組織の観点からは、メリットとしては組織が独立することによる経営責任の明確化や意思決定の迅速化を、デメリットとしては部分最適化やセクショナリズムの発生などを挙げた解答が多かったわ。設問要求が財務的効果に限定され

ていない場合に事例Ⅳ以外の切り口で検討するのは定石よ。

崎山：あとは、「その(a)メリットと(b)デメリット」という設問文の「その」って何だろうと思っちゃいました。前の文に「D社は」と書いてあるので、今回のD社の状況をふまえたほうがよいと思いました。

先生：そうね。与件文にはD社の建材配送の課題として配送コスト増大や収益性低下が挙げられている。メリットを考える際には、このメリットでD社の課題を解決する効果があげられるかを検討するべきね。

悩里：僕は平成29年度の出題に引きずられて、デメリットとして「子会社の業績悪化時に親会社の連結会計に悪影響がある」と解答しちゃったな。これはよく考えると、配送業務はもともとD社が行っているから、子会社化していない場合でも損益に悪影響があるわけで、D社の状況としては成り立たない解答かもしれません。

先生：一般論として、「非連結子会社ではなく連結子会社とするデメリット」であれば成り立つ指摘なので、加点された可能性はあると思うわ。あまり気落ちしないで。でも、事例Ⅳにおいても与件文を踏まえるのは非常に重要よ。

> （設問2）【難易度　★☆☆　みんなができた】
>
> 　建材事業部では、EDIの導入を検討している。どのような財務的効果を期待できるか。60字以内で説明せよ。

●出題の趣旨

　EDI（電子データ交換）の導入を検討するに当たって、その財務的な効果について助言する能力を問う問題である。

●解答ランキングとふぞろい流採点基準

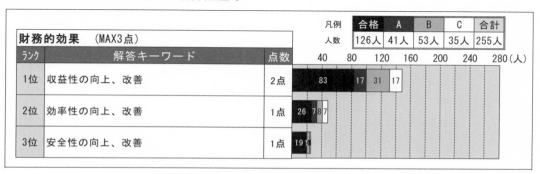

凡例	合格	A	B	C	合計
人数	126人	41人	53人	35人	255人

財務的効果　（MAX3点）

ランク	解答キーワード	点数	
1位	収益性の向上、改善	2点	83 / 17 / 31 / 17
2位	効率性の向上、改善	1点	26 / 7 / 8 / 7
3位	安全性の向上、改善	1点	19 / 1

〜事例Ⅲのおススメ勉強法〜

『ザ・ゴール』を読んで製造現場のイメージをつかむ。

原因	（MAX7点）									
ランク	解答キーワード	点数	40	80	120	160	200	240	280（人）	
1位	コスト（または在庫）削減、減少	3点	88	36	40	20				
2位	在庫情報の共有	2点	67	32	25	22				
3位	効率的（またはタイムリー）な配送	2点	55	17	13	7				
4位	受注情報の共有	1点	50	18	24	16				
5位	効率的な建材調達	1点	31	11	11	4				

●再現答案

区	再現答案	点	文字数
合	受発注¹や在庫情報共有²が図れ、タイムリーな建材配送²による配送コスト削減³や適正在庫の保有により、収益性¹や効率性改善¹が図れる。	10	60
A	ジャストインタイムで在庫管理が可能となり不要在庫削減³で棚卸資産回転率が改善し、結果収益が改善する。	8	49
B	配送小口化に伴う拡大した配送コストの削減³、非効率な建材調達・在庫保有の改善²による収益性改善²が期待できる。	6	52
C	在庫情報のタイムリーな把握で在庫を抑制³し、非効率な在庫保有を防止するため。	5	37

●解答のポイント

　　建材事業部にEDIを導入することにより、期待できる財務的効果について、与件文をふまえて丁寧に解答することがポイントだった。

【第1問との関連性と与件文は重要！】

先生：さぁ、令和元年度の2次試験もいよいよ最後の問題よ。2人はうまく対応できた？

悩里：もちろんです！　与件文にも、解答の根拠、キーワードになるヒントがたくさんあったので、与件文を活用しながら第1問で指摘した悪化している指標を、EDIの導入により改善する方向性で解答しました。与件文にヒントが多すぎて、逆に不安になりました……。

先生：いいわよ！　悩里は一見、知識問題に見える問題にも、与件文を活用してうまく対応できたようね。第1問の悪い指標を、最終問題で解決するストーリーが妥当だわ。

~事例Ⅳのおススメ勉強法~

過去問18年分をすべて解く。問題集を買って解く。

崎山はどうだったの？

崎山：ええと……EDIって何だろうと考え込んでしまい、財務的効果を問われていたので、第1問との関連性は気づいて指摘できたんだけど、与件文は生かせませんでした。

悩里：ザキさんはいつも素直に与件文を読んでいるじゃないですか。どうして与件文のキーワードに気づかなかったんですか？

崎山：僕は、第1問から第3問までに時間を使いすぎて、時間がなかったんだ。だから、与件文を確認せずに、知識解答に走ってしまった……。

先生：私は、ムダな作業はいたしません。崎山のように解答しても間違いではないけれど、第3段落に経営環境やD社の方針について詳細に記述されているから、これを活用して解答するのが出題者の意図だった可能性が高いわ。

崎山：なるほど〜。事例IVでも与件文を活用することが大事なんですね！　普段から事例IVの与件文については、第1問以外ではまったく意識してなかったんすよねー。

先生：頭は自分のために使ってよ。与件文、設問文は、出題者の思いが込められているのよ。平成30年度の最終問題も同様に与件文を活用した合格者が大半を占めていたわ。実際に中小企業診断士としてコンサルタント業務を行う際には、経営者の思いに応えられてこそ、真の診断士じゃない？

悩里：はい！　事例IVにおいても、与件文と設問間の関連性を意識して、解答することを心掛けます！

崎山：勉強になります〜！　僕はボケ担当だけれど、なやまちゃんのツッコミを意識したボケが重要ってことかな、からの〜！

悩里：……。

Column
模試の得点は気にしない！　結果よりもプロセスに着目しよう！

皆さん、模試を何回受けるかもう決めていますか？　これまで学習した成果を試す機会として、試験本番のシミュレーションの場として、受けられる方もいると思います。活用方法は人それぞれですが、模試である以上、得点と順位は発表されます。その結果に一喜一憂するのは、少々危険です。

当たり前ですが、模試と本試験は似て非なるものです。模試の結果は、あくまでも参考程度にするぐらいが丁度よいのではないでしょうか。ついつい何点得点できたか、順位は何番だったか、判定はどうだったかという結果に目が行きがちです。それだけ「結果」は、強力な要素となり、得てしてそれまで学習してきたプロセスをすべて否定するかのようなマイナスの影響をもつこともあります。そんなとき、得点ではなく、解答プロセスに着目することで、客観的にどうだったかを振り返ることができ、今後に向けてやるべきことが明確になります。結果は気にせず、プロセスに焦点を当てましょう！　　　　（テリー）

〜事例IVのおススメ勉強法〜

できるだけ多くの演習量を積むことと、解き方の理論的な裏付けを確認して理解する。

▶事例Ⅳ特別企画

「財務・会計が苦手でもＡ評価は取れる？」
～タイムマネジメントの重要性～

【問題の優先順位を意識している？】

先生：過去問の出題分野や難易度を把握しておくことは、試験対策上、とても重要よ。２人は、きちんと把握してる？

悩里：えっ。まったく把握してません……。考えたこともありませんでした……。

崎山：……。なんとなくは把握してますけど、詳しくは知らないなぁ。

先生：２人とも、そんなんじゃダメね。事例ⅣでＡ評価を取りにいくには、問題の優先順位をつけて解くことが重要よ。

悩里：どうして問題の優先順位をつけることが重要なんですか？

先生：事例Ⅳは、ほかの事例と比較して問題数が多いでしょ。すべての問題を解き切ろうとすると、どうしても時間が足りなくなってしまうの。悩里のような事例Ⅳが苦手な受験生は、すべての問題を解かなくてもいいから、できる問題から確実に解くことが重要よ。過去の出題分野とふぞろい流採点による難易度は次のとおりよ。

過去問（平成19年度～令和元年度）の出題分野と難易度

先生：このグラフからわかるとおり、「経営分析」「記述問題」は難易度が低く、「NPV」は難易度が高いわね。特に、「NPV」は頻出分野にもかかわらず、多くの受験生が得点できていない分野ってことがいえるわ。

崎山：へー！　まったく知りませんでした！　「経営分析」のように、毎年出題される問題で間違えると致命的で、「NPV」のように、難易度の高い問題は、間違えたとしてもあまり差がつかないってことですかね？

先生：そういうことね。問題の優先順位をつけて解くなら、比較的難易度の低い「経営分析」から解き始めて、次に与件文や１次の財務知識が活用できそうな「記述問題」、最後に計算過程も問われる「CVP」「NPV」の順番で解くのがよさそうね。令和元年度の問題をもとに、もう少し具体的に解説していくわ。

～事例Ⅳのおススメ勉強法～

１次試験対策と並行して事例Ⅳの過去問を解く。１次試験と重なる出題範囲もあるため、相乗効果あり。

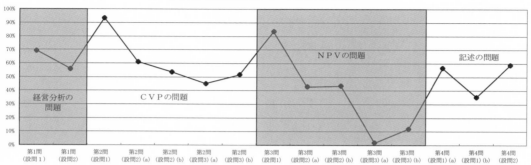

事例Ⅳ各設問正答率（令和元年度）

先生：このグラフはふぞろい流で採点した令和元年度の各設問の正答率を示しているわ。問題の優先順位をつけるなら、第1問→第4問→第2問→第3問（設問1）、（設問2）の順に解いて、難易度高の第3問（設問3）にチャレンジするのがよさそうね。この順番で時間に余裕を持って解いて、「経営分析」で7割（18点）、「記述問題」で6割（12点）、難易度高を除いた計算問題で9割（32点）得点できれば、A評価は取れるわ。優先順位をつけるって重要でしょ。

悩里：なるほど！　これならA評価取れそうですね。70点も狙えそうですね！

【難問の見極めと対策方法のまとめ】

崎山：ところで、難易度の高い問題ってどう見極めたらいいんですか。ヒントをください。

先生：難易度の高い問題のパターンを挙げておくわ。

　　　①問われている内容がわからず、解答プロセスがまったく思い浮かばない

　　　②解答プロセスが思い浮かんでも、問題の制約条件が読み取りづらくて、解釈に時間がかかり、最後まで解き切れない

　　　③解答プロセスはわかっていても、単純に計算量が多い

　　　ただ、これらのパターンを見極めるには、過去問を解くことで、勘どころを養うことが必要よ。2人ともわかった？

2人：わかりました！

先生：最後に、難しい問題に遭遇した場合の対策を教えるわ。難しいと思ったら、解くのを後回しにして、次の問題にいくことをお勧めするわ。時間を費やしすぎて、ほかに解けたはずの問題で得点できなくなるのは、タイムマネジメントの典型的な失敗例ね。時には捨てるぐらいの割り切りも必要よ。

崎山：先生、勉強になります〜！

悩里：事例Ⅳは、財務・会計の得意な人たちだけが、A評価を取れるものだと思ってました。問題の優先順位づけやタイムマネジメントができれば、僕のような事例Ⅳが苦手な受験生でもA評価が取れそうですね。先生、ありがとうございます。

先生：だからといって、油断は禁物よ。日々の勉強は怠らないようにね。

〜事例Ⅳのおススメ勉強法〜
　毎日計算問題を欠かさない。理想は経営分析、CVP、CFなど複数分野を解くことだが、1分野でもOK。

【電卓とタイムマネジメントについて】

悩里：でも先生、全体の方針はわかりましたが、1つひとつの設問を解くのにどうしても時間がかかってしまいます……。

先生：そうね。それなら、電卓の使い方を見直してはどうかしら。タイムマネジメントの観点からも、電卓活用方法は重要よ。

崎山：電卓とタイムマネジメントには何か関係があるのですか？

先生：電卓を適切に活用すれば、①計算時間や検算時間の短縮、②誤転記・誤入力のリスク低減が実現できるの。

悩里：でも、電卓なんて誰でも使えますよね？　いまさら教わらなくてもと思いまして。

先生：電卓にあるメモリ機能やGT機能はきちんと使えている？　たとえば、令和元年度の第3問でNPVを求めるときに、悩里はどうやって計算したの？

悩里：……。各年度ごとに、CFに現価係数を掛けた小計を問題用紙に書き、最後に5年分の小計をもう一度電卓で足し算しました。

先生：電卓の機能をまったく活用できていないじゃない。そのやり方では時間がかかるし、誤転記・誤入力のリスクも高い。この問題にはGT機能を使えるの。私の分析によれば（ストップウォッチを取り出す）、この問題を悩里の方法で解くと216秒かかるけど、GT機能を使えば72秒だったわ（どちらも検算含む）。

崎山：先生、運営管理の動作研究を日常にも取り入れているんですね。

先生：生徒を合格させるためには何だってするわ。次は検算。検算はどのようにしていた？

悩里：僕は解き終わった後、もう一度最初から計算し直すのがルーティーンでした。

先生：同じ計算方法を繰り返す場合、また同じように間違えてしまう可能性があるわ。たとえばこの問題の場合は、GTではなく、メモリ機能を使っても計算できる。別の計算方法で同じ結果になるかを確認するのが検算の定石よ。

【便利な機能を図で理解しよう】

先生：ところで、なぜ電卓の機能を使わないの？

悩里：メモリ機能を使うと、計算している途中の値がディスプレイから消えてしまうのが不安で、よくわからないと敬遠しています。

先生：確かに仕組みがわからないものは敬遠したくなるものね。でも、合格者はほとんどの人がメモリ機能かGT機能のどちらかを使っている。仕組みが理解できないなら、私が教えてあげるわ。コツは、電卓のなかに計算のための特別な場所（＝以下「メモリ計算用の領域」）があって、そこに一時的に値を格納しているというイメージを持つことよ。第2問（設問3）を例に取り、(1) 全社予想売上高、次に (2) 全社予想変動費をメモリ機能を使って算出する方法を教えてあげる。電卓を出して一緒に計算してみて。

メモリ機能で計算してみよう！

電卓キーについて		ポイント
[M+]メモリプラス	表示された数字をメモリへ足す	①計算をするときに[=]を押す代わりに、[M+]や[M-]を押して小計を出すこと。
[M-]メモリマイナス	表示された数字をメモリから引く	②メモリ内の数値がいらなくなったら、[MC]を押して初期値0に戻しておくこと。
[MR]/[RM]メモリリコール	メモリの数字を表示する	③仕組みを理解して、メモリ機能を使う恐怖心をなくすこと。
[MC]/[CM]メモリクリア	メモリの数字を0に戻す（初期化する）	

※電卓の種類によっては[MR]と[MC]が1つになり[MRC]の表記となっているものもある。一度押すとメモリの数字を表示し、もう一度押すとメモリの数字が初期化されて0になる。

最初はメモリ機能を使うのが怖いかもしれないけれど、慣れてしまえば計算時間の短縮や転記ミスを減らしたり、と事例Ⅳを攻略するための心強い武器になる！何回もこの演習をやってみてぜひ使いこなそう！

	押すキー	ディスプレイ表示	メモリ計算用の領域	
全社予想売上高をメモリを使って求めよう。①4,514＋②196×(1.1)＋③284＝5,013.6上記の式を計算していく。計算を始める前に、メモリの初期値を0にしておくために、[MC]を押しておく。	[MC]	－	初期値 0	[MC]でメモリの数値が「0」にリセットされる。
	[MR]	0	メモリ数値を呼び出し	[MR]でメモリの数値を呼び出すことができる。[MR]を押して「0」が出ているのを確認しよう。
①	4 5 1 4 M+	4514	0 ＋ 4514 ＝ 4514	[M+]を使うとメモリの数値に足し算ができる。メモリ内の数字は「4514」になっている。
②	1 9 6 × 1 . 1 M+	215.6	4514 ＋ 215.6 ＝ 4729.6	②を使うとメモリの数値に足し算ができる。メモリ内の数字は「4514」になっている。
	[MR]	4729.6	メモリ数値を呼び出し	ディスプレイには②の計算結果が表示されているが、ご安心を。メモリ内は別途で計算が行われていて「4729.6」の値になっている。メモリの数値を呼び出して、「4729.6」が表示されるのを確認しよう。
③	2 8 4 M+	284	4729.6 ＋ 284 ＝ 5013.6	
	[MR]	5013.6	メモリ数値を呼び出し	メモリ数値を呼び出して、全社予想売上高の答え「5013.6」が表示されるのを確認しよう。
次に全社予想変動費をメモリを使って求めよう。5,013.6－④474－⑤250＝4,289.6上記の式を計算していく。③で出した全社予想売上高の値を使うため、メモリはリセットをせずにそのまま計算を行う。	④ 4 7 4 M-	474	5013.6 － 474 ＝ 4539.6	[M-]を使うとメモリ内の数値から引き算される。
	⑤ 2 5 0 M-	250	4539.6 － 250 ＝ 4289.6	メモリ内の数値を呼び出して、全社予想変動費の答え「4289.6」が表示されるのを確認しよう。
	[MR]	4289.6	メモリ数値を呼び出し	

2人：なるほど（感嘆）。電卓ってこうやって使うんですね！

【電卓活用のアドバイスはふぞろいのブログにてご紹介】

先生：最後に、ふぞろいメンバーにアンケートを実施し、電卓の活用方法をまとめたわ。

崎山：あざーす！

先生：でも、紙面の関係で今は教えられないわ。

悩里：先生、そりゃないっすよ〜。

先生：その代わり、ブログ記事としてまとめたわ。以下の URL にアクセスしてみて。右の2次元バーコードからのアクセスでもよいわ。

https://fuzoroina.com/?p=20152

悩里：先生、やっぱり優しいですね。勉強させていただきます！

【先生からのラストメッセージ】

先生：試験時間は80分と短いわ。80分をどう使うかその場で考えるなんてあり得ない。優先順位の考え方や電卓活用の練習など事前に準備することがポイントよ。

ふぞろい流ベスト答案 ——————— 事例IV

第1問（配点25点）
（設問1）　　　　　　　　　　　　　　　　　　　　　　　　【得点】12点

	(a)	(b)
①	売上高総利益率[2]	16.76（%）[2]
	当座比率[2]	41.27（%）[2]
②	有形固定資産回転率[2]	1.64（回）[2]

（設問2）　　　　　　50字　　　　　　　　　　　　　　　　【得点】13点

所	有	物	件	の	賃	貸	収	入[3]	で	効	率	性	が	改	善[1]	し	、	建	材
価	格	高	騰[3]	・	配	送	コ	ス	ト	増	大[2]	で	収	益	性[1]	、	在	庫	増[2]
で	安	全	性	が	悪	化[1]	し	た	。										

第2問（配点25点）
（設問1）　　　　　　　　　　　　　　　　　　　　　　　　【得点】8点

建材事業部	95.33[2]　%
マーケット事業部	69.39[2]　%
不動産事業部	3.52[2]　%
全社	89.09[2]　%

（設問2）　　　　　　（b）30字　　　　　　　　　　　　　　【得点】8点

(a)	4,345[4]　百万円

(b)	部	門	別	に	費	用	構	造	が	異	な	り[2]	全	社	的	な	正	し	い	利
	益	計	画	が	立	案	で	き	な	い[2]。										

（設問3）　　　　　　　　　　　　　　　　　　　　　　　　【得点】9点

(a)	91.49[4]　%
(b)	全社予想売上高は、4,514＋196×（1＋0.1）＋284＝5,013.6百万円 **売上高－変動費－固定費＝目標利益[2]のため、** 全社予想変動費は 5,013.6－474（固定費）－250（目標利益）＝4,289.6百万円 **マーケット事業部変動費は、196×（1＋0.1）×69.39%[1]＝149.60484百万円[1]** よって建材事業部変動費は 4,289.6－149.60484－10＝4,129.99516百万円となり、 **求める建材事業部変動費率は、建材事業部の変動費÷売上高×100%** 4,129.99516÷4,514×100%＝91.49%[1]

第3問 （配点30点）

（設問1）　（単位：百万円）　　　　　　　　　　　　　　　　　【得点】10点

第1期	第2期	第3期	第4期	第5期
△0.9[2]	6.1[2]	14.5[2]	9.6[2]	9.6[2]

（設問2）　　　　　　　　　　　　　　　　　　　　　　　　　【得点】10点

(a)	3.03[5]　　年
(b)	12.63[5]　百万円

（設問3）　　　　　　　　　　　　　　　　　　　　　　　　　【得点】10点

(a)	10.52[5]　%
(b)	**減価償却費の差額：6－4＝2（百万円）[1]、投資額の差額：30－20＝10（百万円）[1]** 各期の差額キャッシュフロー： 原材料費と労務費の削減割合をαとする。 **第1期　16α×（1－0.3）+2×0.3＝11.2α+0.6（百万円）** **第2期　27α×（1－0.3）+2×0.3＝18.9α+0.6（百万円）** **第3期　32α×（1－0.3）+2×0.3＝22.4α+0.6（百万円）** **第4期　25α×（1－0.3）+2×0.3＝17.5α+0.6（百万円）** **第5期　16α×（1－0.3）+2×0.3＝11.2α+0.6（百万円）[2]** 以上より、正味現在価値の式を用いて原材料費と労務費の削減割合αを求める。 $11.2\alpha×0.952+18.9\alpha×0.907+22.4\alpha×0.864+17.5\alpha×0.823+11.2\alpha×0.784+0.6×4.33>10$[1]　　$\alpha>0.10522→10.52\%$

第4問 （配点20点）

（設問1）

(a)　　　　　　　　30字　　　　　　　　　　　　　　　　　【得点】5点

経	営	責	任	明	確	化[3]	と	意	思	決	定	迅	速	化[3]	に	よ	り	収	益
改	善	が	期	待[2]	で	き	る	点	。										

(b)　　　　　　　　28字　　　　　　　　　　　　　　　　　【得点】5点

会	社	管	理	費	用	が	発	生[3]	す	る	点	と	会	社	間	で	情	報	共
有	が	遅	滞[2]	す	る	点	。												

（設問2）　　　　　　　59字　　　　　　　　　　　　　　　　【得点】10点

受	発	注[1]	・	在	庫	情	報	を	共	有[2]	す	る	こ	と	で	、	効	率	的
な	建	材	配	送[2]	と	建	材	調	達[1]	を	実	現	。	コ	ス	ト	削	減[3]	に
よ	り	収	益	性[2]	・	安	全	性	の	向	上[1]	を	期	待	で	き	る	。	

~電車の中での2次試験の勉強方法~

過去問や市販の書籍に付属している知識をまとめたシートを音声化して聴く。

ふぞろい流採点基準による採点

100点

第1問（設問1）：与件文および財務諸表から得られる情報から正しく算出しました。

第1問（設問2）：（設問1）で求めた指標と与件文および財務諸表から得られる情報を
対応させ多面的に分析しました。

第2問（設問1）：各セグメントの変動費率を正しく計算しました。

第2問（設問2）：(a)（設問1）の解答を利用して、損益分岐点売上高を正しく計算し
ました。(b) 原因と結果の両観点から言及し、短くまとめました。

第2問（設問3）：（設問1）で算出した変動費率を用いて、建材事業部の変動費率を正
しく計算しました。

第3問（設問1）：与件情報に注意しながら正しく算出しました。

第3問（設問2）：（設問1）で算出した数値を用いて回収期間、正味現在価値を正しく
計算しました。

第3問（設問3）：差額CFを利用して原材料費と労務費の削減割合を正しく計算しま
した。また、計算過程においては、何の数値を計算しているのかが
わかるよう丁寧に記載しました。

第4問（設問1）：与件文を考慮しつつ、財務的観点に加え組織面など多様な視点で言
及しました。

第4問（設問2）：EDI（電子データ交換）の導入による財務的な効果を、第1問の緊
急度の高い財務指標を改善し、原因については与件文を生かして解
答しました。

第2節　ドクターF　〜苦手事例克服者のカルテ〜

【みんな苦手を持っている】

悩里：先生！　事例Ⅰがどうしても苦手なんです。与件文の内容が、友人のしずちゃんの話の内容と同じくらい理解できません。どうしたらよいでしょうか？

先生：（しずちゃんって誰？）悩里の友人関係にはアドバイスできないけれど、試験に関する悩みは見逃せないわ。だけど、その悩みに答える前にまずはこれを見て。これは私の教え子に、苦手事例に関するアンケートをとった結果よ。

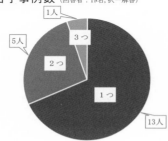

苦手事例数 (回答者：19名，択一解答)

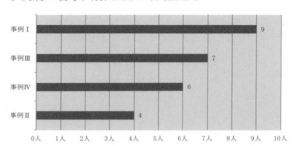

事例別の苦手人数 (回答者：19名、複数回答可)

悩里：「苦手な事例はない」という人はいないのですね、少し安心しました。

崎山：なやまちゃんみたいに事例Ⅰが苦手という人が一番多いんですねー。

先生：この19人がどのように「苦手事例」と向き合ってきたのか、そのカルテを特別に見せるから、参考にしてちょうだい。

崎山：（カルテは他人に見せちゃいけないんじゃ……）あ、あざーす……。

【ふぞろいメンバーのカルテ】

〈事例Ⅰ　Aさんのカルテ〉

症例	設問文や与件文が抽象的で理解しづらい。用語もどこかふわっとしている。
治療法（対策）	**1次知識の補充と強化**を行う。**2次試験の頻出論点**に目星をつけながら、何度も繰り返し解答の練習をする。

崎山：1次知識の補充と強化って、具体的にはどうすればよいんですか？

先生：事例Ⅰで特に重要な知識は次のとおりよ。①組織の3要素「**共通目的**」「**貢献意欲**」「**コミュニケーション**」、②組織の5原則「**専門化の原則**」「**権限責任一致の原則**」「**統制範囲の原則**」「**指揮命令統一の原則**」「**例外の原則**」、③人的資源管理「**採用**」「**配置**」「**育成**」「**評価**」「**報酬**」、まずはこれらをしっかり理解することね。あとは過去問を使って知識を活用する訓練を繰り返せば、合格点は確保できるわ。

悩里：うーん、用語は書けていると思うんですが、点数が伸びないのはなぜでしょうか。

~勉強時間を作るコツ~
　飲み会を断る。

先生：同じフレーズを何も考えずに使い回しているからでしょ。各キーワードとA社の状況をちゃんと理解して解答してる？　正しい訓練ができていないのよ。

崎山：なるほど～！　A社に寄り添うことが大事なんですね！

〈事例Ⅱ　Bさんのカルテ〉

症例	設問文を無視した「ポエム解答」を書いてしまう。
治療法 （対策）	ターゲットやニーズに合致したB社の強みを選択し、設問要求に合わせて解答する。

崎山：先生！　「ポエム解答」って何ですか～？

先生：思いつきや閃きのアイデアによる、独りよがりな解答のことみたいね。

悩里：わかります。B社は身近な業種が多いので、つい自分の経験で書いてしまうんですよね。それに、どの設問でどのターゲットやニーズを選ぶべきか、いつも迷ってしまいます。事例Ⅱはある設問での選択ミスが別の設問の解答にも影響してしまって、結果として全部間違い！　大事故！　という経験が何度かあります。

先生：ターゲットやニーズの選択に迷ったときは、B社の経営資源が生かせるセグメントを選べばよいわ。「誰に（ターゲット）」「何を（ニーズ）」「どのように（B社の経営資源を活用して）」の解答ができるよう、過去問を使った練習が効果的ね。

〈事例Ⅲ　Cさんのカルテ〉

症例	「生産管理上の」や「作業方法に関する」という制約条件に対し、何を書けばよいかわからない。工場のイメージが湧かずとっつきにくい。
治療法 （対策）	過去問を解き、『ふぞろい』などを使って振り返りながら考え方を汎用化・枠組み化する。工程などを図式化して何を解答すべきなのかを明確にする。

崎山：ちょっとちょっとー。なんだか難しそうなんですけどー。

先生：そう構えないで。言っていることはシンプルよ。1つ、事例Ⅲの出題傾向はパターンがあるから、汎用的に使える考え方をトレーニングで身につける。2つ、与件文と設問の情報を「原因と結果」「手段と効果」といったように構造化し、因果と設問の条件を意識した解答を心掛ける。そのために過去問を活用するのはこれまでと同様ね。

悩里：言っていることは理解できました。けど、見慣れない生産用語が出るとそれに気を取られてしまうんです。

先生：そういう人のために事例Ⅲ特別企画（206ページから）で、メーカー勤務でない人がどのように事例Ⅲの問題にアプローチすればよいのかをテーマにしているので、そっちも参考にしてみて。

~勉強時間を作るコツ~

　　隙間時間を貪欲に活用。通勤電車と昼休みは宝。

〈事例Ⅳ　Dさんのカルテ〉

症例	速さと正確さの両立ができず、計算ミスが多発する。優先順位づけが苦手なため難問に時間を取られてしまう。
治療法 （対策）	まずは問題に慣れるため**基礎問題を反復して解く**。そのうえで**同じ問題を何回も解き、自分が間違えやすいポイントを明確**にする。繰り返し解くなかで難易度を見極める目も養われる。少しでもいいので**毎日問題を解く**。

悩里：あのー、「とにかく問題を解け」と読めるんですけど……。

先生：そうね、わかってんじゃん。「**事例Ⅳは勉強量が点数に反映されやすい**」。これは合格者の多くが語っていることよ。そのためにも①自分の実力レベルを客観的に見極めて実力に見合った問題から始める、②隙間時間を活用して何回も繰り返し解く、ことをこれから心掛けてほしいわ。

崎山：わかりましたー！　ほかには何かありますかー？

先生：問題ごとの難易度の差が大きい事例Ⅳでは、解く順番やタイムマネジメントが重要よ。これも事例Ⅳ特別企画（238ページから）を参考にしてほしいわ。

【苦手を克服しないと合格できない？】

悩里：みんなすごいです、でも自分にもできるのかな……。なんだか悩んでしまうよ。

先生：悩里は悲観的すぎるの。ここまで改善効果があった対策を紹介したけど、一方で同じ教え子たちに「結局、苦手事例はどれだけ克服できた？」と聞いた結果がこれよ。

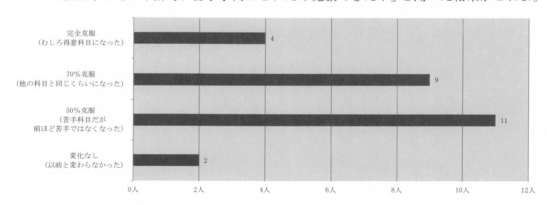

崎山：あれあれ？　完全に克服できたケースは少ないんですね？

悩里：どういうこと？　ますますわからなくなってきたぞ……。

先生：私も不思議に思って「2次試験当日はどういう戦略でいったの？」と聞いたわ。そうしたらみんな「全体平均で60点取れればよいんだという気持ちで、欲張らず、丁寧に、余計な失点を防ぐ、そういう気持ちで臨みました」と教えてくれたわ。

崎山：なるほどー！　参考になります！

先生：だからといって苦手事例を放置してはダメよ。上のグラフも「少なからず改善効果があった」人がほとんどなの。まずはここを目指して明日からトレーニングよ。

~勉強時間を作るコツ~

残業がないときは早めに寝て、早く起きることでスッキリした頭で勉強できる時間を確保。

第3節 ふぞろいな高得点答案 事例Ⅰ～Ⅲの80点超え答案はコレだ！

　『ふぞろいな合格答案13』では、他の受験生支援団体の方々にもご協力いただき、得点開示結果が高得点（80点以上）であった再現答案を募集しました。

　本節では、ご提供いただいた答案の一部をご紹介します。実際に高得点を獲得した答案を考察することで、「きれいな日本語を重視すべきか」、あるいは「キーワードの詰め込みを優先すべきか」など、皆さまが文章構成を考える上でのヒントになりましたら幸いです。

　　　　　　　　　　　　登場人物：タニッチ（以下「タニ」）、とっくん（以下「とく」）

令和元年度　事例Ⅰ　第1問　えのさん（開示得点88点）

新	し	い	葉	た	ば	こ	乾	燥	機	の	販	売	機	会	を	逸	失	し	た
事	、	葉	た	ば	こ	生	産	者	の	後	継	者	不	足	等	で	耕	作	面
積	が	減	少	し	メ	ン	テ	ナ	ン	ス	の	ニ	ー	ズ	が	減	っ	た	事
で	売	上	伸	び	ず	。	期	間	外	の	補	修	用	性	能	部	品	の	膨
大	な	在	庫	で	費	用	増	と	な	っ	た	事	で	経	営	圧	迫	。	

タニ：今回の第1問は、与件文からどの言葉を選んで書くべきかすごく悩んだんだ。でもこの答案は優先度が高いと考えられるキーワードがしっかり盛り込まれているね。

とく：そうだね。100字の文字数で、しっかりと取捨選択できている答案なんだ。設問要求の「最大の理由」を明記しなくても、適切な解答であれば高得点が取れるんだね！

令和元年度　事例Ⅰ　第3問　くのっちさん（開示得点96点）

要	因	は	、	試	験	乾	燥	サ	ー	ビ	ス	に	よ	り	潜	在	顧	客	に
ア	ク	セ	ス	で	き	、	双	方	向	コ	ミ	ュ	ニ	ケ	ー	シ	ョ	ン	を
し	た	こ	と	で	、	顧	客	ニ	ー	ズ	を	収	集	し	た	こ	と	に	よ
り	、	こ	れ	ま	で	ア	プ	ロ	ー	チ	で	き	な	か	っ	た	さ	ま	ざ
ま	な	市	場	と	の	結	び	つ	き	が	で	き	た	た	め	。			

タニ：第3問は、設問文の解釈がすごく難しかったよ。でもこの答案はとてもきれいな日本語でまとめられていて、読むとすぐに文意が伝わるところがすごい！

とく：うん。「与件文で関連するところ」をきちんと盛り込んだうえで、「考察の結果」をとても自然につなげることができているから、すごくわかりやすいね！　でも仮にキーワード詰め込み型の答案だったとしても高得点は可能で、60点と80点を分けるのは読みやすさだと思うんだ。事例Ⅱはふぞろいメンバーの答案を見てみるよ。

～試験終了後のテンション～
　今年はなんかいけそうな気がする。

令和元年度　事例Ⅱ　第3問（設問1）　とうへい（開示得点84点）

美	容	院	と	協	業	し	七	五	三	や	卒	業	式	等	に	列	席	す	る
30	～	50	代	の	女	性	を	新	規	顧	客	層	と	し	て	獲	得	す	る。
理	由	は	①	Ｘ	市	は	10	～	20	代	の	子	を	持	つ	当	該	顧	客
層	が	多	く	②	祭	り	や	商	店	街	主	催	イ	ベ	ン	ト	が	毎	月
あ	り	行	事	が	盛	ん	な	土	地	柄	で	顧	客	獲	得	機	会	多	い。

タニ：「10～20代の子を持つ」という顧客特性を理由の部分で活用していて読みやすいな。

とく：確かに前半の顧客層の説明をスッキリと仕上げているね。また、第2章の解説で加点要素としている「提案力」（強み）に触れていなくても高得点なのは興味深いね。

令和元年度　事例Ⅲ　第3問（設問1）　ＵＧさん（開示得点82点）

在	り	方	は	①	セ	ル	生	産	方	式	と	し、		量	産	へ	の	対	応
と	将	来	的	な	Ｘ	社	以	外	の	製	品	製	造	の	可	能	性	確	保
②	作	業	の	マ	ニ	ュ	ア	ル	化	整	備	③	ラ	イ	ン	バ	ラ	ン	シ
ン	グ	に	よ	る	一	人	当	た	り	作	業	量	の	平	準	化	④	Ｏ	Ｊ
Ｔ	教	育	で	早	期	の	工	場	稼	働	に	対	応	。					

タニ：次は事例Ⅲだね。今回の設問で独特だった「在り方」という問われ方に対して、専門用語を駆使して具体的施策を社長の方針に沿って解答しているなぁ。

とく：変則的な設問にも1次知識を活用してうまくまとめられているよね。知識基盤を強固にし、揺さぶりに負けないようにするのも大事だね。最後に第4問も見てみよう。

令和元年度　事例Ⅲ　第4問　ＵＧさん（開示得点82点）

戦	略	は、		機	械	加	工	と	熱	処	理	の	一	括	受	注	を	基	に
し	た	高	付	加	価	値	な	提	案	行	い、		①	Ｘ	社	向	け	以	外
の	製	品	を	受	注	し、		Ｘ	社	か	ら	の	依	存	脱	却	と	工	場
の	稼	働	率	向	上	を	図	り	②	更	な	る	技	術	ノ	ウ	ハ	ウ	の
蓄	積	に	よ	っ	て	自	社	技	術	の	高	度	化	を	進	め	る	。	

とく：同じＵＧさんの答案だけど、「戦略」を問われた第4問に対して、第3問とは違う文章構成で解答しているね。臨機応変な対応が、高得点につながったんじゃないかな！

タニ：すごい。キーワード詰め込み型かきれいな日本語か、どちらかに偏るんじゃなく取捨選択とバランスが大事なんだね。

〜試験終了後のテンション〜
　さすがに出来が悪くて終わったと感じた。とはいっても明日から何しよう。

第4節　ふぞろい放送局　〜読者の声に答えます〜

　『ふぞろいな合格答案』は受験生の目線に立った参考書づくりを心掛けています。いわばふぞろいにとって受験生の声は何よりの財産、もっと反映させていきたい！

　そこで今回は、『ふぞろいな合格答案12』の読者アンケートやセミナーアンケートで頂戴したご意見・ご要望に紙面上でお答えしていきたいと思います。

登場人物　左：ヌワンコ（以下「ヌワ」）、右：いけぽん（以下「いけ」）

【ふぞろい紙面に関して】

> ・キーワードのグラフの読み方がわからない。説明したほうがよい。

ヌワ：確かに！　「おまえ（筆者）が言うな」って話だけど、これ、最初戸惑うよね〜。

いけ：「本書の使い方」（3ページ）で書いてはいるんだけど、改めて説明します。

ヌワ：各事例に載っている「解答ランキングとふぞろい流採点基準」だけど、これをどういう考え方で決めているかわからないとグラフの読み方もわからないと思う。『ふぞろい』では再現答案をもとに以下のルールでキーワードの抽出と配点を行っています。

　　　①合格＋A答案の解答数が多いキーワードを抽出し配点を決定

　　　②同程度の解答数であれば、合格＋A答案とそれ以外で解答の割合に差がある、つまり「勝負を分けたと思われる」キーワードに配点を高く設定

　　　なので、右側の棒グラフは原則長い順（＝合格＋A答案の解答数の多い順）に、上から下に並んでいると思います。

いけ：実際に、どれほどの合格者の人が解答したかを知ると、自分の合格までの道のりが理解できていいね。グラフにも着目してみよう！

> ・去年（前年）の『ふぞろい』が手に入らない。

ヌワ：そういえば書店を巡り、ネット通販を駆使して、何とか3年分の『ふぞろい』を確保したなあ（遠い目）。

いけ：やっぱり、過去の『ふぞろい』を手に入れるのは難しいんだね。実は、その悩みを解決する本があるらしいよ！

〜家族の協力を得る方法〜

　1年目なので基本我慢してもらった。ただ1か月に1回は外出に付き合ったりして自身も気分転換を図る。

ヌワ：（ん？　何かカンペらしきものが……）ああ、『ふぞろいな答案分析５』と『ふぞろ
　　　いな再現答案５』だね（棒読み）。ふぞろいの読者が一番参考にしている「答案分
　　　析編」と「再現答案編」について、２年分をそれぞれ再編集したものだから、『ふ
　　　ぞろい』の11と12を持っていない人は売り切れる前に手に入れよう！

・Ｂ答案、Ｃ答案をもっと増やして分析の精度を高めてほしい。

ヌワ：ぶっちゃけ言ってしまうと、これは『ふぞろい』にとっての重要課題だと思ってい
　　　るんだよ。得点区分を満遍なく集められたほうが精度は高まるんだけど、現状は合
　　　格＋Ａ答案に偏りがちなんだよねー。

いけ：自分も不合格だった平成30年度は、再現答案を提出していないんだよね。なんか恥
　　　ずかしいのと、面倒なのとで……。再現答案を出すメリットがあるといいんだけど。

ヌワ：いけぽん、再現答案を提出してくれた人にはフィードバックサービスがあるのは
　　　知ってる？　再現答案に対してふぞろい流で採点してくれるだけでなく、自分に向
　　　けてのアドバイスをもらえるんだよ。

いけ：え？　個別の解答についてアドバイスをもらえるの？

ヌワ：そう。俺はいけぽんとは逆に不合格だった平成30年度も再現答案を出しているんだ
　　　けど、事例Ⅳのフィードバックで経営分析の記述問題が０点で、そのことが記述対
　　　策に力を入れるきっかけになったよ。自分の苦手分野を教えてくれる機会はなかな
　　　かないので、独学生には役に立つんじゃないかな？

いけ：知らなかった〜。んじゃ、みんな再現答案提出したほうがいいじゃん。

ヌワ：もちろん今年合格することに越したことはないし、私たちも皆さんが今年合格され
　　　ることを願っています。それでも何があるかわからない２次試験、自分のため、そ
　　　してこれからの受験生のため、どうか再現答案にご協力いただけると幸いです。

ご送信頂いた評価	総評				ふぞろい流採点		
B	あと一歩のB評価です。経営分析の記述問題でもう少し加点したいところです。取れるところをしっかりと取ることで、60点を安定的に獲得することを目指しましょう。				51		

※計算過程については、セルの大きさの関係上可視部分以外にも記載がございます。加点部分については、セルを拡げる等して各自ご確認ください。

設問			解答		コメント	得点	配点
			(a)	(b)			
第1問	（設問1）	①	自己資本比率	35.59%	設問1は、安全性・収益性・効率性からそれぞれ適切な指標を選択できています。設問2は、安全性は負債が少ないこと、収益性は販管費の多さ、効率性は固定資産の多さと関連付けた答案が多かったです。経営指標に対応する原因との関連付けは見直した方がよいでしょう。	4	4
		②	有形固定資産回転率	17.08回		4	4
		③	売上高営業利益率	1.20%		4	4
	（設問2）		資本余剰金が多く収益性には優れるが、倉庫等を保有しており業務委託を行っているため効率性と安全性が課題。			0	12

※実際に去年ヌワンコがもらったフィードバック。第１問（設問２）の０点が涙を誘う。

〜勉強時間の確保と集中の方法〜
　平日はやる気が出ないので、土日に集中してやる。

【ふぞろいセミナーに関して】

> ・セミナーがあることを知らなかった。

ヌワ：セミナーへの参加を迷っている人がいたら、騙されたと思って一度来てほしい。受験生同士のつながりができてモチベーション向上にもなるし、わからないこともふぞろいメンバーに直接相談できるのでアドバイスがもらえるよ。俺は去年、『ふぞろい12』のほっしーさんから与件文にSWOTをメモする際の工夫を教えてもらって、それを試したら情報整理の精度が上がったよ。

いけ：僕は去年の夏セミナーで、もっていさんが「自己採点一覧」の攻略をモチベーションにやっていたのが印象的だったよ。「自己採点一覧」の攻略は、事例を解くごとにふぞろい流採点の得点を記録(自己採点一覧化)し、目標点（例：80点）を超えるまで各事例を解き直す勉強方法。事例を解くごとにPDCAサイクルを回し、その効果を見える化することで進捗確認とモチベーション維持ができるんだ。自分も真似して合格できたのは偶然かな？　あとヌワンコも言うように、ほかの受験生や合格者との交流を通じて受験勉強のモチベーションが向上したよね。大阪のセミナーには、西日本全体から参加者が集まるので仲間づくりにもいい機会だね。

ヌワ：セミナーの開催予定や申込受付は、ふぞろいブログ（https://fuzoroina.com）で情報発信していくので、まだ見たことのない人はぜひアクセスしてほしいな。

いけ：さらに今年はTwitterアカウント（@fuzoroina）も準備したので、フォローしてふぞろいの最新情報を手に入れよう！　そして、リツイートしてほかの受験生にも教えてあげてね！セミナーで会えるのを楽しみにしています！

【こんな声も】

> ・ふぞろい書籍ページ下段の一言は励みになる。

ヌワ：俺も受験生のときは息抜きとして一言コメントや余白のコラムを読んでいたなあ。そしてそのまま勉強に戻ってこなくなるという。

いけ：あるあるだね（笑）。ふぞろいならではの多様な意見が掲載されているから、自分に合ったコメントを参照することができるよね。そして、アンケート回答者のこんな優しいご意見が僕らの士気向上につながっています（涙）。ありがとう〜（号泣）。

ヌワ：紙面の都合上、今回は一部しかご紹介できませんでしたが、今後も皆さんのご意見をブログなどで取り上げていけたらと思います。

〜勉強時間の確保と集中の方法〜
家族の協力と通勤時間の活用。

あとがき

親愛なる『ふぞろいな答案分析6』の読者の皆さま

　このたびは本書をご購入いただき、ありがとうございます。皆さまの受験勉強に役立ちましたでしょうか。この本は、再現答案編とあわせて『ふぞろいな合格答案』のエピソード13とエピソード14のエッセンスを別途編集したものです。

　中小企業診断士試験は、幅広い知識が求められる1次試験、暗中模索しながら制限時間内で解答を練り上げる2次試験と、本当に過酷です。会社での多忙な業務と両立させながらという方もいるでしょう。限られた勉強時間を効率的に活用し、順調に学習が進む日もあれば、気持ちが乗らず時間を無駄にしてしまうこともあるのではないでしょうか。

　東京大学の池谷裕二教授の言葉をお借りすると、「やる気が出たからやるのではなく、やるからやる気が出る」そうです。つまり、やる気という概念はそもそも存在しておらず、行動をすることによって生まれた感情や反応を、やる気と感じているということです。感情が先行して行動をけん引するのではなく、行動が感情をけん引しているともいえるでしょう。もし試験勉強に対してやる気が起きないなと感じたときには、とりあえず『ふぞろいな合格答案』を読んでみるといった、具体的な行動から取り掛かるということをぜひ試してみてください。

　そのようなさまざまな工夫をしながら勉強時間を確保しても、合格に近づいていることが実感できない、模試の点数が上がらないということもあるでしょう。ですが、見かけの成果はあくまで表面上の変化であり、一喜一憂する必要はありません。むしろ、合格に向けて高くジャンプするために、膝を曲げて、力をため込んでいる時間といえます。

　「止まない雨はない」、「明けない夜はない」といった表現もありますが、どんなことにも必ずゴールがあります。うまくいかないから望みを失うのではなく、望みをなくすから崩れていくのだと思います。中小企業診断士合格という皆さまの夢実現に向けて、必ず訪れるゴールを楽しみに、試験勉強に臨んでいただければと思います。

　本書をお手に取った皆さまが、魅力的な診断士の世界に入ってきていただければと、この『ふぞろいな答案分析6』は製作されました。皆さまご自身の夢を実現するためのパートナーとして、手元に置いてご活用いただけますと幸いです。まだまだ発展途上な部分もあるかと思います。皆さまの温かい叱咤激励や、ご意見・ご要望を頂戴できればと思います。

　最後になりましたが、診断士試験に臨む皆さまがいつもどおりの力を発揮し、見事合格されますことを当プロジェクトメンバー一同祈念しております。

ふぞろいな合格答案プロジェクトメンバーを代表して

仲光　和之

【編集・執筆】

仲光　和之　　梶原　夏海　　箱山　玲　　　塩谷　大樹　　玉川　信

◆ふぞろいな合格答案エピソード13

植村　貴紀	堀越　直樹	鈴木　ゆい	伊藤　嘉紘	海野　雄馬
松永　俊樹	中井　丈喜	道本　浩司	池田　聡史	林　遼
村上　麻里	山下　はるか	齋藤　昌平	岡田　恵理子	岡村　和華
本間　大地	松本　崇	川崎　信太郎	箱山　玲	徳嶋　宏喜
江口　勉	梶原　夏海	谷崎　雄大		

◆ふぞろいな合格答案エピソード14

嶋屋　雄太	加茂　智	塩谷　大樹	黒澤　優	露崎　幸
菊池　一男	木村　直樹	田附　将太	福田　浩之	矢野　康平
椎名　孝典	玉川　信	鈴広　雅紀	猪師　康弘	竹居　三貴子
吉冨　久美子	本武　正弘	志田　遼太郎	赤坂　優太	平川　奈々
大久保　裕之	湊　祥	中村　文香		

2022 年 5 月 10 日　　第 1 刷発行
2024 年 9 月 10 日　　第 5 刷発行

ふぞろいな答案分析6【2020～2021年版】

ⓒ編著者　　ふぞろいな合格答案プロジェクトチーム

発行者　　脇坂　康弘

〒113-0033　東京都文京区本郷 2-29-1
TEL. 03（3813）3966
FAX. 03（3818）2774
URL　https://www.doyukan.co.jp

発行所　株式会社 同友館

三美印刷
Printed in Japan

ISBN 978-4-496-05595-9